JIAN SHEHUI KEXUEYUAN XUEZHE WENKU

福建社会科学院学者文库

经济实践中的思考

林其屏自选集

林其屏 著

江苏大学出版社

镇江

图书在版编目(CIP)数据

经济实践中的思考:林其屏自选集/林其屏著. —
镇江:江苏大学出版社,2019.12
ISBN 978-7-5684-1272-8

Ⅰ. ①经… Ⅱ. ①林… Ⅲ. ①中国经济-文集 Ⅳ.
①F12-53

中国版本图书馆 CIP 数据核字(2019)第 286258 号

经济实践中的思考:林其屏自选集
Jingji Shijian zhong de Sikao:Lin Qiping Zixuanji

著   者/林其屏
责任编辑/柳   艳
出版发行/江苏大学出版社
地   址/江苏省镇江市梦溪园巷 30 号(邮编:212003)
电   话/0511-84446464(传真)
网   址/http://press.ujs.edu.cn
排   版/镇江文苑制版印刷有限责任公司
印   刷/扬州皓宇图文印刷有限公司
开   本/718 mm×1 000 mm   1/16
印   张/19.75
字   数/370 千字
版   次/2019 年 12 月第 1 版   2019 年 12 月第 1 次印刷
书   号/ISBN 978-7-5684-1272-8
定   价/55.00 元

如有印装质量问题请与本社营销部联系(电话:0511-84440882)

《福建社会科学院学者文库》编委会

出 版 说 明

　　《福建社会科学院学者文库》（以下简称《学者文库》）旨在集中展示我院具有一定代表性的学者的科研成果。作者范围包括政治学、经济学、社会学、法学、文学、历史学、哲学、图书馆·情报与文献学等诸多研究领域。为了尊重作品发表的原貌与时代背景，《学者文库》收录文章时，对其内容基本保持原貌。目前，我院正在积极探索推进哲学社会科学创新，编辑出版《学者文库》系列丛书是创新工程的一个组成部分。我们期待，《学者文库》能够为读者提供更多更好的研究成果。

《福建社会科学院学者文库》编委会

2019 年 11 月 19 日

自　序

　　世界上各个国家在各自经济发展中都会遇到各种各样的问题，这给经济学者提供大量的丰富的研究课题。面对这些研究课题，任何一个经济学者都会毫不犹豫地进入他自己认准的问题的研究领域，带着研究问题的出发点，凭借专业素质，去探寻，去求索。这是经济学者的社会使命和社会责任。

　　改革开放使中国经济进入新的发展阶段——市场经济阶段，中国经济迅速崛起，其中对中国经济崛起的方式、崛起的进程、崛起中各种各样的具体的问题都要进行研究，一方面为决策者提供参考对策，另一方面建立理论自信，提高经济理论对于中国经济发展的指导能力，这正是中国经济迅速崛起时代经济理论工作者必须承担的使命和责任。

　　1984年4月，我因在《福建论坛》第3期上发表的处女作《福建修建地方铁路是否可行?》，从工作了14年的铁路系统调入福建社会科学院。这是一篇针对当时福建铁路运力短缺问题进行探讨的文章，发表后即被《每周文摘》摘登，引起关注。同时，也给了我研究现实经济问题的方向和研究能力的自信。当时，改革开放高潮迭起，农村改革、乡镇企业的发展、国有企业改革、经济特区的形成、区域经济的发展、全球化的浪潮，无不惊心动魄。新的事物层出不穷，新的问题不断涌现，我作为经济理论工作者，自然义无反顾投身其中，这是机遇，是使命，是责任。

　　从1984年到2010年，我一直致力于对现实经济问题的研究，出版了《经济对策论》《改革中的经济问题探索》《全球化与环境问题》《找回缺失的信用》等13部著作，在公开发行的报刊发表经济论文330多篇。这次，福建社会科学院要给本院部分学者出论文专集，我以探寻中国经济的崛起为主题，以研究经济体制改革和发展为主线，从发表的经济论文中选出发表刊物层次比较高的、发表后被转载比较多的、能够在一定程度上反映自己参与经济体制改革和发展研究的路径的论文结集出版。

理论是浪漫的，而实践是现实的。经济理论工作者从自己的研究问题的目的和专业素养出发，虽然有近距离观察现实经济问题的机会，但由于受观察问题的视角、方法、习惯、潜意识影响，同时还受情感、欲望、理想、灵感、经历等因素影响；并且，由于做出的判断往往有许多前提假设，因而不一定都能坚持全面、理性、准确地分析和处理问题，提出的思路、对策、措施往往有可能出现学术化、理想化，甚至情感化的倾向。这同急剧变化的实践环境与经济现实，比较容易产生落差，找不到结合点，或者虽然有一定的结合点但有"余差"，难以实现有效对接。

我的经济学研究的理论都来自对现实经济问题的近距离观察和逻辑分析。既有"策"：以对策措施为主的文章；也有"论"：以问题分析、理论阐述为主的文章。基本都是围绕中国经济崛起中的具体的路径问题进行探寻。这些文章虽然有的直接作为有关部门决策的参考，有的被上报更高部门领导参阅，大多数是在公开报刊发表，而后有不少被许多报刊、文摘转登、转摘，成为浩瀚的经济理论文章大海中的一滴小小水花，偶尔有幸进入人们的视野，供阅读。如果有真正能为经济实践所接受，能接点地气，表现为经济理论与经济现实良性互动的，那也是极少的。

经济理论价值实现的程度，总是取决于经济理论满足经济现实需要的程度。有效经济理论供给不足，这也许就是理论的浪漫与实践的现实所产生的落差。如何缩小这个落差，让经济理论与经济现实有效对接，良性互动，是我作为一个研究现实经济问题的学者一直在追求的目标。

目　　录

三、区域经济篇

四、经济运作篇

五、经济管理篇

六、经济学科篇

一、改革开放篇■

经济体制改革中的五大过渡形态

改革使我国由传统的计划经济向有计划的商品经济过渡，更进一步向市场经济稳健地发展。这历史性的发展进程中，由于改革难以一步到位，出现了五个大的过渡性的经济形态。这五大过渡形态在推动经济发展中，都发挥了重大的作用，但也出现了越来越多的不适应性，应当逐步结束这种过渡，使改革尽快到位。

一

（一）关停并转——企业破产的过渡形态

在传统的计划经济向有计划的商品经济转变的过程中，企业成为商品生产者，市场竞争越来越激烈，企业破产是竞争规律作用的必然结果。但是，一方面由于企业无法作为一个利益主体出现，难以正常发挥自负盈亏的机制；另一方面由于市场环境的制约，例如尚未形成比较完善的劳动力市场，劳动力难以自由流动，市场价格体系不合理，盈亏不能反映企业的经营状况等；再一方面由于社会福利保障制度不完善，尚未形成社会化、统一化、规范化的福利保障制度，劳动力一旦大量失业，可能造成居民恐慌和社会动荡。并且，由于企业与企业之间，企业与银行之间，企业与财政之间，都存在着错综复杂的关系，一批企业破产，势必牵动相关企业破产。在这种情况下，企业破产难以一步到位，便采取了折中的办法——关停并转。关停并转就成了企业破产的过渡形态。

一部分经营不善的企业虽然没有直接宣布破产，却或被关或被停或被并或转产，在一定程度上体现了优胜劣汰，对于原有的干好干坏一个样来说，无疑是一种进步，促进了企业改善经营。并且，以这种方式来体现优胜劣汰，不会造成大的社会震动，比较有利于社会稳定。但是，关停并转并没有使该破产的企业真正破产。这样，一方面使得各种生产要素转移困难，供给机制缺乏必要的弹性，给资源重新合理配置和产业结构调整带来困难。另一方面不利于经济往来中的债务清偿。在庞大的债权债务网络中，一家企业不能清偿债务，就会造成众多企业间的拖欠，出现连锁反应。再一方面关停使企业原有的资产不能被利用，兼并往往会增加效益好的企业的负担（因为许多兼并都带有安置好被兼并企业的所有职工的条件），而在经营不善的情况下，转产在短期内也难出效益。

因而，在有计划的商品经济向市场经济的发展过程中，应当让市场来选择企业。在市场竞争中获胜的企业得到发展，在市场竞争中失败的企业就要破产。作为过渡形态的关停并转，应当逐步代之以真正的企业破产。

（二）价格"双轨制"——自由竞价的过渡形态

党的十一届三中全会以后，国家针对价格问题采取了计划调价和放开价格相结合的方针，价格"双轨制"正是这个方针的一种表现。"双轨制"改变了单一的国家定价方式，使我国的价格形式从单一的国家定价，改变为国家定价、国家指导价、市场调节价等多种形式，实现了价格形式的重新定位。这有利于传统的计划经济向有计划的商品经济发展。但是，应该指出，"双轨制"导致一种产品有国家计划价、地方计划价、市场价格等多种价格，而且计划价与市场价之间的差距很大。谁拿到平价原材料，生产成本就低；谁拿到市场价原材料就吃亏。企业难以在一个公平的起跑点上平等竞争，哪个企业经营管理得好，无法说得清楚，经济核算制无法推行。几年的实践证明，价格"双轨制"的弊端越来越明显，许多投机倒把分子钻了国家的空子，该机制已经成为导致秩序混乱、滋生腐败的温床。价格"双轨制"已成为有计划的商品经济向市场经济发展的一大障碍。

价格机制是市场机制的核心。推进价格改革，塑造反应灵敏、信号准确、功能齐全、运转健康的价格体系，是建立社会主义市场经济体制的基础。价格"双轨制"这种过渡性的经济形态，应当逐步取消，代之以自由竞价，即除了某些公用事业和自然垄断部分产品价格要由政府协定管理外，其他所有商品的价格都应由市场供求决定。因为，只有由自由竞争形成的价格，才能反映资源的相对稀缺程度和实现有效配置的功能。当前，要结合价格调整，先对统一分配的若干重要生产资料的价格变"双轨"为

"单轨"，对于短期内难以取消"双轨制"的品种，通过适当提高计划价格，严格控制需求和加强管理自销价格的办法，逐步缩小两种价格的差距，最终取消"双轨制"。

（三）财政包干——分税制的过渡形态

国家预算管理体制的改革是以扩大地方财力为突破口的，每一次改革措施的推进，都要以中央让利作为条件，最初是绝对量让利，而后是增量让利。在中央与地方分配关系的处理上，始终未能脱离行政性分权的思路，没有逐步建立起合理分配体制的框架。尽管预算管理体制向打破"条块分割"的分税制方向作过努力，但为其他方面的体制所制约，进展缓慢。不仅如此，在试图扭转地方政府与宏观经济发展方针不协调局面的过程中，在各方面矛盾制约下，预算管理体制被迫走上了财政大包干的道路，仍然是在行政性分权格局下调动地方政府的积极性。财政包干具有利益关系明确，政策透明度高，操作简单易行的特点，在一定程度上稳定了中央与地方的财政分配关系，调动了上缴中央比例高的地区增收节支的积极性。但是同时具有很大的局限性，带来许多矛盾：一方面由于地区上缴额包死或增加分成，中央财政收入占全国财政收入的比重下降，而中央财政负担的支出不但没有减少反而增加，导致中央财政宏观调控能力日益减弱。另一方面由于各地包干的基数和递增幅度都是在原有分配格局的基础上，通过一对一谈判确定下来的，客观上形成一省一率、一市一率、一区一率。这种分成比例和包干基数千差万别的情况，使中央财政无法进行规范化的调节，从而导致中央与地方预算约束关系的弱化，不仅使包干体制"包而不干"，而且引起中央与地方关系的不相协调。再一方面由于各地区利益格局的存在，各地竞相把资金投向投入少、见效快、利润高的轻加工工业，助长了产业结构趋同化，造成资源配置效益低下。同时，由于利益格局的存在，也造成了地方政府对经济、企业的干预，加剧了地区经济封锁。

财政包干的局限性日渐显露，已不适应市场经济发展的需要，必须逐步向分税制过渡。因为分税制坚持事权与财权的统一原则，可以比较科学地确定中央与各级地方政府的收支范围，既有利于中央集中财力，又有利于调动地方和企业的积极性。但是由于实行分税制不是一般的预算管理体制的改变，而是涉及各方面利益且带有经济运行机制根本转变性质的重大改革。因而，实行分税制也要求有相应的条件。从目前情况看，马上实行规范化的分税制并且一步到位，尚有一定困难，只能积极构建分税制的框架，抓好分税制所需的外部配套改革，然后逐渐向分税制过渡。

（四）就业保障——失业保障的过渡形态

劳工问题是影响社会经济建设的重要问题。我国长期以来一直是用国家对就业本身的强干预来解决失业或待业问题，并逐步形成了统包统配和固定工制为主要特征的劳动制度，使城镇劳动就业渠道越来越窄，到了改革之前已成为极其尖锐的问题。因此，劳动制度的改革不能以广开就业门路，保障人人就业为起点。例如，改革一开始，就打破国家统包统配的就业制度，实行三结合的就业方针，由过去主要依靠工业部门特别是重工业部门吸收就业，转变为同时依靠第三产业和消费品工业扩大就业；从依靠全民经济吸收就业，转变为同时依靠集体经济和个体经济扩大就业。与此同时，改革还围绕着放权让利，增加职工工资和福利展开。总之，改革是以既保障就业又保障福利的"就业保障"为目标展开的。"就业保障"打破了传统计划经济体制下的统包统配的就业制度，扩大了就业门路，保障了职工福利，缓解了当时尖锐的社会问题，在一定程度上调动了群众积极性，避免了大的震动，使改革得以稳健展开。但是，"就业保障"也造成了严重的后果：一方面使国家再分配所提供的福利和保障内容转化为劳动成本，使劳动成本普遍上升。如果只将工资性支出作为劳动成本，上涨趋向还不大明显，如果将国家和企业支付的各种特定福利算进去，上涨趋势就十分明显。另一方面割断了劳动力供给结构和需求结构的有机联系，大量劳动力滞留在劳动生产率低的部门，劳动的凝固状态使企业无法根据生产技术和劳动生产率的要求调节劳动量，实现劳动资源优化配置，影响国民经济效益的提高。再一方面"就业保障"片面追求公平和安全，不惜牺牲经济效益，实际上造成就业和福利保障两方面都是低效率。

因此，只有不断发展经济，才是扩大就业的根本途径。但是长期以来，人们在待业从业意识上对"铁饭碗"的留恋比推行合同工制的积极性更高。现在随着改革开放的进一步深入，多种经济形式和经营方式正在发展，就业门路在继续扩大。如何在劳动制度的改革中，贯彻效率优先的原则，打破"就业保障"的壁垒，通过劳动力流动和就业竞争，形成由劳务市场决定就业和工资的客观机制，充分体现效率原则，变保障就业为保障失业，已成为更重要的问题。其实这几年的劳动制度改革,已开始注意到这一问题。在用工制度的改革方面,在新招工人中普遍实行劳动合同制,最近又开始推行全员劳动合同制。1986年还颁布了第一个待业保险条例,第一次建立了待业保障制度,这两年又逐步加强了社会保障改革的试验步伐。这些都为"就业保障"转变为"失业保障"创造了条件。当然,"就业保障"向"失业保障"过渡,将引起一系列社会关系和经济生活的变化,企业吸收就业将更多地考虑效率,而且可以自由决定裁员,社会上将出现一小部分短期失业者。这些失业者大多数只能通过自己的能力才有机会找到发挥才智的职位和获得合理的收入。因此,这种过渡牵动的面广,难度大,应当采取逐步推进的策略,恰当地选择突破口。当前,首先要着手建立包括失业保障在内的社会保障体系,把社会保障问题作为整个改革配套的一个重要方面提上日程。

(五) 承包制——股份制的过渡形态

经济体制改革的中心环节是搞活企业,而如何在企业财产组织形式不变的前提下搞活企业,承包制就成了必然的选择。作为公有制主要实现形式的承包制,被全国80%~90%的企业采用。承包制简便易行,操作成本低,扩大了企业的自主权,对企业职工有一定的刺激和鼓励作用,能够促进企业内部的改革。但是,多年的实践表明,承包制也具有很大的局限性:它难以解决政企不分的问题,难以克服企业的短期行为,难以解决负盈不负亏,难以保障生产要素的合理流动,难以承受外部环境的变化。因而,承包制并非理想的企业模式。在向市场经济发展的进程中,企业财产的组织形式要发生相应的变化,而股份制是多种所有制并存的最佳组织形式,具有产权明确、政企分开、两权分离、可吸纳资金、推动资金流动的特点,可以适应市场经济发展的需要。

以股份制替代承包制有如下好处:一是可以促进生产要素的合理流动,提高了生产要素的配置效益;二是可以促进企业内部经营机制的完善,企业管理的改善及经济效益的提高,使企业具有良好的动力机制、压力机制及自我约束机制;三是有利于形成资产所有权与经营权分离的经营体制,促进管理职能的专业化与社会化,提高企业管理水平。所以,以股份制取代承包制是深化改革的客观要求,是经济体制和企业管理体制改革的一项重要内容,也是繁荣和发展中国经济的必由之路。

二

经济体制改革中所产生的这五大过渡性经济形态，实质上是由计划经济向市场经济的过渡性经济形态所派生的。

大家知道，中共十一届三中全会之前，我国长期实行高度集中的计划经济体制。这种体制曾经发挥了积极的作用。但是随着经济的恢复和发展，已经越来越不适应新的形势。因而，对这种体制的改革已成了必然的要求。那么，改革要确立什么样的目标模式呢？1984 年，《中共中央关于经济体制改革的决定》明确提出社会主义经济是有计划的商品经济。"有计划的商品经济"的提出无论在理论上还是在实践上都是一个重大的突破。我国改革以来取得如此重大的成就，是与"有计划的商品经济"的提出和开展分不开的。但是，有计划的商品经济体制有一个理不开的结，即如何处理计划与市场的问题。各种理论竞相提出，各项措施相继出台，尽管这些理论和措施使改革逐步深化，但在一段时间里未能有重大的突破。于是，人们对有计划的商品经济是否是改革的理想的目标模式产生怀疑。在总结了十四年改革开放实践的基础上，十四大明确提出了改革的目标是建立社会主义的市场经济。

有计划的商品经济反映了我国经济体制改革的实质和目标，是对传统计划经济的否定，但它不能突出一种经济体制的运行特征，也未指明其基本的社会资源配置手段。社会主义市场经济的定义则更加鲜明和准确。市场经济就是以市场为导向的经济，即通过市场机制配置社会资源，把市场作为调节经济运行主要手段的经济。可以看出，社会主义市场经济是有计划的商品经济的继续和发展，有计划的商品经济是社会主义市场经济的过渡形态。没有有计划的商品经济这一中介形态，无论在理论上还是在实践上都不可能有社会主义的市场经济。

在传统的计划经济体制向有计划的商品经济发展的过程中，配置社会资源由单一的计划手段向计划与市场两种手段发展。在这一发展过程中，便产生了上述五种派生的过渡性经济形态。有计划的商品经济正在逐步地向社会主义市场经济发展，上述的五种过渡形态也必然要逐步完成自己的过渡使命，按市场经济的客观要求逐步退出历史舞台。

（本文原载于《经济问题探索》1993 年第 6 期）

公有制实现形式的五大内在要求

目前，在中共十五大精神的指引下，全国上下都在积极探索能够极大促进生产力发展的公有制实现形式。那么，应当如何寻找公有制的实现形式呢？寻找公有制的实现形式，必须按照公有制实现形式的五大内在要求进行。这五大内在要求是：形式多样，主体到位，结构合理，政企分离，管理创新。

一、形式多样

公有制的实现形式包括两个方面：一是公有资产的组织形式，二是公有资产的经营方式。从公有资产的组织形式看，根据资产的组织形式不同，可以分为国有独资公司、股份有限公司、合伙企业、合作企业、股份合作企业等。同一所有制在不同企业可以有多种实现形式；不同所有制也可以采取同一种实现形式。从公有资产的经营方式看，根据经营方式的不同，可以采取承包、租赁、托管、委托经营、兼并、收购、出售等方式。公有制实现形式多样化是社会主义初级阶段生产力发展的客观要求。由于这个阶段社会生产力落后，既包括生产力总体水平的落后，也包括生产力组织形式和经营方式的落后。为了实现社会主义的生产目的，满足人们日益增长的物质文化需要，我国公有制非常需要能够极大地促进生产力发展的实现形式。但是，由于企业数量众多，规模不一，类型各异，在所处行业和地区中的地位不同，国家对它们的经营目标的具体要求和预期也不相同，这就决定了有效的公有制实现形式必然是多样化的。因而，不同的企业采取哪一种资产组织形式和经营方式，应根据企业不同的具体情况而定。

所有制的实现形式是方法问题、技术操作问题，而不是属性问题。对公有制而言，什么形式更有利、更有效，就可以采用什么形式。世界上一切最有效的企业组织形式和经营方式，私有制可以采用，公有制也可以采用。企业具体采用哪一种资产组织形式和经营方式才是正确的，主要看它是否有利于发展社会主义社会的生产力，是否有利于增强社会主义国家的综合国力，是否有利于提高人民的生活水平，这是根本的标准。具体来说，主要看它是否有利于转换企业经营机制及提高经济效益，是否有利于国有资产保值增值，发挥主导作用，是否有利于筹集重点项目资金，是否有利于为社会提供适销对路的产品。

二、主体到位

产权改革是公有制实现形式改革的重要内容。公有制经济难以搞好的根本原因是产权不够清晰。而产权不清晰主要是责任主体缺位。因而，在探索公有制实现形式中必须要实行产权改革，让责任主体到位。就国有企业来说，就是要通过产权改革，逐步变国有企业与政府的行政从属关系为各级各类企业与政府国有资产管理部门的产权纽带关系，那么，应当如何实行产权改革，才能使国有企业与政府的关系从行政从属关系转变为产权纽带关系，使责任主体到位呢？从实践看，比较有效的方法是形成三个层次的国有资产管理体制，即"国有资产管理委员会—国有资产经营公司—国有企业"三层管理体制。在上层实现政府的社会管理职能与资产所有者职能的分开；在中层实现国有资产管理职能与国有资产经营职能的分开；在下层实现国家终极所有权与国家法人财产权的分开。通过层层授权，建立责任制度，在一定程度上解决国有资产"责任主体缺位"的问题，体现产权清晰，权责明确，所有权与经营权分离。国有资产管理委员会代表政府管好所有权，而放开经营权给资产经营公司，从而为国有资产的保值增值提供保障，明晰产权关系，推动责任主体到位。保障企业的法人财产权是企业制度创新的核心问题，也是公有制实现形式的重要问题。国有资产属国家统一所有，地方分级监管，企业自主经营。为了充分保障企业的法人财产权，应在清产核资和产权界定的基础上，由国有资产管理部门向企业颁发《国有资产占用证书》，作为国家出资构成企业法人财产权的法律凭证，根据这一凭证，资产经营公司依法享有出资者权益，以出资为限对企业承担有限责任，企业以国家及其他出资者投资形成的全部法人财产自主经营，自负盈亏，独立享有民事权利，承担民事责任，并对国家及其他出资者承担资产保值增值的责任。

三、结构合理

我国的所有制改革，主要是国有制的改革。国有制之所以能改革，是因为它只是公有制的一种实现形式，不是公有制的性质。因而，国有经济从一些领域逐步退出，应在一些领域实行非国有化，并不是改变公有制的性质，而只是改变实现形式，使它适应市场经济要求和生产力发展水平。从全局看，国有经济收缩战线，少铺摊子，这是公有制结构调整，使结构优化，以便集中物力、财力形成规模经济，更好地发挥公有制的优越性。所以，公有制结构的优化调整，也是公有制实现形式的题中之意。

根据这个分析，国有经济必须重新定位，哪些行业该实行国有经济，哪些行业国有经济可以退出，要从根本上调整国有经济结构。市场能办的、群众能办的，国有经济就应当退出。国家应该提供公共产品，比如国防、公益性事业、自然垄断产品。一般竞争性企业是市场经济的主体，不掌握国民经济命脉，无论大小，国有经济都可以退出。公有制实现形式的探索最终不能不落实到国有企业的改革上，国有企业改革的关键之一在于使国有资本运动起来，流动起来，进入市场，发生交易，从而调整国有经济的结构。虽然要促进企业并购这一点已经明确，但是，遇到的问题还不少。国有企业并购国有企业没有问题，外资并购国有企业也很受欢迎，而私有企业并购国有企业就障碍重重。应当一视同仁，给非国有企业以国民待遇，鼓励私有企业并购国有企业。企业并购是企业的目标和选择，是企业行为，不是政府的意图。

我们的产业基础虽然不小，但是组织程度比较差，面对跨国公司的大举进入，不能采取闭关保护措施，而只能加速产业整合，迅速提高自己的实力和竞争能力。通过公有制结构的优化调整，充分发挥市场组织的集中和并购效应，才能加快产业整合过程，建立起我们自己的大型跨国公司。这是唯一可供选择的道路。

四、政企分离

经济中深层次矛盾的解决，往往超出经济体制改革的范畴，而和政治体制改革联系在一起。公有制实现形式的改革，涉及产权制度及所有制结构的调整，无不同政治体制紧密联系在一起。政企分离、政资分离、转换政府职能，是公有制实现形式改革顺利进行的重要前提条件。

经济体制改革进行了近20年，取得了重大成就，但政企不分的状况并没有从根本上得到改变，以政代企、以企代政仍然是亟待解决的根本问题。改革以来的实践表明，从根本上改革国有经济的运营机制就必须同时从根本上对政府管理国有经济的体制进行根本性改革，否则，就不可能造就富有生机、充满活力、适应市场经济发展要求的新型国有经济，也就难以实现国有资产的保值增值，难以构建起社会主义市场经济运营的微观基础，那么，公有制实现形式的改革也就难以落到实处。

实现政企分离，一方面，必须对国有经济、国有企业和国有资产的概念加以分离，以国有资产增值作为政府最主要的决策目标。因为，对于政府而言，实现国有资产的增值，是保障政府对经济活动的影响和调控能力的基础，也是搞好国有经济的目标。另一方面，要抓住大环境，搞活大企业。抓"大"不是政府各部门"齐抓共管"，而是共同努力为大企业创造适合的发展环境，创造公平竞争的市场秩序，为企业走向集团化、国际化提供服务。另外，政府对公有制多种组织形式和经营方式构成的市场竞争主体应一视同仁，在税收、金融、市场准入等方面要消除差别，实行统一的国民待遇，按同一规则运行和管理。通过这些政府职能转变，使企业真正成为独立自主、自负盈亏、自我约束、自我发展的市场主体和法人主体。

五、管理创新

公有制如果仅仅只有好的实现形式还不够，还必须实行管理创新。否则，同样不会有好的效益。股份制已被几百年市场经济实践证明是一种好的资产组织形式，有的企业实行股份制效益好，有的实行股份制效益就差，关键在于管理跟不上。国内外企业发展的历史早已证明，科学管理是办好企业极为重要的环节。上海宝钢10多年的经验总结就是制度创新、技术创新和管理创新。邯钢的模拟市场的经验也是管理创新。"三改一加强"是中央作为国有企业改革的一条重要方针提出来的。对办好企业来说，虽然科学管理不是万能的，不可能解决一切问题，但却是绝对不可缺少的非常重要的环节。公有制实现形式的改革必须同加强企业管理紧紧联结在一起，好的实现形式才能发挥好的作用。要做到管理创新，首先要有一个善于管理的好的领导班子。企业领导班子是企业生产经营管理活动的组织者、决策者和指挥者，班子的状况如何、素质高低、能力强弱、作风好坏，是影响企业全局的大事，是决定企业前途命运的大事。一个好的班子和优秀的领导者，是办好企业绝对不可缺少的条件。一个企业处于濒临破产的边缘，领导班子调好了，整好了，企业就转危为安，这是常有的事。一个素质高的好领导者，可以挽救一个企业，把企业引向健康发展之路；一个不好的素质差的领导者，可以搞垮一个企业。因而，科学管理首先必须有一个好的班子。其次要有一批善于管理、经营、开发的人才。企业的一切工作都是人来做的，经营管理要有人才，市场营销要有人才，推动科技进步也需要人才。一个现代企业，没有一大批既懂管理，又善于营销，更能胜任科技攻关的高素质的人才，是很难办好的。人才是企业的宝中之宝。再次要有一系列科学的管理制度。管理就是合理地组织人力、物力、财力，安排各项工作，高效率地实现预定的目标的过程。而要做到这一点，需要有一系列的制度来规范。因而，要实现科学管理，不仅要有一个好的班子，要有一大批优秀的人才，还需要有一系列科学的管理制度。

（本文原载于《经济问题》1998 年第 4 期）

知识经济的挑战与对策

当前，对知识经济的介绍、宣传已渐成气候。在此基础上，应当进一步冷静地研究探讨一些问题。比如，知识经济究竟离我们有多远？我国在迈向知识经济中有什么障碍？怎么办？本文想就此进行探讨。

一

知识经济是以知识为基础的经济。具体来说，知识经济是指建立在知识和信息的生产、分配和使用之上的经济。再具体讲，知识经济是指具有以下四大主要特征的新的社会经济形态：一是科学和技术研究开发成为经济发展的重要基础，高技术产业成为支柱产业；二是信息和通信技术在经济发展过程中处于中心地位；三是服务业在经济发展中充当主要角色；四是人力素质和技能成为经济发展的先决条件。

目前，世界上还没有一个国家已形成具有这四大主要特征的经济形态，也就是说，还没有一个国家已形成知识经济形态。知识经济只是初见端倪。那么，什么时候才能出现知识经济形态呢？世界上不少经济学家估计要到 2010 年。因为，届时 8 大高技术产业（信息科学技术产业、生命科学技术产业、新能源和可再生能源科学技术产业、新材料科学技术产业、空间科学技术产业、海洋科学技术产业、有益于环境保护的高新技术产业和管理科学技术产业）的产值，将全面超过汽车、建筑、石油、钢铁、运输等传统产业。而联合国方面认为，改变世界面貌和人类社会生活的重大科技产业将在 2030 年前后成为支柱产业。因而，也有经济学家估计，知识经济形态的出现，将在 2030 年左右。不管是 2010 年还是 2030 年形成知识经济形态，都是指那些经济发达的国家，特别是像美国这样站在知识经济潮流前列的国家。那么，像我们中国这样的发展中国家将在什么时候形成知识经济形态？笔者认为，我国将在2050年左右初步形成知识经济形态，根据有三点：一是假如早已实现现代化的一部分发达国家在2030年左右形成知识经济形态，那么，我国比那些最早形成知识经济形态的发达国家迟20～30年，这已是很快了。二是根据联合国方面的分析，人类将在21世纪下半叶全面进入知识经济时代，我国作为发展中国家，尽管现在经济发展速度很快，今后，随着改革开放的深入，仍然可能持续快速稳健发展，我们的经济总量不仅可能列在发展中国家的前头，甚至有可能赶上或超过部分发达国家而位居世界前列，但是，届时中国仍然是一个中等发达的国家，那么，在2050年左右形成知识经济形态，也可算是很快了。三是根据我国的发展战略，预计在21世纪中叶（假设为2050年左右）实现四个现代化。尽管从现在看现代化的内涵与知识经济的内涵有很大的不同，我们也不需要走发达国家先现代化后知识经济的老路，但可以预见现代化将在许多方面逐步与知识经济的主要特点趋向一致。那么，把我国的现代化实现之日，作为进入知识经济时代之时，也可谓不慢。

二

我国在迈向知识经济的过程中，有不少有利的条件，但也存在着许多具体的障碍，主要有以下四个问题：

1. 就业问题。中国人口众多，每年净增加1 300万人左右，解决就业问题是现在乃至今后相当长一段时期面临的最主要问题之一。当前，已经登记失业的和下岗未就业的有1 000多万人，加上企事业单位潜在的过剩劳动者，将近3 000万人，而农村仅今后10年，就有近2亿劳动力需要转移。到2030年劳动人口将达10亿以上。不仅每年新增的劳动人口需要就业，而且为数巨大的已有的劳动年龄人口也要就业。这种就业状况，决定了中国在相当一段时期内必须多发展劳动密集型企业，以缓解就业问题。而知识经济的发展，则要求必须以技术密集型企业、知识密集型企业为主，排斥劳动密集型企业。这是一个非常大的矛盾。因而，在我国迈向知识经济的漫漫征途中，将面临的重大障碍之一就是就业问题。

2. 素质问题。知识经济时代是科学技术高速发展与经济文化协调发展的时代，是人的全面发展和文化充分发挥作用的时代。采用高新技术，就必然要求劳动者具有相应的素质，能够掌握高新技术。新的高性能的车间和灵活的企业机制强调劳动者应具备较高的素质。目前，我国劳动者的素质还比较低，接受大学教育的人口比例不到2%，而文盲、半文盲人口比例却占12%左右。国民素质低下影响我国社会、经济、科技和文化的发展进程，影响我国发展高新技术和信息产业。

3. 资金问题。发展经济离不开资本，从农业经济、工业经济发展到知识经济，开发投资要不断增加。通过提高信息技术水平来提高劳动生产率从而实现经济增长，要比通过增加劳动的投入来实现经济增长所需投入的资本要多得多。然而中国尽管银行存款余额有4万亿元人民币，外汇储备有1400亿美元，却仍然在相当长一段时期内是一个资本短缺的国家。这就造成不能给科技教育、信息产业以比较充足的投资。1996年，全国研究与发展经费仅占国内生产总值的0.15%，处于发展中国家的中下水平。而目前我国引进的大量外资，多数是兴办技术层次低和劳动密集型的企业。也就是说，我国的资本短缺制约了向知识经济的发展，而要想引进外资发展知识经济至少从目前看也不大现实。

4. 体制问题。追求利润最大化是市场经济的目标，市场的需要导向决定科学技术迅速发展的领域。从工业经济迈向知识经济，需要通过市场经济体制来推动。目前，市场经济体制正在形成，但真正形成还要经历较长的时间。因为，一是国有企业的改革进展缓慢，至今尚未真正成为市场经济中的主体；二是市场体系还不完善，要建立完善的市场体系也需要较长的时间；三是政府行为还不符合市场经济的要求，要规范政府行为，使其符合市场经济的要求，也要有一段时间。因此，市场经济体制建立缓慢也会制约迈向知识经济的步伐。

三

我国进入知识经济时代还有比较漫长的征途，又面临许多障碍，所以我们在面对知识经济的挑战时不能无动于衷，而必须根据我国的具体情况，走具有特色的迎接知识经济时代到来之路。目前，我国有70%人口在农村，工业化尚未完成，而又必须迎接知识经济的挑战，这就决定了我们不能采用单纯工业化发展战略，也不能超越现实采用信息化发展战略，而必须采用工业化与信息化并举的经济发展战略。在一段时期内既继续走工业化的路，又要开拓信息化的路。这样，目前采取的战略就应当是既有利于推进工业化的发展又必须有利于今后信息化的发展。这种发展战略可称之为四个基本战略，即基础教育、基础科学研究、基础产业、基础创新体系。

1. 基础教育。推进工业化、开拓信息化，需要提高国民的科学文化素质，其中最根本的是使公众受教育。要让公众了解科学知识，树立科学精神、科学思想、科学方法，就需要从基础教育抓起。为此，应当切实落实党的十五大提出的"把教育摆在优先发展的战略地位"的政策。首先，推行义务教育，扫除文盲。我国幅员广阔，各地情况有很大差别，完成普及义务教育工作，既要有积极进取的精神，又必须坚持因地制宜，实事求是，按照分区规划、分类指导、分步实施的原则，扎扎实实地开展工作。到2000年，小学学龄儿童入学率要达到99%以上，初中入学率达到85%左右，青壮年文盲率降到5%以下。其次，大力发展职业教育和成人教育。发展职业技术教育应结合当地的资源条件和产业优势，根据社会的需求情况和基础教育的普及程度，重点做好初中后的中等职业教育，积极发展高中后的职业教育。成人教育是传统学校教育向终生教育发展的一种新型教育，应向多样化、职业化方向发展。再次，提高高等教育质量。高等学校是一个民族的文化学术中心，其产品是知识和人才，高等教育应提高教育质量，以人为中心，发展人的个性、智慧，提高人的道德、素质，把学生培育成思考人类、适应时代、服务社会的强者。

2. 基础科学研究。基础科学研究为利用和改造自然提供必要的知识基础，是人类文明进步的动力，是知识与经济发展的重要源泉，是新技术、新发明的先导。基础科学研究的重大突破，往往引发形成全新的产业，带动新兴产业群的崛起，引起社会经济的重大变革。目前，我国一些基础科学研究已走在世界前列，但从总体上看，还有很大差距。因而，无论是从发展工业化还是开拓信息化来看，都要加强基础科学研究。为此，一方面，要充分利用国内、国外科学发展的丰富资源，把科学发现与技术突破结合起来，重点发展新兴带头学科、交叉学科和应用基础学科，主要是生物科学、信息科学、能源科学、材料科学和环境科学。另一方面，要瞄准世界科学前沿，选择一些基础好、有优势，对国民经济和社会发展有重大影响的科技项目，集中人力、物力、财力，力争在一些最重要的基础研究和高新技术领域达到世界先进水平。

3. 基础产业。基础产业是社会生产、流通、分配、消费各环节正常运转和协调发展的重要条件。它不仅是工业化的依托，也是吸纳、支持知识经济的基本前提。我国基础产业建设取得了较大进展，有力支撑了经济快速增长。加强基础产业建设，也是发展工业化、开拓信息化的重要基础性工作。为此，一方面，要继续加强基础产业建设，力争在水利、能源、交通、通信等基础产业建设上取得明显的进展，使之逐步与国民经济发展相适应。另一方面，要正确处理加强基础产业与振兴支柱产业的关系，把握好发展支柱产业的时机，以取得最佳的投资效益。

4. 基础创新体系。创新是民族发展的推动力，是民族进步的灵魂。知识经济是以不断创新的知识为基础而发展起来的。它以不断的创新为特色。我国现在需要学习、借鉴别国的长处，即使今后进入知识经济时代，也还是要不断向其他国家学习，取长补短。但世界上有些最先进的技术是买不来的。如果我国的创新能力上不去，就难以摆脱知识技术落后的局面。因而我国要从工业化发展到知识经济就要建立基础创新体系。为此，一方面，要建立知识创新、技术创新的体制，从而营造让创新得到优先发展的良好环境和机制，把创新落实到机构改革、知识更新、科技与企业结合、科技成果市场化等方面。另一方面，必须在学习、引进国外先进技术的同时，坚持不懈地着力提高自主研发能力，提高创新能力。

（本文原载于《经济体制改革》1998年第5期）

民族整合：经济全球化的必然选择

经济全球化浪潮正以前所未有的广度和力度向前推进，它为发展中国家提供了发展的机遇，但也存在着陷阱。我们融入全球化既要充分利用机遇，又要避开陷阱。这就要进行民族整合，增强民族的凝聚力。这是应对全球化的必然选择。

一

全球化是一个进程，或者是一组进程。它主要是指人类不断跨越民族、国家的地域，超越制度、文化的障碍，在全球范围内相互联系和交往，互相影响和融合，使全球形成一个不可分割的有机整体，这一历史发展进程和趋势就是全球化。这种历史进程并非始于今日，它是以国际化为起点推进的，是伴随着资本主义生产方式的确立和扩张而发展的。当资本主义生产的社会化高度发展时，生产要素在世界范围内大规模流动就成了必然的要求，经济国际化的进程就不断加强。特别是二战以后，生产和资本的国际化迅猛发展，各国经济的相互依赖进入更深层次。但这种经济交融依然集中于几个大的大陆经济集团，跨国贸易有其明显的界限。20世纪80年代以来，包括现代电子信息技术在内的科学技术迅速发展，以及四通八达的交通运输网络的形成，为生产要素在全球范围内流动提供了物质条件，各跨国公司已不局限于区域的限制，正实现着全球范围内最佳的资源配置和生产要素组合。这就不可避免地把国际化推进到一个更高的阶段，即全球化阶段。世界各国，不论是发达国家还是发展中国家，不论是主动地还是被动地，都融入经济全球化的大潮之中。这反映了国际经济关系领域的一场革命性变革。经济全球化引导资本、技术、管理向全球范围扩散，这为处于经济劣势的社会主义国家提供了一个难得的历史机遇。只要社会主义国家在全球化浪潮中趋利避害，充分利用两个市场、两种资源，吸收人类社会文明成果，通过引进外资和技术，加快本国的产业演进、技术进步和制度创新，并不断提高对外开放的质量和水平，将自己融入世界经济体系之中，并能够保持和发挥社会主义的基本原则和优越性。就可以产生新的嫁接优势，以超越发达国家，不断地发展和壮大自己。

全球化进程绝不是全人类携手前进的过程，相反，其中充满了风险和不公平。全球化是在经济领域首先发动的，但是全球化绝不只是经济领域的活动。它是包括经济、社会政治、文化等领域的全方位的活动。随着经济活动的发展，经济越来越政治化。西方发达国家在经济全球化中不仅争夺市场和经济的主导权，同时向发展中国家大肆兜售西方的价值观和价值体系，甚至用带有苛刻政治条件的经济援助胁迫发展中国家就范。这充分说明，全球化进程具有明显的政治含义。同时，全球化是以国际市场为纽带，以资本国际流动为动力，以跨国公司的无国界经营为支柱的经济，国际市场的逻辑是将经济活动推向便于生产并将获得高额利润的地方，因而，它具有极强的地理扩张倾向，往往超越民族国家的概念。而资本的跨国流动和企业的无疆界经营，又很容易诱发文化理念上的"全球主义"，从而导致民族意识和国家观念的淡漠。在全球化过程中，西方国家还不断转变策略，通过国际文化交流，传播其意识形态，进行文化扩张和渗透。可以预料，在全球化的推进中，这种渗透会越来越大，花样越来越多，我们面临的意识形态的斗争将越来越复杂。经济全球化是发达国家推动和主导的，西方发达国家图谋在全球化中推行"西化"战略，必然对我国意识形态的安全构成重大威胁。如果说文化帝国主义是西方垄断资本主义集团顺应全球化潮流调整其全球战略的产物，那么，这一战略调整的矛头在苏联解体和东欧剧变之后就集中指向中国，因而，在全球化的推进中，也充满陷阱。

二

全球化是生产力发展的必然趋势，全球化对于世界上各种类型国家的经济发展都应该是有益的。跨国公司在发展中国家扩张不仅带来了资本，还带来了先进的设备、技术、信息和企业管理新理论，推动了发展中国家产业结构调整和工艺流程重塑，管理创新、体制创新、组织创新、技术创新，为发展中国家工业的微观基础的建设提供了良好的国际环境，并进而促进了发展中国家经济和政治体制改革。因而，经济全球化对发展中国家实现工业化和超越战略，实现现代化和自强目标，都有不容忽视的重要影响。由于各国情况差异很大和所处地位不同，经济全球化对不同类型国家所产生的影响是不同的。发达国家发展水平高，竞争力强，开放度大，又是全球经济游戏规则的主要制定者，因而，他们既是全球化的积极主导者，更是全球化的最大受益者。发展中国家由于经济发展水平不高，竞争力较弱，加之本身体制和改革上的障碍，使得它们在获取全球化带来的收益时一般要付出不小的代价，要承担更多的全球化的负效应。尽管如此，从长远和根本上考虑，发展中国家参与全球化进程是利大于弊。因为，发展中国家如果不参与经济全球化，实行闭关锁国，就无法尽快实现工业化和现代化，就难以参与国际竞争。发展中国家必须积极主动参与经济全球化，加快自身的发展，同时，也要在对外经济交往中特别注重维护自身的民族利益，始终保持清醒的政治头脑和价值判断，采取正确的发展战略和应对战略。为了在全球化进程中变被动为主动，最关键的应对战略就是增强民族凝聚力，为此，首先要进行民族整合，即进行国内各种力量的整合。进行民族整合的目的主要有两个方面：一是振奋民族精神，二是增强经济实力。就中国来说，进行民族整合有其内在的条件：

1. 强烈的民族认同感是民族整合的文化渊源。中国各民族彼此之间存在着强烈的民族认同感，都以自己是龙的传人而自豪，并在此基础上形成了很强的民族凝聚力。这也是中国从秦朝建立统一的中央集权制国家以来，在漫长的历史岁月中虽有离乱，但统一始终是主流的一个重要原因。不论经过多少年代，不管在什么地方，民族认同感就像一个巨大的磁盘把中华民族紧紧地团结在一起。中国的社会关系是建立在亲缘、礼仪、友情、相互信任等文化情感联系之上的，叶落归根，寻根问祖，以及对同胞的手足之情，汇合成中华民族高度一致的整体感和责任感。同时，中国传统文化以社会群体价值为本位，形成了中国人忠实于群体的价值取向。这在维护中华民族的团结上有着重要的作用。这种团结精神在过去和现在都深深地影响着每一个中国人的思想和行为选择，成为有中国特色社会主义民族整合的文化渊源。

2. 爱国主义是民族整合的精神力量。中华民族从来就有爱国主义的光荣传统，救国自强、振兴中华的口号成为鼓励人民反帝反封建、推动历史进步的巨大精神力量。中国的历史表明，当民族矛盾上升时，国内民族整合往往加速进行，以应对外来的入侵，"中华民族的各族人民都反对外来民族的压迫，都要用反抗的手段解除这种压迫"。[1]融入经济全球化，中国以世界各国为市场，世界各国也以中国为市场，各国商品、服务、资本将更多地进入中国市场。这也是一种新形式的入侵，如果不首先进行民族整合，壮大自己，在国际竞争中将不堪一击。近代中国的爱国主义除了表现为在疆场上与侵略者拼斗外，还包括各种各样的救国思想，如商务救国、实业救国、教育救国及革命救国等，近代中国是中国人民爱国主义大放异彩的时代，它陶冶了中华民族高度一致性的爱国情操。爱国主义是中华民族最伟大的民族精神，它可以团结不同民族，不同阶级阶层和不同年龄、经历、觉悟水平的人，使之奋起，为振兴祖国而奋斗。因而，爱国主义是民族整合的精神力量。

3. 社会主义一致性是民族整合的现实基础。实行民族平等民族团结是社会主义的一个基本原则，"我们的民族政策是很正确的，是真正的民族平等，我们十分注意照顾少数民族的利益"。[2]从而使得种族歧视失去存在的土壤。中华民族经过几千年的曲折发展，选择了社会主义道路。随着社会历史的变化，中国历史上所形成的爱国主义、中华民族高度的一致性和追求团结和谐的理想愿望具有了新的内容，最终归结到对社会主义的认同和建设社会主义现代化的强烈愿望上。社会主义一致性使爱国主义、团结一致的光荣传统具有更加广泛和持久的感召力。在社会力量上，它不仅可以调动全体社会主义劳动者的积极性，而且可以调动一切拥护社会主义制度的人们的积极性，调动起绝大多数港澳台同胞和海外侨胞的积极性，把最广大的社会成员，包括不同立场和世界观的人们，团结到振兴祖国的大业上，它不仅可以激励人们以一切可能的方式，推动祖国的统一，维护祖国的主权和尊严，抵御外来侵略，而且可以激励人们团结一致，致力于社会主义现代化建设。

三

那么，应该如何进行民族整合，提高民族凝聚力呢？

凝聚力作为民族的一种精神维系，是以国民的团结意识为基础的，而不是靠简单的行政手段所能获得的。凝聚力有其自身的内涵和特征，而且不同时期凝聚力的内涵也不同。凝聚力首先是基于人们的一种共同的目标和理想，在现阶段，建设高度民主，高度文明的社会主义现代化强国就是整个中华民族的共同理想，改革开放则是实现这一共同理想的必要途径。每一个抱有振兴中华民族愿望的人，只要认识到这一点，就会消除彼此间的矛盾与隔阂，为同一目标而携手共进。同时，凝聚力虽然需要有共同的目标和理想，但也承认和尊重个人的利益和愿望，并通过社会主义的分配原则，合理地兼顾二者，使之统一起来。这就是中华民族富有时代特色的凝聚力。这种凝聚力由于是在共同理想下的精神力量的聚合，因而具有稳定和持久的特征。事实上，从长远看，改革开放的最终目的是发展生产力，提高全民族的物质和精神生活水平，社会主义制度就是要使全体人民共同富裕起来。如果我们的人民深刻地认识到这一点，并在统一认识的基础上形成凝聚力，紧紧地团结起来，就能有力地促进改革开放的健康发展，在融入全球化中实现民族振兴大业。为了提高民族凝聚力，最重要的是要进行民族文化的整合和民族经济的整合。

1. 民族文化的整合。

民族振兴离不开民族精神的振兴，而民族精神的核心是民族尊严。在世界范围内的民族矛盾和民族差别没有消失之前，维护自己民族的独立和尊严，对于每一个民族来说都是生死攸关的事情。没有民族的独立和尊严，包括现代化在内的一切都是空谈。民族的独立自主与文化的独立自主是不可分割的。中华民族作为一个多民族的国家，之所以在长达五千年的历史中保持统一而不分裂，中国的传统文化无疑起了重要的作用。从古到今，世界上没有一个具有民族精神和独立尊严的国家，在文化上是依赖别人、从属别人的。一个民族的文化精神既是这个民族凝聚力的无形纽带，也是推动该民族不断发展的内在动力。当前在我国生产力总体水平处于比较落后的状态下，弘扬我国民族文化的精华，弘扬中华民族爱国主义精神和自强不息的奋斗精神，从而增强我们民族的凝聚力，是融入全球化的强大的精神动力。为此，必须进行民族文化的整合。首先，要对传统文化按照时代要求进行科学的改造。其次要大力宣扬我们的时代精神，积极反映当代中华民族在社会主义制度条件下实现伟大复兴的奋发向上的面貌。为了实现社会主义现代化，中华民族的优秀分子将传统文化中自强不息、百折不挠的奋斗精神，将现代文化中的精髓——爱国主义、集体主义、社会主义精神，落实到社会主义建设的实践中，鼓舞着人民群众在改革开放过程中创造宏伟的业绩。重视弘扬社会主义时代的民族精神，重视社会主义文化建设中的精神财富，对于振奋人民的民族精神是极为重要的。文化的时代精神是民族精神和社会精神的载体。社会主义要努力追求的文化精神应该是一种以开拓进取为特征的文化精神，一种适应社会主义市场经济体制，通过积极的公平竞争来求得生存和发展的文化精神。只有这样的文化精神才符合我们时代的要求，也才能使我们在融入全球化的过程中，抓住机遇，避开陷阱，发展自己。

2. 民族经济的整合。

有人认为，在经济全球化中，各国经济融为一体，不存在民族经济。这是一种误解，是把全球化与一体化混为一谈。从整体上看，经济的发展是循着国际化—全球化——一体化的进程推进，但要从全球化进入一体化却并不是那么轻而易举的。世界经济完全一体化是不可能的，发展中国家不可能与发达国家一体化，即使发达国家之间也没有能够一体化。近年来欧盟的经济一体化虽然有重要发展，但离完全一体化还很远。区域一体化的趋势主要有两个：一是对内可使区域组织的成员享有区域一体化的独特好处，二是对外可增强区域集团及其成员的实力地位。在这方面，全球化给区域一体化的进一步发展带来新的刺激和驱动力——通过推动区域一体化而增强区域集团和成员在全球化进程中的地位和作用，以便得到更多的全球化利益。正是因为这样，区域一体化趋势与经济全球化趋势并存。因而，各国经济既融入全球化，又保留自己的民族特色和民族独立。事实上，全球资本市场的开放，贸易的自由化推进，都是经过各国双边或多边谈判后实现的，是政府行为的直接结果，也就是说，在全球化进程中，民族国家的政府仍然起着主导的作用，并没有放弃国家主权，仍然为维护本民族的利益而努力。经济全球化的发展所要求的不仅是贸易自由化和投资自由化，而且要求加强国家干预。特别要求各国政府加强经济、金融方面的合作；为贸易自由化和投资自由化创造一个稳定的国际经济环境。某些西方学者一味鼓吹自由化，要求发展中国家片面推行自由化，这不符合全球化发展的要求。特别是有的大国，一方面要求发展中国家加速贸易、投资自由化，另一方面自己搞保护主义。这本身就是对自由化的批判。实际上，对各国政府来说，特别对于发展中国家的政府来说，一方面，不能不融入全球化浪潮，另一方面，又必须在全球化背景下发展自己的民族经济。一个民族的经济实力如何，通常决定着它在世界上所处的地位。我国经过 50 年的建设，特别是 20 多年的改革开放，经济实力有了很大的提高，但同发达国家比还有很大差距，仍不够强大。必须通过整合，一方面适应全球化的环境，另一方面提高自己的经济实力。民族经济整合最关键的就是经济结构调整，它包含三个递增的内容：一是协调，二是优化，三是升级。我国的经济结构形成于计划经济时期，尽管改革开放以来已经做了比较大的调整，但至今计划体制的痕迹还是比较明显，结构矛盾日益突出，越来越难以适应市场经济发展的需要，更难以适应全球化发展的需要。目前，无论是亚洲国家还是西方发达国家，都在极力适应科学技术日新月异的形势，加速本国经济结构的调整和重组。面对这种新的国际形势，当前和今后一个时期我国经济发展的中心任务和突出重点就是进行经济结构调整。为此，首先，应当以市场为导向，即根据经济发展和城乡居民消费结构变化的趋势，提高市场需要的产品的有效供给，培育具有良好市场前景的产业，坚决压缩和淘汰那些不适应市场的产品的生产能力，坚决关闭浪费资源、技术落后、质量低劣、污染严重的企业。其次，应以产业升级为核心，发展新兴产业和高技术产业，加快发展科技含量高、附加值高，能有力支撑经济增长的产业，加速产品的更新换代。再次，应以企业为主体，更多地运用市场手段，将企业自主调整与政府政策引导有效地结合起来。

参考文献：

[1]《毛泽东选集》第 2 卷，人民出版社，1991 年，第 623 页。

[2]《邓小平文选》第 2 卷，人民出版社，1991 年，第 362 页。

（本文原载于《社会科学研究》2000 年第 6 期）

对外开放要有五大创新

随着世界经济全球化进程的加快，以及以网络技术、信息高速公路、生物基因工程为标志的知识经济曙光给我国带来的机遇和挑战，必然给我国的对外开放带来长久而深远的影响。这种新的经济全球化形势对我国对外开放提出了新的要求。我国的对外开放应当有重大创新。

一

发展是执政兴国的第一要务，而改革和开放是推动发展的两大轮子。从开放方面来说，开放是民族振兴的途径。一个强盛的国度必然是一个开放的国度。党的十一届三中全会召开，确立了以经济建设为中心、实行改革开放、加快社会主义现代化建设的路线方针，并明确提出要在自力更生的基础上积极发展与世界各国平等互利的经济合作，要善于利用国内国际两个市场、两种资源，从而实现了我国经济战略思想的重大转变。对外开放，作为一项基本国策，推动了我国社会经济的快速发展，迅速提升了我国的国际地位。在新的形势下，要使我国"在更大范围、更广领域、更高层次上参与国际经济技术合作和竞争，拓展经济发展空间，全面提高对外开放水平"。必须要开拓开放的新局面。同时，加入世贸组织，标志着我国对外开放进入一个新的阶段。如果说1971年中国恢复在联合国的合法席位，从此登上世界政治大舞台，那么30年后，中国加入世界贸易组织，标志着中国全面融入世界经济主流。当今世界是开放的世界。要适应经济全球化趋势和科技的飞速发展，我们必须坚持扩大对外开放，充分利用国外的资金、技术、资源、市场和先进的管理经验，来为我国经济和社会发展服务。积极参与国际竞争、在国际竞争中发展壮大，是当今各国适应世界经济技术发展新形势的客观要求。经过 20 年的改革开放，我国的经济实力有了很大的提高，积累了不少重要的经验，我们完全有能力在更广大的范围内参与国际竞争。我们争取加入世界贸易组织，意味着我们要更加深入、更加全面地参与国际竞争。中国的发展离不开世界。世界的发展，同样需要一个更加开放、勃勃生机的中国。入世后，我国将在更大范围和更深程度上参与经济全球化，因此，要以加入世贸组织为契机，进一步扩大对外开放，形成开放的新局面，赢得发展，争取主动，这也是我国经济工作的一项重要内容。

二

在这种情况下，我国的对外开放应当有重大创新，主要要在五个方面展开。

一是观念创新。

发展经济首要的是解放思想，更新观念。经济发展快与慢有多种因素，但关键的是思想观念、精神境界的差异。要形成开放的局面首先要把解放思想、转变思维方式作为关键、要害来抓，真正做到与时俱进，不断创新。在新形势下拓展对外开放，必须重新审视原有的旧观念，树立新观念，以更加积极的姿态走向世界。目前，我们面临着世界多极化、经济全球化、科技革命化和社会信息化的巨大机遇与严峻挑战，创新能力将决定民族、国家和政党的命运。只有坚持解放思想、实事求是，一切从新的实际出发，才能使我们的理论和思想认识更加符合客观实际和时代发展，从而使我们的观念常新，事业常青。中国入世后还有大量的工作要做。不仅有思想意识方面的转变，更有体制制度方面的转变。从今天来看，中国加入世贸组织更多的是具有体制改革意义，观念更新意义。加入世贸组织后，我们必须尽快更新观念和思想，认清中外之间存在的差距和差别，才能逐渐与国际接轨。

二是战略创新。

对于发展中国家来说，选择一个正确可靠的经济发展战略具有非常重要的意义。改革开放以来，中国经济成功地经受了一次又一次严峻的考验，特别是 1997 年的亚洲金融危机和 2001 年罕见的全球同步经济衰退。

在这些经济衰退的大潮中，中国的经济没有受到大面积的冲击。中国经济一次又一次浮出水面，不仅有别于亚洲其他国家，在全球经济中也是独树一帜，成为世界经济发展的一个亮点。这是中国改革开放路上一个又一个重要的里程碑。为什么中国经济会出现这样的亮点。最关键的是中国有正确的经济发展战略。

那么，入世之后，中国应该选择什么样的发展战略？尽管加入WTO之前就已经估计到入世的种种风险和不确定性，中国仍然做出了加入WTO这样一个富有远见和魄力的战略性决策。加入WTO以后，与这种基本态度相适应的应对战略，当然不能是消极应付的战略，而必须是积极主动的战略——"比较优势战略"。因为，一方面，中国经济已经日益融入全球化的过程，因此，在制定经济发展战略的时候，需要更加充分地考虑外部因素的作用和影响，再也不能实行封闭式的自我发展，更不可能倒退到改革开放以前的状态了。另一方面，外部因素对中国发展战略和国民经济的影响越大，不确定的因素也就越多，而中国政府控制风险、调整本国经济结构和制定政策措施的能力也就相应地受到了限制。这种积极的与消极的影响，在中国加入世贸组织之后，表现得更加明显。在这种情况之下，实施"比较优势战略"比较可取。

这里所说的"比较优势战略"是指：在加入WTO后新的开放条件下，将中国现实的和潜在的比较优势转化为竞争优势，并在某些不具备比较优势的环节创造出竞争优势，加快经济体制的调整和改革，创造良好的市场环境，大大提高资源配置的效率，在经济全球化的进程中争取自身收益的最大化。如果我们不能实现战略意图，即使"自我保护"做得再好，只不过就保留了一个现状，即落后的体制和结构。而这绝不是我们期望的结果。

实施这种"比较优势战略"必须做到：首先，通过深化改革，扩大开放，以开放促改革，将资源优势转化为竞争优势，将潜在优势转化为现实优势。其次，要从对资源配置的直接干预，转向通过市场力量提高本国资源配置效率，通过创造良好市场环境吸引国际经济资源。再次，要提高产业和企业的国际竞争力。

三是领域创新。

在经济全球化的趋势面前，我们必须实行外贸、外资、外经等领域一体化的"大经贸"战略，打破部门界限，使对外开放的各个领域、各项业务相互渗透、结合和促进，以发挥多领域开放的整体合力、协助力的作用。从目前看，我国服务业开放相对滞后。前一段时间，我国开放的重点在第二产业及第一产业领域。随着我国经济发展的需要和加入世贸组织的要求，今后开放的重点将转移到服务业领域，特别是金融、保险、电信、商贸等服务业中的主要行业和部门。这既是我国传统的比较封闭、垄断的行业和部门，也是我国加入世贸组织承诺经过3至5年的过渡期逐步开放的领域。因此，21世纪初的一个时期内服务业的开放将是未来开放的重点。通过服务业的合资合作，可以引进国外资金、先进的管理经验、专业技术和规范的市场运作机制，培育和发展我国新兴的服务业，创造更多的就业机会，提高国民经济运行的总体效率和人民生活的质量。银行、保险、电信、分销等服务贸易是发达国家占有绝对优势的领域，开放市场必然对国内服务业造成巨大的竞争压力，而在WTO框架下，服务贸易没有保障措施，一旦危及关系全局的领域，难以事后补救。因此，如何严格掌握审批程序，加强行业监管，确保国家信息安全，防范金融风险，防止分销体系的垄断，对我国的法制建设、政府的管理效率是一个考验。

四是效能创新。

经济全球化及由此建立的国际分工，反映并促进了生产力的发展，这是一个客观的进步的过程。只有通过开放和扩大开放，深入参与国际分工和全球化进程，发展开放型经济，才能更深地融入世界经济之中，才能更好地利用国际分工提高生产率，运用比较优势合理配置资源和增强竞争力，不断开创对外开放的优势和特色，加快自己国家经济的发展。面对国际资本加速流动和一些发展中国家加大引进外资力度的新形势，我们必须扩大利用外资规模，包括吸收外商直接投资和国外贷款。同时，必须优化利用外资结构，合理引导外资投向，重点是农业综合开发和能源、交通、重要原材料的重点建设项目，拥有先进技术、能够改进产品性能、节能降耗和提高企业经济效益的技改项目，能够提高产品档次、扩大出口创汇的项目，能够综合利用资源、防治环境污染的项目，以及支柱产业和高新技术产业。应该在充分利用国内资源的前提下，将来之不易的外资用在刀刃上，实现国内外资源的最优配置，促进经济持续健康发展。

五是水平创新。

我国的对外开放是从"引进来"起步的，经过20多年的发展，中国经济已形成了一定的实力和优势，实施"走出去"的开放战略，已具备基本的条件。我们要在继续大力"引进来"的同时，积极大胆地"走出去"，弥补我们国内资源、市场的不足，更好地利用国内外两种资源，两个市场，进而不断增强我国经济发展的动力和后劲，促进我国经济的长远发展，提高对外开放的水平。一个健全的开放经济单纯引进外资是远远不够的，应该建立一个双向循环机制，既要引进来，也要走出去。否则，如果长期偏重引进外资，忽视外向投资，势必会造成资金和技术的单向流动，久而久之就会产生资金技术的严重依赖，进而导致国际收支严重失衡，甚至引发债务危机。面对当前国际市场上贸易保护主义不断抬头的趋势，只有加快跨国投资的步伐，以对外投资带动商品出口和利用外资，充分利用国内国外两个市场、两种资源，才能在参与国际分工和竞争中取得应有的份额。因此，我国已经进入可以有计划、有重点、有步骤地到境外合作开发重要资源和到发展中国家投资加工工业的阶段，要培养我国自己的跨国公司，也可以在国外设立自己的跨国公司，开辟利用国外资源的新途径。

三

创建对外开放的新局面，就是要有对外开放的这五个方面的创新。在这里非常重要的一点就是在扩大对外开放中要高度重视规则管理和信用管理。经过23年的改革和开放，中国已经初步建立了市场经济的基本框架，对解放和发展社会生产力起到了巨大的推动作用，假如把这一阶段看成是中国市场经济发展的初级阶段，那么，加入WTO意味着我国将从市场经济的初级阶段向市场经济的中级和高级阶段迈进。这种迈进在很大程度上表现为加快建立符合社会主义市场经济体制和世贸组织规则要求的开放型经济管理体系、服务体系和法规体系，从而在很大程度上表现为规则体系和信用体系的建立和健全。市场经济是按规则运作的经济，因而，市场经济是法治经济。市场经济又是讲信用的经济，因而，市场经济又是德治经济。统而言之，市场经济实质上是法治与德治统一的经济。在这里，规则和信用是市场经济的两大基石。规则是市场经济的法治基石；信用是市场经济的道德基石。市场规则是保证市场有效运作的基本原则，市场规则的确立，离不开完备的法律规范，也离不开有效的道德支撑和约束，它们共同规范着人们的行为和价值取向，在潜移默化中成为一种社会秩序和为社会大多数人认同的自律准则，二者共同作用，相互促进，对保证市场的正常运行起到重要作用。比如，市场交易要通过契约来完成。因此，必然要制定实施有利于契约履行的各种"游戏规则"，这就是法治的表现。然而，仅止于此还是不够的。任何契约的履行，无不建立在"诚""信"的交易理念上。如果其中一方不讲信用、不守信义，再好的契约也会是一张废纸，即使诉诸法律解决，也会损失市场效率，而且从整体上说也会加大整个社会的运行成本。市场经济讲法治，也要讲道德，法治是外在的约束，道德是内在的自律，二者必须双管齐下，缺一不可。

我国已基本上形成了市场经济框架，但是，规则和信用还是十分薄弱的环节，出现缺损，造成了市场秩序的混乱。如果说我国加入WTO在许多方面都需要补课，需要加强的话，规则管理和信用管理就是最需要加强和补课的两个主要着力点。这不仅关系到当前的经济运行和经济发展，更关系到社会主义市场经济体制的建立这一根本性的问题。同时，也关系到加入WTO之后能否获得更大利益的问题，能否形成开放新局面的问题。因而，要从战略高度和全局角度看待这一问题，给予足够重视。

（本文原载于《中共福建省委党校学报》2002年第8期）

中国入世后的"三个不争论"和"三个关键"

加入世贸组织之前，我国一直就入世是机遇大还是冲击大，对不同的行业利大还是弊大，是政府重要还是企业重要这三个问题进行过热烈的讨论。在入世之前，为了统一思想，推动谈判的进程，尽快实现入世的愿望，这种讨论是必要的。在入世之后，就进入了具体的实践过程，没有必要再讨论这些问题，而应该积极去应对，去适应。为此，笔者提出入世后的"三个不争论"和"三个关键"。

一、不要争论是机遇大还是冲击大，关键是要有正确的应对战略

在经过长达14年的艰苦谈判之后，我国终于正式加入了世贸组织。人们对我国入世所面临机遇和冲击的种种分析和预言，正在被实践所检验。在入世后的新形势下，有些情况是已经预料到的，有些情况原先估计不足，还有的情况是新出现的。虽然现在仍有必要依据我国入世的协议条款和变化了的国际国内形势，对经济发展的决策不断做出新的调整，但绝不能因此停留在"是机遇大还是冲击大"的争论中。

经过23年的改革和开放，我国已经初步建立了市场经济的基本框架，对解放和发展社会生产力起到了巨大的推动作用，假如把这一阶段看成是我国市场经济发展的初级阶段，那么，入世之后，将由初级阶段向中级阶段过渡，肯定既有机遇又有冲击。入世之后，如果再过多地或者主要地看到冲击和挑战，甚至以为"狼真的来了"，将诸多调整、改革措施看成是应付"狼来了"的事情，那么，我国为什么要入世？如果入世带来的只是或主要是冲击和困难，那不是自找麻烦吗？入世是我国政府和人民主动的战略选择，做出这一选择，是基于对世界政治经济发展趋势和特点的深入理解，基于对我国国家利益的战略性考虑。因而，绝不能停留在"是机遇大还是冲击大"的争论中。

入世之后最为关键的是实施富于进取精神的应对战略和立足于调整、改革和制度创新的战略，着眼于长远地提升我国的经济竞争力，实现人们所期待的"双赢"。

对于发展中国家来说，选择一个正确的经济发展战略具有非常重要的意义。改革开放以来，我国经济出色地经受了一次又一次严峻的考验，特别是1997年到1998年的亚洲金融危机和2001年罕见的全球经济同步衰退。在经济衰退的大潮中，我国的经济没有受到大面积地冲击。中国经济的稳健发展不仅有别于亚洲其他国家，在全球经济中也是独树一帜。我国经济之所以会出现这样的亮点，最关键的是有正确的经济发展战略。

那么，入世之后，我国应该选择什么样的发展战略？尽管入世之前就已经估计到了种种风险和不确定性，但我国仍然做出了入世这样一个富有远见和魄力的战略性决策。入世以后，与这种基本态度相适应的应对战略，当然不能是消极应付的战略，而必须是积极主动的战略——比较优势战略。

从积极的方面来看，我国经济已经日益融入全球经济一体化的进程，因此，在制定经济发展战略的时候，需要更加充分考虑外部因素的作用和影响。从消极方面来看，外部因素对我国发展战略和国民经济的影响越大，不确定的因素也就越多，使我国政府控制风险、调整本国经济结构和制定政策措施的能力受到了限制。这两种影响，入世之后，表现得更加明显。在这种情况之下，实施比较优势战略比较可取。

这里所说的比较优势战略是指：在入世后新的开放条件下，将我国现实的和潜在的比较优势转化为竞争优势，并在某些不具备比较优势的环节创造出竞争优势，加快国内体制和结构的改革，创造良好的市场环境，大大提高资源配置的效率，在经济全球化的进程中争取自身收益的最大化。

比较优势战略必须具备以下三个要素：① 启动点是通过深化改革，扩大开放，以开放促改革，将资源优势转化为竞争优势，将潜在优势转化为现实优势。② 基本点是从对资源配置的直接干预，转向使市场起作用，通过市场力量提高本国资源的配置效率，通过创造良好市场环境吸引国际经济资源。③ 落脚点是产业和企业的国际竞争力。

比较优势战略可以使经济发展在每个阶段上都能发挥资源的比较优势，从而保持经济的持续增长并提升资源配置效率。实行比较优势战略要求发挥市场机制作用，发挥企业自身的创新能力，发挥政府维护市场竞争性和规则性的经济职能，并特别表现在产业政策的制定和实施上。同时，比较优势战略在某种程度上还具有防范和抵御金融危机的作用。

二、不要争论是利大还是弊大，关键是要积极地去适应新环境

入世对我国不同行业、不同企业的影响不同，那么，究竟对哪一个行业利大哪一个行业弊大，并不是一个静态概念，而是一个动态概念，而且，在实践中利与弊是会互相转化的。因为，入世意味着更加开放，既是世界扩大对我国的开放，又是我国进一步扩大对世界的开放。对不同的行业和企业来说，将有更多的机会利用国内国际两个市场、两种资源，参与国际分工与协作，提升产品的国际竞争力。在遇到贸易争端时，企业还可以利用世贸组织的争端解决机制，公平、合理地解决与其他世贸组织成员的贸易摩擦。同时，也应当清醒地看到，开放将使竞争进一步加剧。这种环境对不同的行业和企业都是相同的，没有必要再争论哪一个行业利大哪一个行业弊大。

入世之后，最为关键的是，行业和企业都必须积极适应新环境。开放的市场环境中充满机遇，也遍布挑战，机遇是潜在的，要努力才能抓住；挑战就在眼前，要主动去应对。如何适应新的竞争环境，主动做出相应的调整，是摆在每个行业和企业面前的重要课题。尽管改革开放以来，国内企业取得了长足的进步，但与世界知名企业相比还有很大差距。入世带来了全方位的对外开放，企业原有的经营机制将不再适应现实的需要。这就要求企业必须做出相应的调整，把发展放到国际大环境中去，按照市场经济的要求，根据经济全球化趋势确定自己的发展战略，同时以建立健全现代企业制度为中心，全面改革完善法人治理结构、人才机制及工资激励机制等内容的企业制度。哪一个适应得好，就利大；哪一个适应得不好，就弊大，就可能被淘汰。根本无须再对利大还是弊大的问题争论不休。

在入世之后企业面临一系列挑战时，不如把利大还是弊大问题的争论，转化为大声的疾呼：企业，你能适应吗？在市场经济的竞争中，适者生存。那么，什么是适者？在短缺经济时代，商品极其匮乏，有便是适。在卖方经济时代，商品充裕，质量好、价格便宜的商品有竞争力，质好、价廉就是适。在入世之后，市场竞争国际化，面对瞬息万变的市场，企业能否快速反应就成为决定其成败乃至生死存亡的关键因素，快就成为适的重要内容了。即以快速的决策、快速的调整、快速的转换来适应新的环境。

这里所说的适应包括：思想适应，充分意识到竞争的严峻性；制度适应，尽早与国际惯例接轨，确立按市场经济规律办事的原则；机制适应，通过改制和改造，使自己成为真正的市场竞争主体；技术适应，通过技术创新获取技术优势，拥有更多的知识产权；管理适应，通过优化管理提高效率，获取成本优势。总而言之，就是通过全方位的适应，提升企业的核心竞争力，积极参与市场竞争。

企业是否能适应入世后的市场环境，关键要靠企业自身的努力。企业应加速建立现代企业制度，真正成为"自主经营、自负盈亏、自我发展"的市场主体，提高成本意识，在财务等方面加快与国际接轨，提升产业层次，改善出口构成，提高出口效益，并且提高出口产品的技术含量和附加值，增强出口竞争力，真正做到以质取胜，高质高价。同时，企业还应加强对国外有关法律法规的研究，知己知彼，争取主动，并尽快培养一批人才。当然，企业想要尽快适应入世后的市场环境，也需要政府给予大力支持。但是突出的问题有两个：一是国有企业，特别是大中型国有企业改制和转变机制过慢；二是政府公共管理体制及行业政策有待改进，特别是要研究和世贸组织框架协调的产业政策体系和实施提升企业技术能力的政策。未来的产业政策要强化功能性政策，支持企业增加技术投入，鼓励竞争性产业大企业间的合作研究，要允许国家科技项目、国防科研项目直接给企业，包括私营企业。

三、不要争论是政府重要还是企业重要，关键是都要守规则讲信用

入世之后，究竟政府转变职能重要还是企业积极适应新环境重要？政府必须为企业创造优良的环境，而企业则必须提升竞争力。如果创造优良的环境是起点，那么，提升竞争力就是终点。起点和终点都是重要的。政府要入世，企业也要入世，无须再在谁重要这个问题上进行争论。

世贸组织协议是一个庞大的规则体系，入世意味着接受所有这些现有规则。入世之后，不管是政府还是企业，都要遵守规则，注重信用。如前所述，入世意味着我国将从市场经济的初级阶段向中级阶段迈进。这种迈进在很大程度上表现为规则体系和信用体系的建立和健全。市场经济是按规则运行的经济，因而，市场经济是法治经济。市场经济又是讲信用的经济，因而，市场经济又是德治经济。统而言之，市场经济实质上是法治与德治统一的经济。在这里，规则和信用是市场经济的两大基石。规则是市场经济的法治基石，信用是市场经济的道德基石。我国已基本上形成了市场经济框架，但是，守规则和讲信用还是十分薄弱的环节，容易出现问题，造成市场秩序的混乱。如果说我国入世后在许多方面都需要补课，需要加强的话，规则管理和信用管理就是最需要加强和补课的两个主要着力点。它不仅关系到当前的经济运行和发展，还关系到建立社会主义市场经济体制这一根本性的问题，更关系到入世后能否获得更大利益的问题。因而，要从战略高度和全局角度看待这一问题，给予足够重视。

在我国入世前后，某些国际人士对我国能否守规则讲信用，履行入世承诺表现出担心或疑虑，我国政府已经多次郑重表明，中国作为一个负责任的大国，将全面、严格地履行入世协议中的各项承诺。在入世后的不长时间内，我国政府在履行承诺方面做了大量富有成效的工作。改革开放以来，我国的国际地位不断提高，这种提高既来源于我国经济社会的发展和进步，也来源于我国在国际关系中遵守规则、注重信用的行为。

履行入世承诺与重建新体制下经济生活中的信用关系具有一致性。信用关系的松弛乃至缺失，是我国经济转型中的一个突出问题，也是近年来整顿经济秩序、加强市场经济基础建设的重点之所在。履行入世承诺，一方面是调整和改革包括信用关系在内的多方面的重要经济关系，另一方面可以维护和提高国家在国际社会中的信用形象，从而有效地降低调整中的阻力。为此，不管是政府还是企业都必须遵守规则，注重信用。

从政府层面来说，政府在规则和信用管理体系的建设中要发挥积极作用，要建立一套规则和信用管理体系。一方面，要营造公平竞争的市场环境，给每个参与竞争的主体以公平竞争的机会，实现优胜劣汰，确立市场规则和信用，真正建立起统一、开放、竞争、有序的市场体系。而我国目前还不同程度地存在着行业垄断、地区封锁、强制交易、歧视待遇等问题，割裂了市场，限制了公平竞争，也破坏了市场秩序。因而，必须在立法、执法和政府职能转换上有大的动作，下决心拆除各种分割市场的"篱笆墙"，充分体现公平竞争的原则，让各种商品和要素在全国统一的市场内真正形成自由流动。另一方面，提高市场主体的组织程度，加强行业自律，建立、加强、规范商会和行业协会也十分重要。在精简政府机构，认真转换政府职能的同时，要把那些政府不该管、管不好、管不了的事交给有关商会和行业协会，发挥他们协商、协调、评审、仲裁、公证、培训、上下沟通等作用，特别是要发挥他们规范行业行为、监督执行行规行约的行业自律作用。在谋求权利法律化的同时，提高社会伦理道德在弥补、增进信任及约束交易关系方面的作用。

从企业层面来说，应破除只重经济效益而轻视规则和信用的思想。任何一个企业要想取得良好的经济效益及长远发展，就要对规则和信用给予足够的重视。一是要牢固树立按章办事、信用第一的思想，确立规则和信用的地位。多年来，企业界一直强调安全第一、质量第一，现在更要树立规则第一、信用第一的思想。这与强调安全、质量并不矛盾。因为一个企业的信用组成包含了安全、质量及更多的方面，是对一个企业在生产、经营及管理方面提出的更高的要求。那么，如何树立按章办事、信用第一的思想呢？首先，是企业的各级管理者要对规则和信用的内涵、重要性及其与经济效益的关系有充分的认识。许多教训表明，正是由于各级管理者对规则和信用的认识不足，才导致违规作业、信用丧失。其次，是要对企业的全体员工进行教育，使他们树立按章办事、信用第一的意识，进而在行动上自觉维护规则和信用。

（本文原载于《国际贸易问题》2002 年第 12 期）

二、发展战略篇 ■

利益格局：产业结构调整的最大障碍

近几年，产业结构调整一直是我国经济理论研究和经济实践的一项重要课题，虽然取得了一定的进展，但产业失衡的状况还未缓解，产业结构调整的目标还远未达到。为什么产业结构调整如此步履维艰？其根本原因何在？应当采取什么对策？我认为，产业结构调整的最大障碍是现有的利益格局，应当从这一基点上考虑产业结构调整的对策。

一

我国的经济体制改革是以放权为起点的，随后采取了一系列的财政包干、"分灶吃饭"、外贸承包等改革措施。这有利于调动地方和企业的积极性和主动性，增强地区经济自我组织、自我发展的能力，并且推动了横向经济联合的发展。但是，这也强化了地方政府对自身利益的考虑，形成了地区的利益格局。

地区利益格局的形成，造成地区间产业结构趋同化。

所谓产业结构趋同化，是指我国 29 个省市区的产业结构雷同，几乎是同一模式的翻版，从表 1 可见一斑，全国各地，不管其自然资源和经济条件如何，都生产大致相同的产品。

表 1　产业结构地区布局状况

生产活动	粮食	棉花	煤炭	水泥	生铁	钢	化肥	机床	布	自行车	缝纫机	手表
从事该项生产活动的省份数（总计：29）	29	21	27	29	27	28	29	28	28	26	24	24

（资料选自《经济研究参考资料》，1989 年第 28 期）

那么，利益格局的形成，为什么会使地区产业结构趋同化呢？

利益格局的形成，使各地区考虑产业结构时，不是首先从宏观整体上进行思索，而是从局部利益上着眼。我国现行体制，基本上仍鼓励地方以数量增长为中心来发展生产，地方利益的多少和政绩的好坏由完成的经济数量指标来决定，这就必然使地方把产值、利税的增长放在第一位。同时，由于地方财政收入的增加，能促进本地生产的发展，改善本地人民的生活，促进文教、科技、卫生等事业的发展。地区的产值、利税的增长与否同本地区的利益息息相关。这就必然导致地方把人力、物力、财力较多地投入到价格高，产值、利税增加快的产业部门，主要是加工工业部门，而较少地投入到能源、原材料等资金占用量大，利税率、产值率较低的部门。由于实行了财政包干，"分灶吃饭"，扩大了地方财权，地方预算外资金增加很快，比重很大；加上投资、信贷体制的改革，投资主体的多元化，地方政府在投资分配、生产项目选择、政策制定、经济杠杆运用等方面的决策权限有了很大的扩张，而国家宏观调控手段还不完善，没有强有力的约束机制引导地方合理地用权，地方从自身利益考虑都追求价高利大的产业，从而导致了地区间产业结构的趋同化。

产业结构的趋同化，加剧了全国产业结构的不平衡，加大了产业结构调整的难度。

首先，产业结构趋同化使全国产业布局更加不合理。合理的产业布局是现代化大生产的客观要求。对于我国这样一个地域辽阔、地区差异大的国家，必须合理地进行产业布局，充分利用地区差异，才能获得合理布局效益。产业结构的趋同化，各地区不顾实际情况，都追逐利多价高的产业，片面发展加工业，违背了因地制宜专业化协作的产业布局原则，使产业布局产生了畸形，这就增加了产业布局调整的难度。

其次，产业结构趋同化使基础产业更加薄弱。基础产业即使不能先行建设，也应随着其他产业的发展而同步发展。然而，在产业结构趋同化的情况下，各地区由于自身利益的考虑，普遍对基础产业不重视，这就使基础产业的发展滞后于其他产业的发展，特别是大大滞后于加工产业的发展。这样，一方面，其他产业特别是加工产业的迅速发展，要求基础产业更多地为其服务；另一方面基础产业的发展又大大滞后。本来就很薄弱的基础产业在产业结构趋同化的热潮中就更加薄弱，这就增加了发展基础产业的难度。

再次，产业结构趋同化使一些应压缩的产业部门不仅得不到压缩，甚至可以保留和发展。例如一大批符合地方局部利益的国营、集体、个体的小工业应运而生，其中一些高消耗、低效益的企业与大中型企业争原料、争能源、争资金、争市场，严重损害宏观整体利益，加剧了产业结构的不平衡，增加了调整产业结构的难度。

二

既然产业结构趋同化是出于地区自身利益考虑的结果，那么，必然会出于同样的动机来保护现有的产业结构格局。这样，利益格局促使地区间产业结构趋同化不仅加剧了全国产业结构的不平衡，加大了产业结构调整的难度，而且还阻碍产业结构的调整。

阻碍之一：抵制宏观产业结构调整政策的实施。为了调整我国不合理的产业结构，我们制定了一套产业政策，只要这些政策能得到贯彻实施，产业结构不合理的状况会逐步扭转。

然而，为什么至今却进展缓慢、收效甚微呢？关键是，地区的产业结构是在局部利益下形成的，用中央的产业结构调整政策衡量，有的合理，有的就不合理。这些政策，如果符合地区局部利益的需要，就能顺利地实施，如果影响或者损害了地区的局部利益，就会使政策在实施中偏离原有的目标。这种注重局部利益的实用主义的做法，打乱了产业结构调整的总体部署。

阻碍之二：刚化各产业部门的存量调整。随着经济的发展和产业结构的升级，既有的产业部门也必然随之调整，这就是作为产业结构调整重要手段之一的存量调整。而各产业部门的存量结构变动的实质是各种资源在部门之间及地区之间的重新分配。产业结构演化的过程就是各种资源在不同部门、不同地区转移的过程，这是不以人们的意志为转移的。但是，由于地区利益格局的存在，就使以损害某些部门和某些地区局部利益而有利于整体的资源转移产生阻力，从而使产业结构的存量调整刚性化，难以实施。

阻碍之三：阻止扭转区际摩擦和相互封锁的产业调整。我国产业结构的矛盾集中体现在沿海经济与内陆地区经济的摩擦和相互封锁上，尤其是近年来对沿海地区实行优惠的开放的市场政策以后，国内生产要素向沿海流动的趋势十分明显，加重了沿海地区基础工业的压力，这种压力使内陆地区加工业与基础工业的矛盾，转换为区际摩擦和相互封锁。产业结构的调整必须改变这种状况，使沿海和内陆地区的经济关系在梯度发展战略中互相配合。但是，由于利益格局的形成，为了维护本地区的利益，防止肥水"外流"，各地区纷纷设立各种壁垒和屏障，阻止扭转摩擦和相互封锁的产业调整。利益格局既使产业结构更加不平衡，又阻碍着产业结构的调整，它是产业结构调整中许多问题的根源，是当前产业结构调整的最大障碍。

三

利益格局对产业结构调整的障碍，启示我们在调整产业结构时，应当处理好利益格局与产业结构调整的关系，防止两个偏向。

偏向之一：忽视利益格局，只强调产业倾斜，忽视地区倾斜，对产业结构调整采取不分地区的"一刀切"。在现行的体制下，在财政、外贸承包合同上签字画押的地区很难自动牺牲本地区的财政或外汇收益去服从未列入包干范围的国家产业政策的要求。在这种情况下片面强调产业倾斜的政策就难以顺利实施。各个地区不论差别如何都要按照一个统一的产业序列进行调整，就可能产生两种倾向：一是国家宏观产业结构出现"长短错位"。由于各地区的产业"上"与"压"的方向一致，不加区别，很容易使原来的长线产业变成短线产业，反之，原来的短线产业变成长线产业。二是可能导致新的一轮地区产业结构趋同化。因为原来地区产业结构已经趋同了，如果"上"又一起上，"压"又一起压，就会进一步加深趋同程度。如果出现这两种情况，就与产业结构政策的初衷相悖。同时，由于没有考虑到已形成的地区利益格局，产业结构调整在实施中也困难重重。

偏向之二：过分注重利益格局，在产业结构调整中只强调区域倾斜而忽视产业倾斜。我国目前推行的新的产业政策，是根据国民经济的需要，鼓励一些产业，限制一些产业，对于优化我国产业结构、供求结构，促进工业经济的良性发展，乃至整个国民经济的协调发展，将会产生积极影响。如果过分注重照顾地区的利益格局，只强调区域倾斜，势必阻碍新的产业政策的实施，从而影响产业结构的调整。要正确地处理好地区利益格局与产业结构调整的关系，就应当在调整产业结构时，考虑到利益格局的存在。正如上面所述，利益格局的形成是由于实行了放权、财政包干、

"分灶吃饭"、外贸承包等一系列改革政策造成的，而实践证明这些政策是行之有效的，基本上是成功的，那么，对于实行这些改革所派生出来的利益格局也难以消除。因而，对于既定的利益格局，既不能忽视也不能过分强调，应当正视，既要照顾地区利益，又要在宏观上进行控制。具体表现在产业结构调整时，要进行区域倾斜，也要进行宏观上的产业倾斜，以区域倾斜照顾地区的利益格局，用产业倾斜来控制地区的利益格局，进行宏观上的把握。处理好利益格局与产业结构调整的关系，关键是要制定一套区域产业政策，与体现产业倾斜的产业政策相配套，同时施行。

我国幅员辽阔，沿海和内陆、东南部和西北部经济发展条件和经济水平差异悬殊，不顾各地区情况，不顾各地区的利益格局，完全推行同一政策，不仅会丧失区域经济发展的利益，而且会使产业政策在实施中偏离原有的目标。制定区域产业政策作为《产业政策要点》中阐明的产业政策的配套政策，两者互相补充，将有利于全国产业结构优化工作的顺利进行。

四

区域产业政策是指国家根据不同经济类型区的资源现状、发展潜力和地区优势，制定相应的产业政策。

制定区域产业政策应注意以下几个方面的问题。

1. 制定区域产业政策的出发点是确立科学合理的地区产业增长结构目标。所谓地区产业的增长结构，是指各产业部门产出增长率的比例关系。通过调节和控制地区产业的增长结构，可以达到产业调整的目标。事实上，在一个较长的时期内，增长结构的变动过程向人们展示出地区产业结构达到优化的途径和实现既定的结构模式的特定轨迹，其本身也是地区产业结构在优化过程中应予以重点分析的问题之一。制定区域产业政策的最终目标就是要通过优化地区产业结构来优化全国的产业结构。

2. 制定区域产业政策应当按照全国经济布局的整体设想，进行分类指导和管理。区域产业政策是在全国产业政策指导下，根据地区的具体情况进行设计的。在进行这一设计时，要明确中央政府和地方政府对各类产业的引导，分工责任，分清哪些产业是属于中央管理，哪些产业是属于地方管理，从而解决好产业的地域分工问题。这不仅是中央政府的要求，也是目前各个地区迫切需要国家给予明确的问题。

3. 制定区域产业政策是建立在对影响区域开发的自然、经济、社会、技术、人口、生态环境等因素的综合考察、综合分析、综合论证的基础上，在综合规划方案比较下稳步而慎重地进行的。区域产业结构的形成并不是单项因素作用和影响的结果。因而，制定区域产业政策，不能只强调某项因素，忽视其他的因素。在规划区域布局中，要重视自然资源因素的分析和评价，因为它是区域布局形成的自然基础，尤其是我国自然资源虽然绝对量大，但相对量不足，地区差异大，更不能忽视对自然资源的分析和评价去谋求区域产业结构的优化和布局的合理性。与此同时，也不应忽视其他因素，尤其是市场因素，但又不应过分强调市场因素的影响和作用，否则就无法达到布局合理、效益提高的目标。只会使区域生产力布局更加盲目，区域产业结构日益趋同。

4. 制定区域产业政策应注意确定地区的优势产业和配套产业，使其各尽其能，互相补充，并统一在地区经济发展的基础上。对优势产业的评定需要进行综合分析，既要认识到优势产业的动态性和综合性特征，又要不断开阔视野，看到优势产业的发展和拓宽，这样，制定出来的区域产业政策才能促进优势产业的形成和发展。在优势产业中，对区内经济发展起支撑作用的产业群即为主导产业，确定主导产业的基本原则应是使区域比较优势得到充分发挥，从而带动本地区经济的发展，同时又有利于全国经济的协调发展。至于配套产业，则主要体现为同优势产业发生前后相联系的产业部门。在制定区域产业政策时，应注意：一是尽可能使配套产业在生产的各个环节协作配合，进一步深精加工，发展专业化生产，提高经济效益；二是尽可能使配套产业为优势产业的生存和发展提供基本条件。

5. 制定区域产业政策不仅要考虑到增量投入，而且要考虑到存量调整。特别是在传统工业比较集中的省区及三线建设重点省区，更应如此。产业结构的演化过程，就是在不断产生和扩大新兴产业的同时淘汰落后传统产业。只有这样，产业结构才能不断优化，经济才能发展。传统工业比较集中的省区传统工业的调整与新兴产业的发展应当同时进行，这里既有增量投入，更有存量调整，应当互相协调；三线建设重点省区则要通过增量投入和存量调整着重解决产业间的生产和技术配套问题。

［本文原载于《福建论坛（经济社会版）》1990 年第 5 期］

治理整顿：应从总量控制为主
转入结构调整为主

一

治理整顿已经进行一年多了，在这一阶段实施的是以总量控制为主的全面紧缩方针，已基本达到预期目标，应当及时地转入下一阶段，下一阶段应实施以结构调整为主的全面紧缩方针。

为什么要从总量控制为主转入结构调整为主？

首先，总量控制基本上达到了预期目标。预期目标如下：一是总需求大于总供给的矛盾得到缓解，二是物价上涨得到控制。既然总量控制的预期目标已基本达到，就应当及时地转入下一阶段。

其次，结构失衡问题突出。在需求过旺、通货膨胀加剧的情况下，经济结构问题被掩盖了，表现出来的只是巨大的需求和市场物价的不断上扬。现在，需求和通货膨胀被抑制了，经济结构问题就突出了。也就是说总量失衡得到一定的控制后，结构失衡的矛盾就突出了。我们可以从产业结构、企业组织结构、地区结构三个层次具体分析结构失衡问题：从产业结构层次看，农业问题没有根本解决，加工业的扩张不是在重化工业化的后阶段，而是在包含有轻纺工业及其他一般粗加工工业与高档消费品工业的扩张。所以，我国近期产业结构变动是反规律的。从企业组织结构看，企业规模效益极差，一般不具有大批量生产的能力，其中尤以乡镇企业和地方企业为甚。从地区结构层次看，地区经济仍然是"大而全""小而全"的独立经济，不具有发挥地区优势的专业化分工。

再次，只有进行结构调整才能避免"膨胀—紧缩—再膨胀—再紧缩"的恶性循环，而转入良性循环。改革10年来，我国经济已经历了三次膨胀一紧缩的循环，究其根本原因，就是因为通过紧缩使膨胀得以控制后，没有很好地进行结构调整，使整个经济在没有理顺的情况下又慢慢开始新一轮的膨胀，从而又不得不再度紧缩。

二

下一阶段的治理整顿需要更多的时间。因为影响结构调整的因素很多，结构调整问题更复杂，任务更重。

1. 价格扭曲使产业结构调整困难重重。现行价格体系是一套逆向倾斜型的价格结构，即能源、电力、交通运输和原材料等基础产业和上游产品的价格偏低，加工工业等下游产品的价格偏高。虽然 10 年来对不合理的价格体系进行了一系列调整改革，但大多局限于农副产品和日用消费品的范围内，而严重短缺的能源、电力、交通运输和原材料等基础产业的产品价格，因种种原因，调整改革的步子不大。在这种扭曲的价格信号引导下，各地方、行业和企业将大量资金投向利润高的产业，这就不仅导致经济增长中结构性矛盾日益突出，也使结构调整难以进行。

2. 中央财力不足使结构调整乏力。我国的经济体制改革是以放权为起点，并且是循着放权让利的主线进行的，这有利于调动地方和企业的积极性和主动性，但同时造成财政收入占国民收入的比重逐步下降。中央财力不足影响了国家宏观调控能力：一方面国家难以有足够的财力用于短线行业的直接投资；另一方面国家财力不足也影响了国家运用税收或补贴方式引导银行信贷方向和企业投资方向的能力。

3. 利益格局使地区抵制宏观结构调整。利益格局的形成，使各地区考虑产业结构时，不是首先从宏观整体上进行思索，而是从局部利益上着眼。而我国现行体制基本上仍鼓励地方以数量增长为中心来发展生产，地方利益的多少，政绩的好坏，由完成的经济数量指标来决定，这就必然使地方把产值、利税的增长放在第一位。必然导致地方把人力、物力、财力较多地投到价格高，产值、利税增加快的产业部门，主要是加工工业部门，而较少地投入到能源、原材料等资金占用量大，利税率、产值率较低的部门。由于实行了财政包干，"分灶吃饭"，扩大了地方财权，地方预算外资金增加很快，比重很大，加上投资、信贷体制的改革，投资主体的多元化，以及地方政府在投资分配、生产项目选择、政策制定、经济杠杆的运用等方面的决策权限有了很大的扩张，与此同时，由于国家宏观调控手段还不完善，没有强有力的约束机制引导地方合理地用权，就使地方从自身利益考虑的产业部门得以建立。各地区都追求价高利大的部门，就导致了地区间产业结构的趋同化。既然产业结构趋同化是出于地区自身利益的考虑造成的，那么，各地区必然会出于同样的动机来保护现有的地区产业结构，使产业结构的存量调整刚性化，加大结构调整的阻力。

4. 企业承包责任制使结构性矛盾难以缓和。企业实行承包制的主要形式是"核定基数，递增包干，超收分成"和"两包一挂"（包税利和技术改造，职工收入与上缴税利挂钩）。一方面，为了增加企业和职工收入，企业自然要追求高产值高速度，而在供给短缺的情况下，高速度在总量上又会拉大供给与需求的缺口，使结构性矛盾激化。另外，在结构上，由于现行计划体制和价格体制不合理而形成的偏差，使本来已经膨胀的投资规模在结构失衡的情况下更加膨胀。另一方面，企业承包后，在承包期内企业的经营权归承包人，就难以进行兼并重组，企业的组织结构不可能趋向优化。

三

那么，应当如何来实施以结构调整为主的全面紧缩的方针呢？

以结构调整为主的全面紧缩的方针，其实质仍然是紧缩的。前一阶段的紧缩仅是缓解了供求矛盾，并没有根本解决累积起来的供求不平衡的矛盾，稍一放松，就会重蹈紧缩的覆辙，导致更加无法承受的失控。因此，要把治理整顿的重点转移到结构调整上来。也就是说，要在紧缩的前提下进行结构调整。

1. 推进价格改革，矫正产业结构的逆向倾斜。价格体系不合理是导致产业结构扭曲的重要根源，调整产业结构必然要调整价格结构，以价格结构的调整来引导产业结构调整。为此，应按照国家产业政策以及地区经济特色，制定产业调整的中短期价格改革规划，提高瓶颈产业的价格水平，使其资金利润率高于其他产业的平均利润率。

2. 确定区域产业政策，配合现行产业政策的实施。利益格局的形成是由于实行了放权、财政包干、"分灶吃饭"、外贸承包等一系列政策。而这些政策经实践证明是行之有效的，基本上是成功的。那么，对于实行这些改革所派生出来的利益格局也难以消除。因而，对于既定的利益格局，既不能忽视也不能过分强调，而应当正视，既要照顾地区利益，又要在宏观上进行控制。具体表现在产业结构调整时，要进行区域倾斜，同时进行宏观上的产业倾斜，以区域倾斜照顾地区的利益格局，用产业倾斜来控制地区的利益格局，进行宏观上的把握。

3. 引导企业改造和重组，促进企业组织优化。目前，大中小型企业普遍存在着"大而全""小而全"的问题，因此要以大型企业为主体，在统一规划下，建立大型骨干企业与中小企业双向发展的组织结构，促使企业从全能厂转为专业厂，在专业化合作基础上建立横向经济联系，采取集团公司的形式，使重点企业通过扩张兼并，扩大生产规模，构成行业内众多中小企业围绕少数大企业进行序列加工的组织形式，以逐步形成各具特色的经济群体和产业群体，从而形成适当规模效益。与此同时，应当对劳动就业和社会保障制度进行相应调整，对新一轮的企业承包制进行修正，以保证企业兼并和"破产法"的顺利实施。

4. 实施微调措施，给结构调整留适当余地。进行结构调整，需要国民经济具有一定的调整余地。否则，太紧了无法周转，不易展开调整。为此，需要采取一些微调措施，让国民经济紧中有活，留有适当调整的余地。这些微调措施主要有：适当增加贷款规模，降低贷款利率，实行差别利率，适当增加重点建设投资，增加国营大中型企业的流动资金，给商业、外贸、物资收购增加贷款，发挥蓄水池和主渠道作用，还要积极组织扩大城乡市场，扩大物资交流，搞一些以工代赈、农村开发、城市道路、住宅建设等。为了使这些微调措施能够顺利实施，关键是应当适当增大财政收入在国民收入中的比重和增大中央财政在财政收入中的比重。

5. 狠抓科技进步，提升产业结构。结构调整的目标就是要使我国产业结构在微调的基础上实现提升。这就需要狠抓科技进步。为此，应重点进行以下工作：在增加对科技投入的同时，适当集中人力、物力，实行有限目标、重点突破的技术进步战略，减少乃至杜绝重复科研与引进技术，以及盲目进口现象，组织联合攻关，以期在对生产发展有重要作用的技术开发应用方面尽快有所突破，强行淘汰一批浪费资源、效率低的落后技术。

在全国范围内，开展广泛的、群众性的、以降低消耗提高质量为中心的技术创新活动，同时强化劳动纪律和产品检验制度，把技术进步作为经济体制改革的重要目标等等。

通过对以上这些具体措施的逐步实施，我国结构失衡的矛盾会逐步得到缓解，经济将逐步进入良性循环，产业结构也将在协调的基础上逐步升级。

（本文原载于《技术经济与管理研究》1990 年第 5 期）

城乡一体化：乡镇企业再发展的基础

从 1984 年"社队企业"改名为乡镇企业起到 1993 年，这是乡镇企业的"第一个发展期"。这一时期，城乡分离，城乡经济呈二元结构，城市企业特别是城市的国有企业改革逐步展开，但尚未完全进入市场，市场有着较大的空间。乡镇企业利用这一空间，获得长足的发展。1994 年后随着国有企业改革的深化，国有企业将完全进入市场，市场竞争越来越激烈，城乡分离逐渐成为乡镇企业进一步发展的障碍。这时，实行城乡一体化，让国有企业和乡镇企业各有分工，各有自己的市场位置，就成为乡镇企业在"第二个发展期"发展的基础。

一

乡镇企业的发展，已经开始使城乡分离的格局松动，并为城乡一体化奠定了基础，但城乡分离还依然存在，并使乡镇企业在运行中产生了一系列的矛盾，逐步成为乡镇企业再发展的障碍，要克服这个障碍，必须实现城乡一体化。城乡一体化不仅是乡镇企业发展的必然结果，也是乡镇企业再发展的必然要求。乡镇企业将在城乡一体化中获得新的生机。因为城乡一体化有三个原则，这三个原则是乡镇企业再发展不可缺少的基础。

一是城乡工业合理分工的原则。所谓合理分工，就是根据城乡工业的各自特点，发挥各自优势，形成优势互补的分工格局。这种分工格局，使乡镇工业与城市工业可以在发挥各自优势的前提下，发挥各自的作用，乡镇企业可以避开同比自己强大的城市工业争原料、争资金、争能源、争人才、争市场，在自己的轨道上运行。

二是城乡工业利益共享、风险共担的原则。利益共享、风险共担是商品经济的普遍原则。城乡企业的矛盾，说到底是利益分配问题。通过实行城乡一体化，让乡镇企业与城市企业形成利益共同体，可以分享利益，还可以在激烈的市场竞争中分散风险，增强乡镇企业承担风险的能力，提高竞争能力。

三是市场统一的原则。实行城乡一体化，可以逐步形成全国统一的生产资料市场、资金市场、劳力市场，利用市场机制合理配置城市企业和乡镇企业的生产要素。与此同时，城市企业与乡镇企业的产品都面向市场，它们的原材料和产品都是从市场中来，到市场中去。从而减少了乡镇企业与城市企业在竞争中的条件差异，有利于乡镇企业的发展。

二

城乡分离阻碍了乡镇企业的再发展，城乡一体化是乡镇企业发展的必然结果，也是乡镇企业再发展的基础。那么，应当如何从宏观上推动和微观上推进城乡一体化来促进乡镇企业再发展呢？

（一）宏观上推动城乡一体化，促进乡镇企业再发展

所谓宏观上推动城乡一体化，是指国家在宏观上采取有效政策和措施，推动城乡一体化，为乡镇企业的再发展提供条件。具体对策是：

1. 国家实施合理的产业政策，解决乡镇企业和城市企业因产业结构和产品结构趋同而导致的不合理竞争。国家的产业政策应从乡镇企业和城市企业各自的基本特点、优势、劣势出发，明确规定二者分工和发展点。原则上乡镇应重点发展劳动密集型、资源开发型和资源粗加工型产业。同时，国家应逐步改变按产品类型进行城乡产业分工的传统方式，更多地以产品档次进行城乡产业分工，从而减少乡镇企业和城市企业在相同层次上的无效或有害的竞争，把乡镇企业发展导入国家工业化轨道。另外，从税收等方面对乡镇企业实行优惠政策。

2. 创建规范化市场体系，保证平等竞争。为了保证自由交易，平等竞争，必须建立规范化的商品市场和要素市场体系。这是城乡一体化进程中的关键。

首先，这样的市场体系必须是多层和全国统一的：

（1）市场必须具有最大的开放性，对一切商品生产者和经营者开放；

（2）市场主体的经营自主性，卖方和买方均有充分的独立自主地位，对自己的产品和要素拥有完全自主权；

（3）市场主体地位的平等性，不论所有制形式如何，资产、经营规模和经济实力各有差异，买卖双方都是平等的贸易伙伴；

（4）市场行为的规范性，一切交易均按市场法规有序地进行；

（5）市场信息通达、传递快速。这些都应有配套的市场组织、设施、法规和手段的切实保证。

其次，国家要制定反垄断法，禁止对商品和要素生产及经营的垄断，对有垄断能力的公司或企业集团的行为加以法律约束。通过创建这样规范化的市场体系，来保证乡镇企业的竞争地位。

3. 抓好县级机构改革，增强县级经济组织的功能。县是省（市）与乡镇之间的中间层次，是城市与乡村工业与农业的结合部，具有承上启下、联系左右的功能，是组织和领导农村改革，使农村迈向城市的中心环节。搞好中心环节的改革，可以推动城乡一体化。因而，要依据组织协调农村商品生产和流通的需要，改革县级经济机构的领导方式和作用手段，转换职能，把培育市场、扶持乡镇企业放在重要的议事日程上。

4. 推动横向经济联合，实现城乡企业优势互补。推动横向经济联合是实现城乡一体化的重要方式。通过横向经济联合，使城乡企业结成利益共同体，在市场竞争中减少风险，增强竞争能力。同时，乡镇企业在横向经济联合中，可以接受城市企业的技术辐射，补充生产要素不足，强化自身要素组合的重要途径。

横向经济联合应以城市大工业为依托，为其提供各种专业化的协作配套，使乡镇企业充分享受到专业化分工协作带来的好处。并且，通过城乡一体化程度的提高，使乡镇企业获取城市工业先进技术和管理经验，推动资金、技术密集型产业的形成和发展。

5. 搞好小城镇建设，为乡镇企业的相对集中提供区位条件。搞好小城镇建设是农村通向城市，实现城乡一体化的桥梁。应当选择生态地理条件、环境资源条件、市场条件适宜及人口比较密集的乡镇、街道建设不同类型的现代化新型小城镇，同时敞开大门广泛吸收农民进镇务工经商办企业，通过小城镇建设进一步调整农村产业结构，逐步改变传统的城乡关系，在搞好中心城市建设的同时，加快城市化步伐，从而加速城乡一体化进程，为乡镇企业的相对集中提供场所，从而产生工业的聚集效益。

（二）微观上推进城乡一体化，促进乡镇企业的再发展

所谓微观上推进城乡一体化，是指乡镇企业采取有效措施，推动自身的发展。推动乡镇企业自身的发展，实质上也是推进城乡一体化，并从城乡一体化中促进自身的再发展。具体对策如下：

1. 经营上实行全方位开放。乡镇企业经营上的全方位开放，可以概括为"接进来，打出去"，它包括两个方面：一是大胆接受城市的辐射，吸收有利于发展生产，增加效益的各种生产要素；二是打破社区经济的束缚，积极向外拓展，将企业富余的生产要素投入到更能获利的地区，包括到全国各地的大中城市和国外去投资建厂。乡镇企业只有实行这种"接进来，打出去"的全方位开放，把自身的运行不仅同农村也同城市的发展联系起来，才会取得更加广阔的发展空间。乡镇企业的"第一个发展期"是在市场尚有较大的空间中实现的。那么"第二个发展期"就要在利用"接进来，打出去"拓展的空间来实现。

2. 布局上的相对集中。乡镇企业在"第一个发展期"的布局是分散的，"村村办厂、户户冒烟"是其特点。这种布局在城乡分离，市场尚有空间时，亦不失为一种办法，而随着市场空间的变小，就产生了如上所说的一系列问题。因而，要使乡镇企业进入"第二个发展期"，就要改分散的布局为相对集中：一方面，乡镇企业应逐步移入交通方便、水源充足的工业开发区，逐步使工业开发区成为新兴的城镇；另一方面，乡镇企业应向城镇集中，走农村城市化的道路。这种相对集中的布局，既推动城乡一体化的进程，也有利于人才流动、信息传递，使乡镇企业取得生产的集聚效益。

3. 产业结构上的协调增长。乡镇企业在产业结构上的协调增长包括三个方面的要求：一是乡镇企业作为国民经济的重要组成部分，受国民经济整体功能的约束，它的发展应当按照国家的产业政策要求，同整个国民经济协调增长；二是乡镇企业要同农业协调增长，即乡镇企业的增长要同农业能提供多少原料、提供多少可供加工的农产品为前提。乡镇企业的发展速度和规模要同农业的发展相适应；三是乡镇企业内部第二、第三产业要协调增长，第二产业的发展要以第三产业的发展为前提条件，否则，如果运输跟不上，工业生产用的原材料就不能及时得到，商业的发展不充分，打不开产品的销售市场，产品就无法销售。因此，在制定乡镇企业发展规划时，必须考虑到这些因素，不能不顾客观条件一哄而上。乡镇企业处理好产业上的协调增长，不仅可以加速农村现代化，进而加速城乡一体化的进程，而且可以使自身从中获得再发展。

4. 体制上推行乡镇企业股份化。乡镇企业实行承包制后，普遍存在着行为短期化、利益分配不规范等现象。应逐步改承包制为股份制：一是股份制可以使分散的资金集中，使乡镇企业可以充分利用城乡个人资金发展生产，同时也使企业能有效地利用自有资金，通过投股形式，形成企业集团，提高竞争能力。二是企业实行股份化，可以吸引科研单位、大专院校以技术投入方式入股，以此向乡镇企业转让技术，加速科技向生产力转化，使股份制与科技引进协调起来。乡镇企业股份化不仅有利于城市对农村的投资，使城乡在经济上融合，也使乡镇企业从中得到资金、信息、科技、人才，获得再发展的各种生产要素。

5. 管理上转换经营机制。乡镇企业在发展初期，经营机制比较灵活。但近些年，有些乡镇企业特别是乡镇骨干企业出现了三种向国有企业靠拢的现象：一是科室正规化，国有企业的机构设置，不少乡镇企业也都有，与此同时，科室人员也逐步增多；二是人员固定化，在企业干了几年之后，辞退比较困难，特别是科室人员，进来容易出去难；三是工资保险化，企业行政人员一般都有基本工资，旱涝保收。这些现象表明，部分乡镇企业特别是骨干企业的经营机制正在退变，如此蔓延下去，将危及乡镇企业的生命，更难谈再发展。现在，当国有企业通过深化改革，转换经营机制的时候，乡镇企业转换经营机制应当说比国有企业容易，理应更快地转换。乡镇企业仍要坚持以销定产，不能先产后销；要注意培养管理干部，提高管理水平，特别是提升企业的成本管理水平；要将企业的各种生产要素推入市场，通过市场机制进行合理配置。

（本文原载于《企业经济》1994 年第 5 期）

个体户阶层的社会学考察

一

改革开放推动了我国社会结构的快速分化，而社会结构的分化使社会阶层、利益群体发生变化，产生一些新的社会阶层、利益群体。个体户阶层就是在我国社会结构分化中形成的一个阶层。

我们知道，任何社会活动都是经济资源的占有、支配和使用，任何个人和组织的社会利益的获得和分配，也与资源占有、支配和使用密切相关。因而，所有制结构的变动必然引发整个社会结构的变动。

改革前，我国所有制结构单一，只有公有制形式（包括全民所有制和集体所有制），没有其他所有制形式。国家对社会资源实行高度的垄断，并以这种垄断为基础，对几乎全部的社会生活实行严格而全面的控制，使得每一个人和组织除从国家渠道获得所需资源外，没有任何获取资源的渠道。除了国家统一调拨、统一分配外，个人与个人之间、组织与组织之间缺乏横向联系，从而使得个人与组织高度依赖国家。社会结构分成城乡两大社会群体，城市内部只有干部、知识分子和工人之分，农村则只有农民，阶层构造简单，阶层内与阶层间具有很高的同质性和平等性，社会结构具有很强的一体化特征。

这种单一的所有制结构已成为生产力发展的羁绊，于是，以市场为取向的改革使单一的所有制结构首先受到挑战，并且逐步开始松动。与此同时，政府与社会的关系也在逐步调整，政府直接控制和干预的范围逐步缩小，在仍然需要保持控制的领域中，控制的力度在减弱，控制的方式在变化，控制手段也在不断规范化，社会资源逐步开始自由流动并重组，逐步形成了全民所有制、集体所有制、个体所有制、混合所有制等以公有制为主体的多元化的所有制结构。这种以多元化的所有制结构和经济运行的市场化为基本内容的经济体制改革，直接促进了我国社会改革，直接促进了社会结构的分化，出现了与新兴的所有制形式相适应的新的阶层。个体户阶层的出现正是对个体所有制形式的适应。

从个体户阶层构成身份看，个体户来自各行各业，有的是原来没有职业，为了寻找出路而当上了个体户；有的是辞职或停薪留职，加入个体户队伍；在农村，则是由于联产承包责任制的推行，一大批剩余劳动力从传统的农业中走出来，参与多种经营，成为个体户。如果不是对单一的所有制结构进行改革，从而使政府与社会的关系得到调整，社会结构产生分化，就不可能使从事其他职业的人转向个体工商职业，不可能使社会资源自由流动并重新组合，不可能形成新的所有制形式，从而也就不可能形成与这种所有制形式相适应的个体户阶层。

现代阶级、阶层主要是经济上市场分化作用的结果。在改革开放之前，我国实质上没有严格意义的阶级、阶层，社会中广泛存在的四大群体：干部、工人、农民、知识分子，实质上是身份不同。这种身份不同不是经济方面分化的产物，而是国家政策和一系列相关制度，如干部人事制度、劳务用工制度、户籍制度等综合作用的结果，是以国家权力为核心得以运行的，从总体上看是以低流动率和较为僵硬的身份分层为特征，而不是由社会自然分化造成的。改革开放之后，随着市场取向改革的深入，社会成员地位的性质逐步发生根本性的变化，允许一部分人先富裕起来的政策，首先使一部分社会成员脱离国家地位安排和原有的分层秩序，而直接进入市场，这样，个人地位从由国家通过各级组织的全盘安排和分配到通过市场竞争来确定，人们地位的升降越来越多地受到市场作用的影响。一种新的市场化的经济分层既打乱了原有社会的分配格局和地位秩序，也在重新组合着处于变迁中的阶层体系。由国家垄断分配的各种社会资源，一部分转变为通过市场进入分配，彻底改变了过去那种平均主义"大锅饭"式的分配格局，个人地位越来越远离国家控制而具有更大的自治性和流动性，社会阶层的划分也从以权力为核心转向以市场为核心。个体户阶层的形成正是这种转变的产物，它是经济上市场分化作用的结果。因而，个体户阶层是严格意义上的现代阶层。

二

个体经济作为一种小私有经济，在历史上每一个社会形态下，都是处于从属补充地位的。在我国社会结构分化中形成的个体户阶层也是处于从属地位的。工人阶级是社会主义现代化建设的领导阶级和主导力量，农民阶级是工人阶级可靠的同盟军和现代化建设的主力军。知识分子是工人阶级的组成部分，是最有知识和文化素质的智力阶层，个体户阶层同其他阶层是社会主义现代化建设的不可缺少的重要力量，它们接受工人阶级及其政党的领导，处于从属地位。

由于受社会主义公有制经济和宏观调控的约束，在社会主义政权、军队、司法等国家机器日益完善和强大的条件下发展个体经济，无论怎样发展，都只能成为社会主义公有经济的有益补充，不可能威胁公有制的主导地位，因而，个体户阶层在社会结构中也始终处在从属地位，不可能成为领导阶层。

个体经济作为一种个体所有制形式的经济，本质上是私有制经济，资产是个人所有。因为资产量很小，基本上不足以作为占有他人劳动的凭据。所以，其所有者必须自己来运用这些资产进行生产经营，个体户阶层既是资产所有者，又是劳动者；既当老板，又做帮工，自买自卖，这种状况下的个体户，既有可能发展成为私营企业主，又有可能重操旧业。

我们知道，个体经济与私营经济之间存在着内在的密切联系，两者都是私有制性质。当个体户需要进一步发展时，通常的做法是扩大生产经营规模，而扩大生产经营规模除需增加资本投入外，还需要增加劳动投入，即增加雇工人数。当雇工人数超出个人和家庭经营的范围时，个体户就转变为私营企业主。我国目前个体户向私营企业主发展大致有两种具体形式：① 走个人合伙或合股发展的道路。个体户在生产经营活动中，由于受资金、设备、场所和技术条件的限制，必然要采取联合方式，才能求得共同发展。当前，我国农村和城镇就有许多个体户采取这种联合方式，进行不同地区或不同行业之间的合作。② 向跨所有制合营方向发展。当个体户经过一段时间的个体经营、通过与其他所有制企业合资经营等具体形式之后，扩大了规模，就逐步走向跨所有制的共同生产和联合经营。同私营经济是在个体经济的基础上发展起来相一致，我国目前私营企业主大多数是由个体户发展转化成的。但与此同时，由于个体户大多数是由干部、工人、知识分子、农民转化而来的。他们同原有阶层还保留着密切的身份联系，例如原是农民的个体工商户家中还承包有土地，有一部分个体工商户还在停薪留职中，他们一旦歇业、破产，随时可能重操旧业。

从上述情况看，个体户阶层是一个不稳定的阶层，目前，尚不可能发展成为一个独立的阶级，而只是从属于工人阶级和农民阶级的一个阶层。

<h2 style="text-align:center">三</h2>

个体户阶层在社会结构分化中形成，同时又影响着社会整合。这种影响具有双重意义：一方面个体户阶层的形成推动着社会结构的整合；另一方面它对社会结构整合又有一定程度的逆向效应。

纵观历史，社会变迁的主导力量是劳动者。劳动者是社会分化与社会整合的主体。

在我国计划经济模式中，社会整合所面对的劳动者具有这样的特征：几乎没有属于自己的财产，因而对个人所属的经济组织具有很强的依赖性；个人致富的欲望被严重压抑和扭曲，在个体之间收入差距不大，具有很大的同质性和平等性；提倡劳动者不是由自身经济利益的驱动，而是由主人翁地位焕发出极大的积极性。面对这样的劳动者群体，计划经济模式下的社会整合，主要是通过以下途径实现：① 在经济上，全民和集体两种所有制形式成为社会经济的主体，中央政府掌管着所有重要资源的配置。② 在政治上，党政权力组织和其他群众组织深入到最基层社区，国家具有很高的权威和控制能力。③ 在文化上，建立了一元化的社会意识形态，同时这种意识形态同注意等级、德行、亲情、人情的中国文化传统形成了某种融合与默契，具有很强的社会动员能力。总之，这种社会整合主要是依靠行政力量的发挥，实质上是行政性整合。

这种行政性整合使国家社会达到相当高的一体化和社会整合水平。但是，这种社会整合是以牺牲整个社会的活力和效益为代价的，代价过于高昂。在寻求社会活力和效益以建立市场经济为取向的改革中，这种行政性整合被打被，逐步出现了市场性整合。

市场性整合所面对的劳动者具有以下特点：享有充分的自由，对自身和社会利益有着清醒的认识，并用理性的手段去追求自身的利益；经济收入、个人财产、生活消费上具有明显的分化，个人心理也有着明显的差异；劳动致富成了劳动者的基本目标。面对这样的劳动者，社会整合是建立在劳动者是财产的所有者、对自身的利益高度关心的基础上，同时也建立在劳动者作为社会成员、对自己生存于其中的社会高度负责的基础上。这种社会整合是个人利益、个人尊严、个人价值与社会共同利益的高度统一的整合。

社会整合方式由行政性整合向市场性整合转换，从旧的劳动者中分化出的新的劳动者，最具有典型特征的就是个体户：① 拥有真实的而不是虚拟的财产，享有充分的自由。② 经济收入高于其他许多阶层。③ 劳动致富是其念念不忘并正在努力实践着的目标。也就是说，个体户是市场性整合所面对的具有典型特征的劳动者，因而，个体户也是市场性整合的具有典型特征的主体，对于市场性整合具有典型的促进作用，主要表现在以下三个方面：

第一，个体户的发展带动了市场的建设，促进市场发育，推动市场体制的形成，启发人们的商品意识与市场观念，为社会运行方式转到以市场为轨道上，起了先导和奠基的作用；第二，个体户的生产经营灵活，应变能力、竞争能力强，成为其他的社会组织如国有企业的竞争对手，国有企业只有不断提高效率，改善经营管理，才能适应激烈的市场竞争，从而推动其他的社会组织如国有企业的经营转到以市场为轨道上来；第三，个体户与政府之间没有直接的隶属关系，政府对他们只能采取宏观和必不可少的行政管理，如登记发照、依法收税、查处违法活动等，政府对个体户的管理，基本上是按照市场经济的客观要求做到："你投资，我欢迎；你发财，我收税；你违法，我查处；你破产，我同情。"政府职能转变为政府按照市场经济的客观要求管理其他经济组织提供经验。总之，个体户的出现对社会整合方式起了先导和示范作用，推进了社会的市场性整合。

尽管以市场为取向的改革打破了我国社会的行政性整合模式，逐步形成了市场性整合。但是，我国目前的社会结构整合不是纯粹的单一的市场性整合。同经济调控采取计划调节与市场调节相一致，我国社会结构整合是行政性整合与市场性整合的统一。因而，不利于行政性整合或市场性整合的因素都会对社会整合产生逆向作用。

　　个体户除了在市场性整合中发挥促进作用外，在行政性整合中却产生了一定的逆向作用。个体户是应市场需要而生，并且一产生就完全依赖于市场调节，因而，个体户的发展会增加经济活动的自由化倾向，从而使微观经济与宏观经济产生矛盾。同时，虽然从整体上看个体户是守法经营的，但也有一部分个体户往往在利益的驱动下会违反国家的政策法规，出现如偷税、漏税、销售假冒伪劣商品、用不正当手段参与竞争等非法行为，在一定程度上影响行政性整合的力度，从而不利于当前社会结构整合。但从总体上看，个体户在当前社会结构整合中的促进作用大于逆向作用，在一定的时期内推动了社会的进步。

（本文原载于《经济·社会》1995 年第 4 期）

经济结构调整应坚持"六个为主"

当我国从卖方经济走向买方经济的时候，结构问题越来越突出。如果说走出卖方经济是我国改革后经济的第一次腾飞，那么买方经济从粗放转向集约就是第二次腾飞。第一次腾飞所付出的最沉重的代价就是结构问题。它成了第二次腾飞最主要的制约因素。因而，要顺利实现第二次腾飞非解开这个"结"不可。然而，长期沉积的结构问题涉及面很广并触及职工、企业、地方利益。因而，在进行结构调整时应坚持"六个结合、六个为主"。

1. 市场调整与计划调整相结合，以市场调整为主。

结构调整的目的是要达到资源的优化重组，在市场经济的条件下，市场是资源配置的基础，因而，结构调整要以市场为导向，以市场调整为主。同时，从某种意义上说，结构不合理是计划经济遗留下来的。过去经济体制的一个最主要特征是政府成为经济活动的主体，在"大而全""小而全"的背后主要是政府行为。现在这个问题还没有解决。从各地规划的情况看，现在许多项目从策划、立项筹集资金都是由地方政府出面的。因而，计划调整难以解开政府行为留下的"结"，而必须以市场调整为主。为此，应当把政府为主导的产业政策转向以市场为中心。根据国内外市场需求及结构变化，调整供给和结构，把资源配置到效益好的行业和企业中去。而且，在资源优化重组的同时，要进一步开拓市场，扩大企业对市场的占有率。当然，计划机制和市场机制各有利弊，计划机制长于事前，失之准确；市场机制长于准确，失之盲目。只有两者相互结合，才能使结构调整达到最好的效果。

2. 存量调整与增量调整相结合，以存量调整为主。

过去的调整比较擅长使用政府的直接投资这种手段，虽然这是一种极有效的调整手段，但它只是增量调整，而对已有存量的调整则无能为力，随着生产的发展，存量越来越大，现在仅国有企业经营性资产就已达 4 万亿元。相对于这样庞大的存量来说，增量就显得很小，增量调整很难主导整个经济结构的变化，这些存量资产结构没有优化，调整就是一句空话。因而，结构调整应以存量调整为主，对存量资产进行重组，包括企业的改组、兼并、破产、联合，发展跨地区、跨行业的企业集团等。把企业制度创新与国有资产重组结合起来，通过产权合理流动实现国有经济结构的战略性调整。然而，只有存量的调整有时很难进行，以增量调整带动和促进存量调整，效果将更为明显。

3. 产业政策调整与区域政策调整相结合，以产业政策调整为主。

社会主义市场经济是统一的经济，而不是互相割据的"诸侯经济"。各个地区的区域经济是整个国家的社会主义市场经济的有机组成部分，区域经济结构是全国产业结构的基础，区域经济结构要放在全国产业结构的统一调整之中，区域经济结构必须按照国家的产业政策进行调整。目前存在的结构趋同化、重复建设、盲目升级等，根本原因在于各地只考虑本区域的利益，而不顾国家的产业政策，使国家的产业政策"悬空"。因而，结构调整必须坚持以产业政策调整为主。为此，国家要制定、完善产业政策和其他政策措施，用利益机制鼓励结构调整、资产流动，加大组织协调的力度，解决好跨地区、跨行业、跨所有制的企业资产的流动问题；各地必须树立大市场分工的观念，每上一个项目都要以是否符合国家产业政策为基准，一定要维护产业政策的权威性；必须建立完善的社会评价系统，对一些地方争相上马的项目，采取招标的办法，从资金条件、企业素质、企业技术等方面进行比较，优者上。当然，各地经济发展条件悬殊，如果不顾各地区实际情况，不顾各地区的利益，完全推行同一产业政策，不仅会丧失区域经济发展的利益，而且会使产业政策在实施中偏离原有的目标。

4. 第二产业调整与第一、第三产业调整相结合，以第二产业调整为主。

从产业结构看，尽管第一、第三产业也有结构问题，但更主要是第二产业结构的问题，我国产业结构不合理主要表现为工业结构不合理：一方面工业中大企业过少，有些企业集团在组建中只是简单地把企业加起来，把产值放大；另一方面地区工业结构与全国工业结构、中部地区工业结构与东部地区工业结构、西部地区工业结构与中部地区工业结构相似系数均过高。工业结构问题最为突出。因而，产业结构调整应以工业结构调整为主。而工业结构调整的关键是提高高新技术产业的比重，建立具备自主创新能力、以微电子为代表的高新技术产业，并注意发挥其带动和示范效应；要加大对传统工业改造的力度，促进支柱产业上新台阶。与此同时，也要顺应第一、第二、第三产业变化的总趋势，促使第一产业比重逐渐下降，第二产业比重基本不变或略有上升，第三产业比重有较大上升。我国第三产业发展的潜力很大，有广阔的市场，要通过第一、第二产业的结构调整，让一大批劳动力转移到第三产业中来。

5. 企业组织结构调整与产业结构调整相结合，以企业组织结构调整为主。

企业是产业的基础，企业组织结构不合理，必然导致产业结构不合理，产业结构的优化是建立在企业组织结构的优化之上的。我国经济结构的矛盾在企业层次上突出表现为大企业过少，集中度过低，小企业过多而且分散、重复，生产能力过小，规模经济效益差。因而，在处理产业结构调整与企业组织结构调整时，应以企业组织结构调整为主。为此，一方面要抓住大企业，深化企业的运行机制改革，尽快成为适应市场经济的法人实体和竞争主体。同时要调整企业的资产结构，按照发展集约经济的要求，通过联合、兼并、收买、吸股等形式，对那些分散的中小企业实行改组、改造，把存量有效资产盘活、集中，合理配置，提高企业集中度。另一方面要调整企业内部的多种经营。现在的多种经营发展得太滥，要本着集中资本、提高专业化水平、实现规模经济的要求，从一些与本企业产品毫无关系的产业中脱离出来，从而使企业内部结构的调整推动整个社会企业组织结构的调整。当然，企业组织结构调整不能脱离产业结构调整，两者应当结合。在企业组织结构调整的同时，要在更高的层面上进行产业结构调整。国家应当采取收缩、集中的方针，把遍布在所有产业的国有经济集中到涉及国计民生、地区发展和国家安危的重要产业、支柱产业、基础产业、公共产业上来，按照发挥国有经济优势的客观要求，来调整和确立国有资产的结构及其分布的行业、产业领域，从而提高国有资产的运行质量。

6. 产品结构调整与行业结构调整相结合，以产品结构调整为主。

经济结构调整最终要落实到产品结构调整，只有产品结构合理，大多数产品有了销路，经济结构调整才算成功。一个行业的产品如果长期滞销，这个行业就会萎缩。产品结构直接关系到行业结构，更关系到整个经济结构。要调整经济结构就要调整行业结构，要调整行业结构先要调整产品结构。目前，全国产成品库存积压 5 000 多亿元，占国内生产总值 8% 左右。这说明企业现在的产品结构不适应当前市场经济条件下的需求，产品结构调整已成为整个经济结构调整的关键。产品结构调整最主要的就是要依据市场变化调整产品，在科技进步日益加速和生产节奏变快的现在，产品生命周期相对变短，淘汰和创新的节奏也必须相应加快，企业要积极主动地淘汰落后的产品，并创造出新的适应市场需求的产品。同时，要培养一批辐射带动作用强、市场需求量大、发展前景好的优势产品；要发展名牌产品，重要的是使现有的名牌产品进一步上档次、上规模、增效益，进一步加强对名牌战略的组织管理，抓好名牌产品的宣传保护和质量监督。在推进产品结构调整的同时，要有步骤地进行行业调整，对产品长期没有销路的行业要压缩或限制发展乃至淘汰；对于市场前景好的行业也不能无限扩大，一哄而上。要制定行业准入标准，一方面对不符合行业发展标准的厂家实行关停并转，另一方面要选择有实力的企业进入；对重要发展行业要在政策和资金上给予倾斜。

[本文原载于《经济日报》（理论周刊）1997 年 4 月 14 日]

特色、规模、效益：经济结构调整的目标

经过卓有成效的宏观调控之后，我国经济已顺利地实现了"软着陆"。那么，"软着陆"之后，如何推进国民经济持续快速健康发展，已成为至关重要的问题。由于当前经济运行的主要矛盾和调控重点都已发生明显的变化。促进经济持续快速健康发展的主要困难已不是如何防止供求失衡问题的发生，而是如何在市场需求约束下保持一定的经济增长速度。从目前的认识看，大力推进经济结构调整升级，克服市场需求约束，为经济增长拓展空间，是主要途径。那么，应当如何来确定经济结构调整的目标呢？笔者以为，建立特色经济、规模经济、效益经济是最优选择。

一、形成特色经济，纠正重复建设，建立统一的大市场

社会主义市场经济是建立在国内统一的大市场基础上的，而国内统一的大市场是建立在各地区分工的基础上。如果各个地区的经济都自成"大而全"的体系，势必出现重复建设，为了保护本地区的利益，就必然形成地区壁垒，割裂了国内市场。只有根据本地区的资源情况和产业特征，形成符合本地区资源配置特点的特色经济，使各地区之间形成经济互补，才能建立起国内统一的大市场。

中国的经济发展到当前水平，再也不能在重复建设中浪费资源，形成特色经济从而形成国内统一的大市场已是当务之急，只有在空间统一的大市场的基础上，才能充分地利用资源，各个地区的经济和全国的经济发展才会有新的突破。因而，形成特色经济是经济结构调整的目标之一。从地区来说，要形成特色经济，首先，要充分了解和认识本地区资源情况和产业特征，以市场为导向，根据国内外市场需求及其结构变化，利用资产重组等市场经济的手段和方法，把资源配置到效益好、市场前景广阔的行业与企业中去。其次，对于新的项目，特别是大项目，要有理性，不能跟着

热潮走，应当脚踏实地，从本地区的实际出发，抓紧建成一批对形成本地区特色具有显著作用的重点项目；坚决停止那些规模不经济、技术落后、投产后必然严重亏损的在建项目；对生产能力过剩的重复建设和资金无法落实的项目，坚决撤销立项，不再批准开工建设。再次，在改造传统产业和原有工业的同时，培育和形成具有本地区优势的新的经济增长点，为特色经济的形成和发展，注入新的活力，特别要加快发展市场需求量大、产业关联度高、科技含量高、经济效益好的能充分发挥本地区资源优势的产业。

从国家来说，要推动各地区特色经济的形成，首先，要把产业政策与区域政策结合起来，让产业政策真正落实到区域政策上，充分发挥建立在产业政策基础上的宏观调控的作用，从宏观调控上来推动各地区特色经济的形成。其次，要进一步加强产权制度、现代企业制度、社会保障制度等方面的改革，使效益不好的企业通过破产、兼并、拍卖等市场手段和方法实现资产重组，推动资源配置形成地区特色。再次，要加快投资体制的改革，一方面加强对资金总源的控制，另一方面企业要成为投资主体，并通过法律来规范投资主体行为，保护投资者利益，通过这两方面的投资体制改革，不再让重复建设问题蔓延，从增量上向地区的特色经济倾斜，推动特色经济的形成。

二、形成规模经济，纠正分散经营，增强大企业集团的竞争力

当卖方市场转向买方市场并趋于与国际市场接轨的时候，国外的产业和产品不断地进入国内市场，国内的产业和产品也要不断地挤进国际市场，这样企业的竞争力便成为参与国际经济循环的关键。而企业的竞争力从某种意义上说就是规模经济的效力，没有规模就没有竞争力。

大企业集团是规模经济的象征，又是市场竞争的主体，市场竞争往往是以大企业集团之间的竞争来体现的。而目前，我国大企业过少，集中度过低，小企业过多且分散，生产能力过小，缺少与跨国大企业集团抗衡的实力，许多跨国大企业纷纷进入我国，国际竞争变成了在国内市场上的竞争。企业规模小已成为制约我国经济发展的重要因素。因而，纠正分散经营，形成规模经济，增强大企业集团的国际竞争力，是经济结构调整的又一目标。

形成规模经济，就是以优势企业为核心，以资产联合为纽带，通过资本运营，建立起具有市场竞争力的现代企业联合体。这是实施优势企业战略和龙头企业战略的延伸和发展，是优势企业和龙头企业发展的高级阶段。它标志着优势企业和龙头企业由自我发展转向规模扩张，由局部运作转向整体推进，由企业优势转向集团优势。同时，也标志着经济发展提升到一个新的水平。

在市场经济条件下，要想迅速形成一批具有国际竞争能力、在国民经济发展中起骨干作用的大型企业集团，采用铺新摊子、上新项目的办法是很难实现的。比较现实的有效做法是通过兼并、联合、收购等方式迅速实现低成本的扩张。世界经济发展的实践表明，许多大公司、大集团都不是完全靠自己投资发展大的，绝大多数是正确运用资本营运手段，不断扩张形成的。

随着社会主义市场经济的发展和对外开放的扩大，我国有不少企业迅速崛起，也有一部分企业不适应竞争而衰退，有的经营困难，有的濒临破产，这就为大企业集团的兼并、联合和收购提供了机会。

组建大企业集团，形成规模经济，涉及面广，政策性强，一方面，需要政府和有关部门支持和配合，特别是一些跨地区、跨部门、跨所有制的兼并、联合、收购，更需要有关部门、地区协调一致，为组建大企业集团提供宽松的环境。最近，国家出台了一批重大政策措施，如赋予试点企业集团省级投资决策权，规定符合条件的试点企业集团可以优先设立财务公司、拥有外事审批权和对外融资权等。各地区也应出台一批地区权属范围内相应的政策措施，鼓励、推进大企业集团的组建。另一方面，大企业集团在发展规模经济时，应当切实转变观念，建立起大企业集团真正的市场优势，加快大企业集团内部管理制度的建设，要通过产品的协作关系，把大量中小企业纳入专业化分工体系中，按照社会化大生产的要求，对生产力布局不合理和企业内部组织结构散、乱状况进行调整。

三、形成效益经济，纠正效益低下，提升国民经济的整体效益

创造效益是经济发展和社会进步的基础，任何企业追求的最终目标都是创造效益。当前，效益问题，特别是国有企业的效益问题，已成为国民经济发展的瓶颈，也是进行经济结构调整的重要原因之一。因而，形成效益经济，纠正效益低下，提升国民经济的整体效益，形成特色经济是为了创造宏观的结构效益；形成规模经济是为了创造中观的规模效益。而无论

是宏观的结构效益，还是中观的规模效益，最终都要落实到微观的企业效益上。微观的企业效益具有对宏观的结构效益、中观的规模效益"一票否决"效应。微观的企业效益创造不出来，从某种意义上说明特色经济、规模经济的调整就还没有到位。

经济发展的关键问题是市场问题，经济结构调整形成特色经济、规模经济，实质上就是为企业的发展寻求市场的突破。也可以说，经济结构调整是国家在为企业的发展营造良好的市场大环境，企业应当抓住这个机遇发展自己，创造效益。

企业的效益是由成本、质量、服务等因素组成的，创造效益最基本的方法就是降低成本、提高利润。而降低成本、提高利润关键在于企业的产品结构，企业生产的产品如果没有市场，造成积压，就创造不出效益。因而，对于企业来说，应当充分利用经济结构调整的机遇创造效益，一方面，要积极、主动地根据变化的、动态的市场需求，不断地调整自己的产品结构，使产品真正符合市场的需要。目前，经济效益好的企业，基本上都是产品有销路的企业，经济效益不好的企业，基本上都是产品结构不合理的企业。调整产品结构是创造效益的关键，企业要不断淘汰落后的不适应市场需求的产品，开发新的顾客需要的产品。另一方面，要全面加强技术改造，使技术改造与企业改革、改组和加强管理相结合，充分发挥增量优化存量的作用，狠抓提质降耗。再一方面，要科学决策，选准项目，降低技改投入的风险，同时，还要使项目尽快投产、达产，发挥效益。对于国家来说，除了推动经济结构调整为企业营造良好的市场大环境外，还要深入推进各项改革，如机构改革、金融与投资体制改革、要素市场改革等等，为企业创造效益提供良好的社会环境。

经济结构调整的三大目标：形成特色经济、规模经济、效益经济，并有机地构成一个体系。各种所有制形式的企业都是经济结构调整的主体，各自扮演不同的调整角色，联袂主演，在实现经济结构调整的三大目标中，缺少哪一个主体都不行。只要这些企业互相配合，协调一致，经济结构调整的三大目标就一定能够实现。

（本文原载于《经济问题探索》1998 年第 6 期）

正确定位：当前小城镇建设的急迫问题

中央关于"小城镇大战略"的方针和出台的关于小城镇建设的文件，得到各级党政领导与部门的广泛重视和积极贯彻执行，小城镇建设取得了很大成就，但也存在一些问题。其中一个关键性的问题是对小城镇建设的定位不明确，影响对小城镇建设的指导力度和小城镇建设整体功能的开发。因而，进一步明确小城镇建设的战略定位，是推进小城镇建设的急迫需要。

一、小城镇建设认识的错位

20 世纪 80 年代初，农村改革开始不久，人们就注意到了小城镇建设对促进农村发展的特殊重要性。当时所认识到的主要是三个方面：有利于发展农村商品经济；有利于将农村的知识分子继续留在农村而不至于流到大城市；有利于在农村建设政治中心、经济中心和文化中心，与大中城市相衔接。那时，当人们谈到小城镇、鼓励发展小城镇时，主要是从农业专业化、农村发展及农民的转移与致富的角度来看这一问题的。不论当时是提"大问题"，还是提"大政治"，都主要是针对解决"三农"问题而设计小城镇发展政策与改革措施的。因为经济与社会发展的现实在当时只是提出了这些方面的要求。当党的十五届三中全会重提小城镇问题时，历史的发展已经使得很多情况都发生了重大变化，我们所面临的主要经济问题与以前相比也出现了一些新的特点。这些特点主要表现在三个方面：一是农村乡镇企业 20 多年间得到了迅速发展。但是，乡镇企业"村村点火、户户冒烟"的情况仍然大量存在，布局分散的问题比较严重。二是 20 多年来，大量农业剩余劳动力随着乡镇企业与小城镇的发展而"离土离乡"了。同时发现，近年来，一方面农业劳动力回流的现象较普遍地发生了，不少"离土离乡"多年的农民工又返回其故土；另一方面，大量农村劳动力对小城镇越来越不感兴趣而集中向大中城市流动。三是由于农村消费近年来增长缓慢，加剧了国内需求不足的问题，致使通货紧缩不断加剧，企业盈利下降，"下岗"工人增加。这种情况如果继续下去，整个国民经济就很难以比较高的发展速度持续下去了。正因为这些方面的问题都与小城镇发展密切相关联，所以，当中共中央这次重提小城镇问题时，使用了"大战略"一词。它既是带动农村经济和社会发展的大战略，也是扩大内需、推动国民经济更快增长的大战略。

目前，各地虽然对小城镇建设热情很高，但对小城镇建设的定位认识并不统一。有的认为，小城镇建设就是村镇建设；有的认为，小城镇建设就是建新村奔小康；有的认为，小城镇建设就是建工业园区；等等。各地各部门从自己的认识和工作范围考虑来实施小城镇建设，缺乏总体把握和协调，影响对小城镇建设的指导力度和小城镇建设整体功能的发挥，出现了以下情况：

1. 盲目铺摊，布局混乱。小城镇建设基本上以行政辖区为地域范围，以农业和乡镇企业为基础，围绕乡镇政府驻地为中心进行建设。每个小城镇各自进行"五区"（农田保护区、工业区、住宅区、商贸区、行政区）规划。各自进行交通、电力、教育、供排水、医疗等公共基础设施建设，投资大，占耕地多，浪费严重。小城镇这种"小而散"的重复建设比工业的分散布局造成的负面影响更大更持久。同时，遍地开花，投资分散，也造成小城镇规模小。

2. 缺乏特色主导产业。城镇随产兴业，兴业才能强镇。实践证明，小城镇繁荣的地方，都是乡镇企业发达的地区，乡镇企业是促进小城镇繁荣的直接动因。而相当一些地方只重视在小城镇建新房、修道路等基础设施建设，忽视了功能的开发，不在改善经营环境、培育市场主体、兴办实业上下功夫，特别是不重视特色企业的培育和发展，使小城镇建设表面化、形式化，缺乏特色主导产业的支撑。

3. 聚集效应难以发挥。由于农民进城落户，购地建房、买房，除了要支付一定的税收和管理费用（如城镇增容费）外，往往还要支付交通、邮电、教育、农业等部门附加征收的各种费用且要退出原有承包地和宅基地，使大批进城务工、经商的农民不愿意进城落户。同时，由于小城镇规模小，基础设施、配套设施落后，难以实现能源、交通、市场、信息等生产要素的共享。乡镇企业也不愿意向小城镇集中，90％还散落在各个村庄。小城镇的聚集效应难以发挥。

目前，小城镇建设出现"五多五少"：一是小城镇多，有特色的少；二是硬件建设多，软件建设少；三是建房子多，吸纳农民落户少；四是工业园区多，乡镇企业集中的少；五是投资资金多，经济效益少。小城镇建设定位认识的不统一，对小城镇建设产生的不良影响是显而易见的。

二、小城镇建设的定位

小城镇建设定位准确与否决定小城镇建设的基本方向和整体功能的开发。小城镇建设应该从两个方面定位。

1. 小城市建设的宏观定位。

对于小城镇建设，不能就小城镇论小城镇，而要放在国民经济发展的大局来审视。进入 21 世纪，我国经济发展将面临三大任务：一是产业结构的升级换代；二是城市化的进程加快；三是区域经济的协调发展。而在这三个任务当中，加速城市化进程尤为重要，是其他两项工作的落脚点。

关于未来我国城市化水平的预测。1996 年我国政府向联合国第二次人类住区大会提交的《中华人民共和国人类住区发展报告》预测：到 2000 年，全国城镇人口将达 4.5 亿左右，城市化水平将达 35％；2010 年，全国城镇人口将达 6.3 亿左右，城市化水平将达 45％。目前城市化的滞后不利于农村劳动力的转移，制约了产业结构的调整和经济增长的速度和质量，影响了经济发展后劲。同时，在协调区域经济发展中，以沿海城市带动山区的发展也需要城市化的发展。因而，必须提高城市化水平。为此需要选择正确的发展道路。城市化有两种形式、三条道路。两种形式如下：一是原有城市的吸纳。这又分为两种情况，一种情况是城市功能的增加和多样化、旧城的改造，使城市人口密度加大，增加了对人口的吸纳；另一种情况是原有城市建成区面积的扩张对人口的吸纳。二是新建城市的吸纳。这包括把一些大的镇升级为城市的吸纳和小城镇发展的吸纳。三条道路为：一是适当发展大城市；二是积极发展中小城市；三是重点支持一批基础条件比较好、具有发展潜力的小城镇。那么，我国城市化究竟应当选择什么样的道路呢？

我认为，应该通过发展大中小城市，拉动小城镇的建设。具体说，就是适当发展大城市，积极发展中小城市，重点支持一批基础条件比较好、具有发展潜力的小城镇，通过抓大中小城市的发展，拉动小城镇的发展，形成大中小城市与小城镇协调发展的城市化体系。这是我国城市化的重要举措，也是小城镇建设的宏观定位。

一方面，在我国，由于实行"严格控制大城市规模，合理发展中等城市和小城市"的方针，大城市的发展受到严格的限制和影响。应该指出，限制大城市的发展历来是我国城市发展的一项基本政策，也是世界各国普遍的做法。改革开放后，大城市问题日益增多，"大城市病"日益严重，当时由于经济还比较落后，技术上也还不成熟，因而制定了被动的更加严厉的控制大城市发展的政策是可以理解的。但发展至今，我国经济实力已大大加强，人民生活水平有了极大的提高，城市及在城市生活成为人们的现实追求目标。在我们已有能力和技术解决"大城市病"的情况下，仍然坚持严格控制大城市的政策就不太适宜了。何况我国严厉的城市发展政策是有过度之处的，国外也普遍控制大城市发展，但他们的大城市始终都比中小城市发展的速度快一些，做到了大中小城市的协调发展。

另一方面，适当发展大城市，积极发展中小城市，重点支持一批基础条件比较好、具有发展潜力的小城镇，这是我国城市化道路选择中必然要走的三条道路，任何一条都不可偏废。选择三条道路共同发展，是为了分担风险，发挥大中小城市各自的优势。发展大城市，有助于提高城市的规模效应和产业集聚度，为产业的升级和高科技发展创造良好的条件，并会增强城市对周边地区的辐射和带动能力。但是大城市旧体制负担比较重，人口多，利益格局比较固定，如果放开大城市人口的限制，产生的社会冲击力比较强，从政治和社会稳定的角度看，有一定的难度，只能适当发展。我国的中小城市近几年发展比较快，具有比较强的发展活力。尽管也存在旧体制负担，但由于市场经济所占份额已经超过旧体制的成分，城市的发展也形成了一定的规模，吸纳人口和要素的潜力比较大，应该积极发展。小城镇以市场经济为主，不存在旧体制的福利包袱，就地转移农村人口体制障碍比较小，发展小城镇是农村城市化十分现实的选择，关键问题是大部分小城镇规模小，管理水平低，难以形成规模效益，必须有选择地重点支持。

再一方面，经济建设要考虑效益，城市规模从10万到1000万人都有比较明显的效益，其中在100万到400万人的规模效益最高。小城镇缺乏足够的集聚效应，吸引力有限，而对土地资源的占用和浪费反而明显高于大城市。我国200万人以上大城市、20万人以下小城市、小城镇三者中，小城镇人均占地面积最多。同时，农民进小城镇虽然门槛低些，但就业机会少，不容易留下来。实际上离开农村的农民，更多的不是进入小城镇，而是到大中小城市，如果大中小城市对农民进城的限制因素适当减少一些，则农民进入大中小城市后还会有更广阔的前景。

2. 小城镇建设的微观定位。

农村城市化本质上就是农村地区国家职能城市化，农业剩余劳动力就业非农化。农业剩余劳动力从农业中转移出来后，其主要追求的是具有优于传统农业的经济收益、居住条件、就业机会和生活空间。

小城镇位于城市之末，农村之首，兼有城乡的两重性质，具有明显的边际增值效应。它应成为乡村人口转移的地区、生产要素相对集中的地区、具有一定辐射力的地区、社会生活由乡村型向城市型过渡的地区。因而，小城镇必须具有四大功能：经济的集聚功能、人口的集结功能、发展的辐射功能、生活品质的提升功能。这就是小城镇建设的微观定位。

（1）经济的集聚功能。小城镇建设的目的是为了推动农村经济社会更快更好的发展。离开发展经济这个小城镇建设的核心内容，偏离经济集聚这个基本功能的开发，小城镇就不可能成为小城镇。工业是农村城市化的根本动力，小城镇建设首先是非农产业集聚的过程，特别是要有制造业、加工业的集聚。如果缺乏第二产业的集聚，第三产业也难以得到正常的发展，小城镇的发展就缺乏经济基础，必然不能持久。

（2）人口的集结功能。农业剩余劳动力的转移是全社会普遍关注的问题。农业剩余劳动力往哪里转移，可供选择的方式有三种：一是全部往城市转移；二是全部往镇转移；三是全方位、多渠道转移，即一部分往城市转移，大部分转移到镇，一部分通过推进农业经济的深度和广度，转移到其他地区的农村，例如未开垦或尚有开拓潜力的森林地区、草原地区等。第三种是可靠的办法。小城镇具有增长极的基本条件，农民对建设发展这种经济增长极具有极大的积极性，只要方针对头、政策对路，农民就会利用自身力量、利用这种经济增长极架起通向农村城市化和现代化的桥梁。因而，小城镇必须具有人口集结的功能。

（3）发展的辐射功能。小城镇介于城市和农村之间，是连接城市和农村的桥梁和纽带，成为城乡间的技术、信息、人才交流的中心，小城镇建设必须对周边农村形成辐射和带动，使小城镇成为农村的经济、政治、文化的中心。为农民提供所需要的一定的市场和多功能服务，为农业生产产业化、协作化、现代化和农工贸一体化创造一定的条件。

（4）生活品质的提升功能。农村城市化、农村现代化中的一个重要内涵就是必须提升农民的生活品质。小城镇建设除了必须具有的硬件建设，满足居民生活需要以外，还必须有相应的软件建设，逐步形成社会保障和生活服务体系，如住房制度、医疗制度、就业制度、教育制度和社会保障制度等，使居民的生活得到一定的保障，生活品质得到一定程度的提升。这也是小城镇必须具有的功能。

小城镇建设只有具备这四大功能，才算基本到位。目前小城镇的特点是数量多、规模小、功能弱，因此发展的重点不在于增加数量，而在于完善基础设施，扩大规模，创造特色，提高质量。

三、小城镇建设的基本方略

根据小城镇建设宏观定位和微观定位及目前存在的问题，小城镇建设的总体思路可考虑为：因地制宜，创造特色，重点扶持，注重实效；逐步形成以大中小城市为核心，以重点城镇为卫星的众星捧月的城市、城镇体系；在沿海经济发达并具备条件的地区，可发展城镇群或城镇带。

具体措施如下：

1. 因地制宜，按照"一优、二沿、三有"的原则选择重点扶持的小城镇，有利于集中力量优先发展一批小城镇，提高小城镇建设的质量和效益。"一优"即优先选择国家小城镇试点镇；"二沿"即沿交通干线、沿省际边界；"三有"即有资源区位优势、有发展潜力和特色优势、有辐射带动作用。

2. 要把小城镇建设同发展大中小城市紧密结合起来，积极引导其中成长性强的镇扩大规模（我国目前有 200 多座中等城市是在原来小城镇的基础上发展起来的）。在与大城市一定距离内形成一批卫星城镇，有效利用大城市对周边地区的辐射效应。这样既可以减轻大城市的压力，又可以带动小城镇的发展，不仅可以发挥大中小城市辐射和带动效应，也有利于形成众星捧月的城市、城镇化格局。力争经过 10 年左右的努力，将一部分基础比较好的小城镇建设成规模适度、规划科学、功能健全、环境整洁、具有较强辐射能力的农村区域性经济文化中心，其中少数具备条件的小城镇要发展成为带动能力更强的小城市，使我国城市化水平有一个明显的提高。

3. 城市群（带）或城镇群（带）是城市化发展到一定阶段的必然产物。从经济活动在空间的扩展演变规律来看，其顺序是由"点"到"线"到"面"，当城市或城镇发展向"线"两边集中到一定的程度时，城市或城镇带就出现了。从城市发展的内部机理来看，当城市之间的联系需求大于城市与其腹地之间的联系需求时，城市就有一种相互吸引的作用，从而导致城市或城镇群出现。再从城市的容量来看，大城市的功能不断增加和完善，与城市的容量必然产生矛盾，卫星城镇的出现既有效地扩展了大城市的功能，又克服了城市容量不足的问题，是城市或城镇群出现的又一个重要原因。我国城市或城镇群（带）的发展已初见端倪，特别是在东部沿海地区及沿长江中下游平原地区、珠江三角洲地区，可以加以推动。

4. 发展小城镇应循序渐进，既要积极，又要稳妥，必须尊重客观规律，尊重农民意愿，逐步发展。切不可不顾客观条件，一哄而起，搞低水平分散建设。与此同时，小城镇户籍制度应逐步放开，消除任何通过行政手段限制农民进入小城镇的做法。农民进镇投资、办厂、买房等皆按当地市价成本与相关部门打交道。只有这样做才不可能出现大的社会问题，因为小城镇居民目前已没有什么"特权"、没有什么社会福利与保险，不存在相互争"利"的问题。小城镇的经济活动可以放开，国家没有任何必要进行限制。集体经济行为选择由各集体单位自主做出，无须国家审批（特殊经营领域除外），私人和个体经济在小城镇应该得到充分自由的发展。除了依法征税外，国家不应干预，地方集体也不应干预。只有将小城镇充分地建设成集体与个体经济的"天下"，经济才会更有活力，城乡协调发展才有希望。小城镇的土地所有权在国家，所以小城镇规划区内的土地租金应上缴国库。任何单位从部门利益出发随意扩大镇区面积并乘机通过高价出让土地而谋利的行为都是应该严厉禁止的。进镇农民不应该被要求退出承包地和宅基地，因为他们已经支付了额外的进镇成本。是否转让他们的土地，那是他们自愿的选择，不应强求。

5. 小城镇基础设施建设投资应坚持"两条腿走路"的方针，即地方财政可以做一些基础性开发工作，大量的深度开发工作应通过招标方式让投资者去做。为了克服小城镇分散、规模小、浪费耕地的问题，有条件的地方可以视具体情况撤乡并镇，但不宜大范围推行这种做法，因为在交通不发达的条件下，撤乡并镇意味着提高了农民的进镇成本。小城镇没有必要建立自己特殊的社会保障体系，但是小城镇所在地区的统一的基本社会保障体系应逐步建立起来。作为基本保障的补充，小城镇应逐步发展各种商业保险业务。

6.明确政府在小城镇建设中的职能。小城镇建设要按照社会主义市场经济的要求，走一条在政府引导下，主要通过市场机制建设小城镇的路子。政府在小城镇建设中的职能主要有四个：一是合理规划。我国经济发展不平衡，小城镇建设的条件也各不相同，根据具体情况，政府应搞好小城镇的规划和布局，突出重点，注重实效。二是政策引导。要出台如用地政策、户籍政策以及其他相应的优惠政策引导企业、个人、外商以多种方式参与小城镇建设和经营。三是科学管理。按照社会主义市场经济的要求，对小城镇建设进行科学管理，从根本上降低管理成本，提高管理效益。四是加强服务。各级政府应做好服务，为小城镇建设提供优良的软环境。

（本文原载于《上海经济研究》2000年第9期）

中国经济大调整：特点、重点、着力点

一

中国经济大调整是根据我国的国情，为适应经济全球化的发展而进行的。这次经济大调整不是暂时性、局部性的调整，而是战略性调整，具有自身的特点。

1. 主动性调整。经济大调整既可发生在危机之后，也可以在危机之前进行。一般来说，大多数经济大调整都是在危机发生之后不得不进行的。20 世纪 60 年代初中国大调整是这样，70 年代末 80 年代初的改革和调整也是如此。前者是由于"大跃进"的教训，再加上自然灾害，造成了严重衰退；后者是由于"文革"使中国经济到了崩溃的边缘。目前东亚和东南亚国家的经济大调整是在金融危机以后，危机中断了这些国家原来的经济发展进程，打乱了既有的经济秩序，如不进行大调整，就会发生更大的危机，甚至会像印度尼西亚那样，从金融危机、经济危机、社会危机到政治危机，造成更大的破坏性后果。因此，上述大调整不是自愿和主动进行的，而是带有强制调整的性质。中国现在所进行的经济全面大调整，不是在严重的危机发生之后，而是在经历了近 20 年的经济高速增长之后主动实施的。这种大调整一是来得比较早，是提前发生的；二是带有"未雨绸缪"的预防性质。这样就可牢牢地掌握调整的主动权，调整什么，如何调整，力度的大小，速度的快慢，方向的选择，都由自己掌握，不必像接受外援的国家那样，看别人的脸色，听他人的摆布，一般都是恢复性调整。危机前的调整针对的是经济增长速度趋缓。这种调整是为了进一步适应经济增长的需要。中国经济保持了近 20 年的高增长，而且由于改革的累积效应和坚持一致性稳定政策，近几年来，增长率高，而且经济运行持续稳定。因此，中国当前面对的经济大调整不是恢复性的，而是适应性的调整。这样，我们就可抓住一切有利时机，充分利用一切有利环境和条件，扬长避短，趋利避害，一步步达到调整的目标。

2. 多维性调整。由于中国是一个大国，且有着特殊的机遇和条件，特别是由于中国处于体制转型和发展转型的二重过渡之中。因此，中国经济的调整不是单向度的，而是多维度的。这也是与很多发达国家和发展中国家的调整明显不同的地方。与发达国家相比，由于其市场制度基本定型，并相对完善，因此，在经济调整中，体制上只需做很小的补充和边际上的调整，不必进行根本性的改造；同时，发达国家由于实现了现代化，走出了二元经济，也没有了工业化、城市化的任务。有些国家的调整虽然不限于一个方面，例如日本既要增加内需，又要改革金融体制，但不需进行体制的全面改革。中国面临从计划体制向市场体制转轨，经济调整无论深度、广度、力度和集中度，与发达国家和其他发展中国家都有很大的不同。就是在产业调整方面，一些小国也不可能从出口导向调整到以内需为主，也不一定要建立和发展自己的跨国大企业，更不会遭遇到大国调整中的地区发展问题。至于巨大的人口规模和丰富的劳动资源，更是中国调整中的特殊问题。中国的多维性经济调整，具有很大的复杂性和艰巨性。

3. 规则性调整。中国经济发展中的很多问题，绝不是简单的生产问题和技术问题，而主要是制度和政策问题。因此，规则性调整就成为中国经济大调整的重要特点。规则性调整首先是政府行为规则的调整，其次是市场规则的调整，二者密切联系，缺一不可，而在制度变革和社会转型时期，前者的调整具有更为重要的意义和作用。因为在建立规则和秩序中，政府处于其他主体难以替代的地位。

二

我国经济大调整不仅具有自身的特点，而且具有明确的重点。我国经济结构的大调整重点是从以下 4 个层面展开的：

第一，需求结构的调整——扩大内需。

启动内需是这次中国经济大调整的主要方向，特别是在国际环境发生重大变化的情况下。改革开放以来，中国完成了进口替代型内需经济向出口导向型经济的转变，造就了今日的繁荣，使得中国经济上了一个新台阶。目前，在继续扩大开放的基础上，转向以内需为主，通过开拓和细分国内市场，中国的经济会再上一个新台阶。这样，在经济全球化中，面对外部冲击，中国的脚跟会站得更稳。只有坚持扩大内需，才能在国际环境变化的情况下保持经济的稳定增长。目前，世界经济的发展出现了许多新的变化和特点。国际经济结构加速重组，知识经济迅速发展，传统产品生产能力普遍过剩。贸易保护主义抬头，贸易壁垒明显增加。随着国际资本流动的加快，世界经济发展的不确定性增多。我们宁可把事态估计得更严重一些，应立足于扩大国内需求，以弥补出口增长放缓所造成的不利影响，把经济发展的主动权掌握在自己手中。扩大消费需求，是启动国内需求的重要方面。这不仅是由于消费需求在总需求中占有较大的比重，而且是由于消费需求是经济增长的真正的和持久的拉动力量，投资需求在一定意义上是消费需求的派生需求，其本身不可能成为经济增长的持久的拉动力量。如果说在计划经济条件下，经济的回升主要依靠投资拉动，那么，在从计划周期向商业周期转变的情况下，仅靠投资的拉动作用是有限的。不仅如此，在消费需求回升乏力的情况下，投资需求的大幅度回升反映出行政力量的推动。目前的状况就是这样。为此，稳定消费者预期是扩大消费需求的基础。这就需要把一些改革措施的长期作用和短期的政策操作恰当地结合起来。由于市场化改革的加速，特别是国有企业职工大批下岗失业，医疗改革、教育改革、社会保障体制改革等，导致未来预期不稳，使消费者的风险预期增大，消费倾向下降，消费需求不振，农村非农产业下滑和外出打工者减少，农村预期收入调低，农村消费不旺，在这种情况下，稳定消费者预期也是反周期的一个重要手段。如果说当年为解决回城知青就业而大力发展第三产业和鼓励自谋职业，带来了非国有经济的大发展，那么，企业职工下岗再就业又成为体制进步的冲击性力量。但是，下岗规模过大，速度过快，不仅不利于社会稳定，而且不利于启动消费政策的实施。消费是收入的函数，职工下岗从收入预期和支出预期两个方面阻碍了消费需求的扩张。因此，加大再就业工程就成为解决问题的关键。在这方面政府和民间都大有可为，甚至解决下岗职工再就业本身就会创造出一批新的就业岗位。

第二，产业结构调整——优化升级。

20世纪90年代中后期以来，结构性短缺的矛盾基本消除，产业结构方面存在的主要问题是资源、劳动密集型和附加价值低的产业比重高，技术资本密集型和附加价值高的产业比重低，产业集中度低。企业规模经济差。以往"填平补齐""取长补短"，以实现产业之间的总体结构平衡的调整思路很难行得通，更重要的是鼓励产业细化、产业深化，产业结构调整的任务转向大力推进产业优化和升级，提高产业整体素质。产业结构调整包括产业组织优化和产业结构提升两个方面。这是中国经济大调整的主旋律。尽管中国内需还有很大潜力，制度改革还有很大的空间，但是，我们现在必须面对调整的阵痛期。产业结构调整的内容和办法很多，包括过剩产能的产业重组，加大行业集中度，高新技术产业的重组，科研生产一体化，金融服务业的重组，基础重化工业纵向一体化合并，传统农业向高效农业的转化等，在重组过程中一定要大幅度提高企业的开拓能力和细分国内外市场的能力。这是产业重组和结构调整的关键，该项能力提高了，重组就成功，否则，重组就要失败。为此，必须坚持一个基本原则：即要优化要素价格，不能软化预算约束和造成新的扭曲，否则，就会前功尽弃。产业组织重组既包括大型跨国企业的组建，也包括中小企业分工协作的组织。我们不能因韩国的某些大企业出了问题，就怀疑大企业战略的必要性和重要性，关键在于我国采取什么方式。也不能因实施大企业战略而置中小企业于不顾。组建大企业不是简单的政府行为，更要通过市场化途径，发展中小企业也不是一放了之，还要建立各种服务机构，提高其创新能力和组织化程度。如果说过去的调整主要依靠政府推动的"关停并转"，那么，目前就必须突出资本的纽带作用。发挥资本市场的重组作用，强调中介组织的服务作用。总之，就是要发挥市场机制的力量，使市场经济下各个行为主体参与到全国性的产业重组过程中去。

第三，城乡结构的调整——加速城市化。

农村建设问题始终是中国发展的核心问题。中国工业化和现代化的最困难之处，不在城市而在广大农村地区。中国工业化和现代化的起步点在城市，最终落脚点在农村。这个问题的实质是几亿农业人口非农化或城市化。这是中国现代化进程中最艰巨的任务。中国有超过12亿的人口，过去几十年推进工业化的特殊历史背景，使得城市化进程明显的滞后于工业化进程。因而，大量农业人口的非农化或城市化这条路是迟早要走的。中国城市化进程必然伴随着大中小城市和小城镇的发展。改革开放以来，中国农村的非农化有很大发展，但无论是从经济发展水平，还是从产业结构特征来看，中国的城市化水平都是大大滞后了。更为严重的是，城市化滞后的程度不仅未随着经济的高速增长和经济结构变化而缩小，反而明显地扩大了。这不仅导致第三产业长期发展不足和工业的过度增长，也造成目前的有效需求不足。与此同时，城乡之间和地区之间的收入差距明显地扩大了。因而，城乡结构的调整，关键就是加速城市化的进程，大大提高农民及进城人口的收入水平，由此产生的需求，是以传统产业的产能为基础的。加快城市化进程，不仅是中国工业化和现代化的最重要的步骤，而且是启动内需的关键一环，构成中国经济大调整的重要内容。中国经济未来之希望正在于此。至于中国城市化道路怎么走，是采取大城市和卫星城市的美国模式，还是采取产业相对集中的巴西模式，不同的地区可采用不同的方法。这里更需要我们自己去创新。鉴于我国地域辽阔而地区发展又不平衡的复杂国情，以中心城市带动区域中小城市共同发展，形成城市带，也是可供选择的一种模式。不过，强制推行一种模式并非好办法，以自然演进为主，加上适当而有效的规划引导，才是最好的选择。

第四，区域结构的调整——西部大开发。

区域结构的协调，可以使多种资源在全国范围内进一步进行优化配置。多种资源，就不仅是资本这一资源，也不仅是看投资回报率这一个指标。实施西部大开发是实现区域经济协调发展的必由之路，体现了大国经济的发展规律。世界上幅员较为辽阔的国家大多在一些地区率先发展和繁荣起来之后，经历了一个大规模开发欠发达地区的过程。改革开放以来，在沿海发展战略的指引下，我国东部地区创造了经济调整增长的奇迹，一些地区已经开始向基本实现现代化迈进。在东部地区的示范带动下，广阔的西部地区也有了很大的发展，但从总体上看发展还相对滞后。尽快改变西部经济发展滞后的局面，已成为我国区域经济协调发展和综合国力进一步提高的内在要求。西部的自然资源非常丰富，而东部相对比较缺乏。自然资源除了人们常提到的地下矿藏外，还有土地资源，这在西部是非常丰富的。土地是财富之母，需要充分加以保护和利用。在 21 世纪到来之际，西部宝贵资源显得越来越重要，需要在全国范围内有一个更有效益的配置。再进一步讲，即使从资本的最优配置角度考虑，现在东部资本回报率经过 20 年增长后开始下降，提出开发西部，正是要解决东部资本的新出路问题。同时，西部本身的资本在大开发中会提高回报率，这是毫无疑问的。从所属上讲，资本有政府的，也有民间的。政府财政在西部基础设施上投资的回报可能一个阶段是下降的，但对公共投资的评价还必须甚至更看重社会效益。同时，由于有了基础设施，民间资本的投资就可能是上升的。而且开发大西部也有了可能。经过 20 多年改革开放，我国的综合国力已经有了显著增强，国家财力支持西部开发，有了力量。粮食出现阶段性过剩，有助于在西部搞生态建设，如还林还草。加入世界贸易组织后，外资的进入将会出现新的动向，现在提出区域结构调整，开发大西部，就是要向外商发出一个强烈的信号，让他们考虑向我国西部投资。最后，为克服社会需求的不足，现在实行积极财政政策，要扩大投资，这时开发西部，正是非常好的机遇。这是"一箭双雕"的好事。区域协调发展意味着我国区域经济发展已进入一个新的阶段。协调不是等同，也不是平均。协调承认差别，但要求缩小差距，要求配合。区域经济在协调发展若干年后，将可能进入快速发展的阶段。

三

经济大调整是一项十分艰巨而复杂的系统工程，涉及面广，需要解决的问题又很多，必须采取有效对策。对策的着力点是：

1. 发挥市场机制与运用宏观调控相结合。

经济大调整从本质上讲是为了达到资源的优化配置。在市场需求制约的前提下，结构调整必须以市场为导向，以经济效益为中心，以提高市场竞争力为前提，充分运用市场机制的力量，发展高技术产业，改造传统产业，实现产业间、企业间和不同所有制之间的优化组合。按市场经济原则进行运作，不应仍由政府一手操办。新兴产业中现有第三产业及国有经济的发展壮大，固然离不开政府必要的保护与扶植，但也必须接受市场的洗礼，使其在拼搏中自立自强，茁壮成长。实践表明，充分利用市场配置社会资源的作用，并不排斥政府进行宏观调控的重要功能，对于处在由计划经济向市场经济体制转轨的我国来说，尤其应当给予重视。为鼓励企业技术创新和资产重组，防止市场垄断，政府必须制定相应的法律、法规和政策，进行引导和调节，保护公平竞争，建立和完善国有资产的管理、上市和流通体制，便于有效运作与顺畅流动；保护和支持非国有经济的合法经营，使之发挥应有作用并得到顺利发展。

2. 坚持科技进步与结构调整相结合。

要提高我国的国际竞争力，不只是要进行经济大调整，而更重要的是要加速科技进步。一国的科技进步，不能简单地依靠引进，因为引进的技术并非最新的技术成果，必须树立勇攀科技高峰的精神，实施科技跨越式发展战略。加快科技成果向现实生产力的转化，培育和造就一批科技含量高、拉动作用大、增长率高的高新技术产业，形成新的增长点，促进产业结构升级。要依靠先进技术改造落后传统产业，使之能上一个新台阶，增强市场竞争能力。创新是一个民族兴旺发达的不竭动力，也是产业结构调整和升级的最大源泉。技术创新形成的巨大生产力，需要相应的产业结构和企业组织结构予以容纳，这就要求社会经济结构创新，推动经济结构的优化组合和产业结构升级。然而，经济结构的调整，又会向科技进步提出新的要求。因此，我们必须充分利用入世的契机，促进科技创新与经济结构调整的良性互动，加快我国经济发展，迅速提高我国市场竞争力。但是，我们还必须从劳动力资源比其他任何国家都丰富的国情出发，把推进技术进步、发展经济和增加就业结合起来，注意旅游业、精细农业、手工业等劳动密集型产业的发展，追求机器与人的合理分工，在不影响产品质量原则下，合理布局技术的层次。

3. 物质文明建设与制度建设相结合。

为启动和增强经济发展的基础，国家增加基础设施方面的投资，无疑是对的。改革开放以来我国经济社会发展的实践经验中非常重要的一条，就是体制改革释放了社会生产力，制度建设调动了方方面面的资金和技术，为经济增长拓展了空间。适应改革与发展新时期的需要。目前，需要加快社会保障和促进投资、保护投资、公平竞争、加快技术进步、引导消费、淘汰落后等方面的制度建设。清理针对通货膨胀的一些制度和规定，期望制度创新为经济大调整注入新的活力。

4. 结构转换与科教倾斜相结合。

目前，我国最大的结构性短缺是教育和科技发展的滞后，是人才结构的不合理，是高素质人才的匮乏。教育和科技的优先发展应是推动经济大调整的重中之重。科技是生产力第一要素，无论是技术进步、结构优化升级、科学管理，还是保护环境、城市化发展、制度创新，或者是向知识经济迈进等，一切文明和进步的成就，都必须以数量足够、结构合理、掌握现代科技知识的高素质国民为基础。我们要立足于世界，甚至领先于世界，人才的培育和科技的赶超是先行性条件。教育和科技是实现人的发展、财富的增加和社会文明与进步的最有力也最有效的杠杆。

（本文原载于《经济体制改革》2000 年第 5 期）

发展小城镇：我国城市化的重要增长极

城市化是经济发展的一项中长期任务。各国城市化进程既遵循着一般共同的规律，同时又有其特点和与其国情相适应的具体模式。我国城市化具体模式是发展大中城市与发展小城镇并进。在城市化进程中，有两个重要的增长极：一是发展大中城市，二是发展小城镇。

一

社会生产力的发展引起产业结构、就业结构、城乡结构的改变，使第二产业的主导地位得以确定，第三产业的比重急剧增长，农业人口逐渐下降，非农业人口逐步上升，大量农村剩余劳动力向城市转移，乡村人口减少而城市人口剧增，居民的物质面貌与精神生活随之发生质的改变，这是不以人的意志为转移的客观规律。那么，农业剩余劳动力往哪里转移？

城市要容纳农村转移出来的大量剩余劳动力，出路只有两条：一是扩大城市规模，增加城市容量；二是增加城市数量。走第一条路，自然是最理想的，符合农民祖祖辈辈的向往。然而，这不现实。现有大中城市本身经济实力不强，城市承载力不足，加上国有企业待岗职工日趋增多，因此，大中城市对农业剩余劳动力的吸纳是有限的。走第二条路有两种途径：一是可增加大中城市的数量，二是增加城镇的数量。但增加大中城市的数量，因受到生产力发展水平的制约而难以推进。如果让 3 亿农民进入大中城市，则要新建 100 万人口的城市 300 个或 50 万人口的城市 600 个，需占地 9 亿亩，投资 18 000 亿元，这是十分困难的。即使是现有中小城市升格可增加一些人口容量，矛盾也不能缓和。只有大力发展小城镇，不断增加小城镇的数量才是正确的选择。改革开放以来，小城镇迅猛发展的现实充分说明了这一点。1979 年，中国建制镇 2 600 个，人口 5 555 万人，到 1998 年，建制镇已达 19 216 个，居住在镇区的人口 1.7 亿人，其中非农业人口 1.25 亿人。除建制镇外，尚有近 3 万个集镇，主要是乡人民政府所在地，人口 5 000 万人。它们遍布全国，介于城乡之间，在城乡社会经济运行过程中起着枢纽点、结节点的作用。之所以主张目前阶段把各类城镇作为转移农业剩余劳动力的主要途径，这是因为：各类镇具备增长极的基本条件，农民对建设发展小城镇经济增长极具有极大的积极性，只要方向对头、政策对路，农民就会利用自身力量，利用这种经济增长极架起通向农村城市化和现代化的桥梁。农村城市化原理如同其他理论一样，应源于实际，反映一个地区、一个国家的实际情况。农村城市化，并不意味着农业剩余劳动力全部由城市吸纳，两者不能画上等号。农村城市化本质就是农村地区国家职能城市化，农业剩余劳动力就业非农化。农业剩余劳动力从农业中转移出来后，其主要追求的是具有优于传统农业的经济收益、居住条件、就业机会和生活空间。只要满足这些条件，往什么地方转移不是主要问题。

二

小城镇位于城市之末，农村之首，兼有城乡两种性质，具有明显的边际增值效应。它是乡村人口转移的地区，生产要素相对集中，具有一定辐射能力，也是社会生活由乡村型向城市型过渡的地区。因而，小城镇具有四大功能：经济的集聚功能、人口的集结功能、发展的辐射功能、生活品质的提升功能。

（1）经济的集聚功能。小城镇是由于乡镇的发展、农村要素市场的逐步开放和农村产业结构变化，促使人口、资金、技术等向某一区域聚集而形成的。小城镇建设首先是非农产业集聚的过程，特别是制造业、加工业的积聚。如果缺乏第二产业的积聚，第三产业也难以得到正常的发展，小城镇的发展就缺乏经济基础，必然不能持久。所以，小城镇具有经济的集聚功能。

（2）人口的集结功能。在长江三角洲和珠江三角洲，许多农村开辟了乡镇工业小区，大量农村人口流入这些小区，使这些小区加速城镇化。在中西部地区，一些农村的专业产销市场吸引了大量的农村剩余劳力并发展为城镇。小城镇是调节城乡人口分布的巨大"蓄水库"，对农业剩余劳动力的转移起到分截流的巨大作用。

（3）发展的辐射功能。小城镇介于城市和农村之间，是连接城市和农村的桥梁和纽带，是城乡间的技术、信息、人才交流的中心，小城镇对周边农村形成辐射和带动，使小城镇成为农村的经济、政治、文化的中心。为农民提供所需要的一定的市场和多功能服务，为农业生产产业化、协作化、现代化和农工贸一体化创造一定的条件。

（4）生活品质的提升功能。农村城市化、农村现代化中的一个重要内涵就是必须提升农民的生活品质。小城镇除了必须具备的硬件建设以满足居民生活需要外，还应有相应的软件建设，逐步形成社会保障和生活服务体系，如住房制度、医疗制度、就业制度、教育制度和社会保障制度等，使进镇农民的生活得到一定的保障，生活品质得到一定程度的提升。

三

根据小城镇的具体特点及其在城市化中的特殊地位和功能，发展小城镇的总体思路可考虑为：因地制宜，创造特色，重点扶持，注重实效，逐步形成以大中小城市为核心，以重点城镇为卫星的众星捧月的城市、城镇体系；在沿海经济发达并具备条件的地区，可发展城市或城镇带。

具体措施是：

1. 按照"一优、二沿、三有"的原则发展小城镇。"一优"即优先选择国家小城镇试点镇；"二沿"即沿交通干线、沿省际边界；"三有"即有资源区位优势、有发展潜力和特色优势、有辐射带动作用。全国 1.9 万个建制镇，3 万个小集镇，如果全面放开发展，不仅财力有限，也会出现重复建设的问题。各地应当根据自己的情况确定重点发展的小城镇，对其加大扶持力度。

2. 合理确定镇的规模和标准。镇的规模多大为宜，主要应考虑三个因素：一是规模经济、集聚经济效应的因素；二是自然地理、交通条件的因素；三是便于长远的农业现代化和向高级阶段城市化过渡的因素。由于我国幅员广阔，各地政治、自然、地理因素相距甚大，因此作为辐射吸纳中心的镇的分布、规模也不尽一致。但是，就上述三个因素综合起来看，镇的规模不宜过小，布点不宜过散。就沿海地区而言，这里人多地少，大中城市密布，兼之交通便捷，镇的规模不宜太小，宜几个乡重点建一两个镇，镇的规模约为 30 000～50 000 人口，其建设标准可以按小城市或县城镇的要求规划设计。中部地区镇的规模宜 15 000～20 000 人，西部地区镇的规模宜 10 000～15 000 人。

3. 要把小城镇建设同发展大中小城市紧密结合起来，积极引导其中成长性强的镇扩大规模。在大城市周边一定距离内形成一批卫星城镇，有效利用大城市对周边地区的辐射效应。这样既可以减轻大城市的压力，又可以带动小城镇的发展，不仅可以发挥大中小城市辐射和带动效应，也有利于形成众星捧月的城市圈。

4. 加快发展城市或城镇群（带）。在城市或城镇群（带）从事的经营活动中，集体经济行为选择由各集体单位自主做出，无须国家审批（特殊经营领域除外），私人和个体经济在小城镇应该得到充分自由的发展。除了依法征税外，国家和地方集体都不应干预。只有将小城镇充分地办成集体与个体经济的"天下"，经济才会更有活力，城乡协调发展才有希望。

5. 发展小城镇应循序渐进，尊重客观规律，尊重农民意愿，逐步发展。切不可不顾客观条件，一哄而上，搞低水平分散建设。与此同时，逐步放开小城镇户籍限制，要消除任何通过行政手段继续控制农民进入小城镇的做法。农民进镇投资、办厂、买房等皆按当地市价成本与相关部门打交道。小城镇的经济活动可以放开，国家没有任何必要在这些层次从事经营活动。

6. 小城镇基础设施建设投资应坚持"两条腿走路"的方针，即地方财政可以做一些基础性建设工作，大量的深度开发工作应通过招标方式让投资者去做。为了克服小城镇分散、规模小、浪费耕地的问题，有条件的地方可以视具体情况撤乡并镇，但不宜大范围推行这种做法，因为在交通不发达的条件下，撤乡并镇意味着提高了农民的进镇成本。小城镇没有必要建立自己特殊的社会保障体系，但是小城镇所在地区的统一的基本社会保障体系应逐步建立起来。作为基本保障的补充，小城镇应逐步发展各种商业保险业务。城市群（带）是城市化发展到一定阶段的必然产物。目前城市或城镇群（带）的发展已初见端倪，特别是在东部沿海地区及沿长江中下游平原地区。按城市或城镇群的空间分布形态，可将其分为三种基本类型：一类是放射状城市或城镇群，主要是以一个或几个大中小城市为核心，在其周围形成的呈放射状的城市或城镇群。一类是多边状的城市或城镇群，其特点是组成城市或城镇群的各城市或城镇实力相差不大，彼此互有分工与协作。还有一类是沿交通线路分布的线状城市或城镇群（带）。不管哪一类都可以加以推动。

（本文原载于《发展研究》2001 年第 5 期）

世界金融危机：我国经济结构调整的契机

世界金融危机给我国经济带来负面的影响，但也给我国经济结构调整和经济社会协调发展带来重要的契机。因此，我国应抓住机遇，以扩大内需为途径，以科技进步为动力，以体制创新为支撑，以新型国际化战略为导向，加速推进经济结构的调整。

一、从宏观层面上看，有两个方面的契机

一是金融危机是我国经济结构优化的外在动力。经济发展模式从充满风险的外需依赖型调整到内需驱动型，从只注重数量增长到注重质量提升，从强调效率与竞争到突出公平与民生，促进经济增长与社会事业协调发展，是我国经济和谐发展的必由之路。但以往较长一段时间已经形成的外向型经济发展的路径依赖、思维定式及发展惯性难以适应结构调整，从而使经济发展的战略转型与结构调整难以达到预期目标。世界金融危机的爆发，暴露了我国经济结构存在的问题，暴露了过分依赖外需发展战略的弱点，是对外需依赖型发展路径和观念的冲击。金融危机的压力使我们更加坚定进行经济结构调整，实现发展方式的转变。从这个角度看，这场世界金融危机应当是我国经济结构优化的外在动力，是一个重要契机。

二是国际市场动荡是我国加速经济结构重组和产业升级的机遇。在这次世界金融危机下。国际市场动荡必然会加速结构重组和产业升级，有可能创造新一轮产业转移的浪潮。与其他国家相比，我国有比较充分实施扩张性经济政策的空间，具备许多有利条件，投资者对我国经济发展长期看好，这是我们经济结构调整的有利时机。一方面，有利于我们吸收外资和先进的科学技术，发展新兴产业和改造传统产业，提高出口产品的国际竞争力，充分利用国际市场。另一方面，有利于我们调整出口产品结构，开拓新的国际市场。因此，从宏观层面上看，国际市场动荡是我国加速经济结构重组和产业升级的重要契机。

二、从微观层面上看，有三个方面的契机

一是世界金融危机为我国制造业的调整布局、优化结构提供了契机。全球制造业主要集中在北美、欧洲和东亚三大区域，其中东亚地区是以中、日、韩三国为代表。中国的制造业在全球占有重要地位，位居美国之后已经成为全球第二大制造业国家，并具有"世界工厂"的称誉。金融危机中，发达国家经济形势持续恶化，其制造业遭受了战后以来最惨重的打击，美国的制造业利润连续下滑，通用等公司出现了巨额亏损，正濒临破产。目前，尽管中国宏观经济同样面临下滑趋势，但制造业的景气度还是保持在较高的水平，利润率远远高于美国、欧洲等制造业大国水平。迫于利润与生存的压力，发达国家的制造业势必加速向发展中国家转移，以对冲本国经济的不景气带来的不利影响，这将对中国制造业的成长和升级带来历史性契机。

二是世界金融危机为我国价格体制的改革，尤其是资源品的价格机制改革提供了契机。结构调整包括价格结构、收入分配结构、城乡结构和地区结构等，都应进行调整。经过30年的改革，我国大部分的商品价格已经放开了，但是有一部分重要商品价格还没有放开或完全放开，比如说成品油的价格、电的价格、自来水的价格等。如我国石油价格和国际市场石油价格倒挂，不利于我国企业调整结构。在这次世界金融危机中，国际油价出现大幅调整，波动很大，而且可能会延续比较长时间。这不仅会有效缓解国内生产资料价格上涨的压力，更重要的是对我国成品油的价格改革是一个机遇，今后可以逐步把定价权交给企业。价格放开以后，政府只有非常规性补贴。这既可以减轻企业负担，同时又可以使油价市场化，有利于企业调整结构。

三是世界金融危机为加速推进人民币的国际化提供了契机。全球的金融秩序和金融体系可能会因这次危机发生重大变化，美元的地位会有所削弱。现有的以美元为核心的单极国际货币体系的改革可能会成为这次金融危机之后最重要的金融制度变革。新兴经济体和发展中国家将发挥更大的作用。这样，人民币就迎来历史性的机会。中国与日本一样，都是货币相对坚挺的国家。今后，国际货币体系可能是美元、人民币、欧元三足鼎立，也可能是美元、人民币、欧元、日元四元结构的货币体系。而人民币如果成为多元国际货币体系中重要的一元，势必对我国的产业结构、贸易规模和结构、金融市场规模和结构等产生全面影响。一个国家的货币从不完全兑换到完全可兑换，是其汇率机制改革所致，而从可兑换货币到国际储备性货币，则是国际市场选择的结果。某一个国家货币被确认为国际储备性货币，对这一货币发行国家宏观经济结构和金融体系必然会带来全面深刻的影响，货币发行国家的资本流动和贸易结构会有明显的变化。

三、抓住机遇，加速推进经济结构调整

世界金融危机既然为我国经济结构调整带来了历史性机遇，那么，我们就应该抓住机遇，加速推进经济结构调整。从总体上看，经济结构调整的总体战略是：经济结构应从过分依赖投资和出口，转向依靠内需的带动。把扩大投资规模与调整优化结构结合起来，在加强基础设施建设的同时，支持经济社会发展中的薄弱环节和民生工程建设；在推动自主创新和产业创新中，依靠科技进步，形成可持续的经济发展能力，创造更多的就业机会，缩小收入差距，培育和提升广大民众的消费水平。从具体上看，经济结构调整主要有以下几项具体措施：

1. 调整经济结构必须以扩大内需为途径。

我国政府已出台了扩大内需和促进经济发展的一系列措施，体现了扩大投资规模与调整优化结构并举的战略思想，必须认真落实。内需替代外需不但有利于缓解当前国际收支不平衡状况，而且有利于我国经济长期平稳增长。而扩大内需应高度关注民生：一要以社会保险、社会救助、社会福利为基础，以基本养老医疗、最低生活保障制度为重点，加快完善社会保障体系，消除居民在社会保障方面的后顾之忧，使居民敢于消费。二要加快推进收入分配制度改革，提高居民收入在国民收入分配中的比重，提高劳动报酬在初次分配中的比重，缩小收入差距，提升居民消费能力。三要加大对群众直接受益的公共资源的投入力度，支持民生工程建设，扩大转移支付。四要创造更多的就业机会，提升大众消费的水平，从而使经济增长转向消费与投资、内需与外需协调拉动。

2. 调整经济结构必须以科技进步为动力。

调整经济结构仅有强烈的愿望和实干精神是不够的，必须有强大的自主创新能力，形成自己的品牌、自己的拳头产品。只靠加工和贴牌生产，难免在国际产业分工体系中长期受制于人。为此，一要利用世界经济结构

调整机遇加快形成自主创新能力，加大科技投入，提高科研水平，以科技进步为动力，用高科技推动经济结构优化升级，用高新技术改造装备制造、重化工业和纺织工业，提高传统产业的竞争力，从而增强抵御国际市场风险、应对世界经济格局变化的能力。二要在关系国民经济命脉和国家经济安全的关键性的技术密集型产业，提升和争夺核心技术控制能力，提高发展的水平和质量，真正实现全面、可持续、健康的发展。三要积极推进高新技术研究，集中力量在信息技术、生物技术、新材料技术、新能源技术、节能环保技术等关键领域取得突破。

3. 结构调整必须以体制创新为支撑。

经济结构调整实质是资源优化配置的过程，涉及面广、敏感性强，必须创新体制，建立与完善科学的制度体系，充分调动各方面的积极因素，合理利用各类资源，最大限度地减少其负面效应。为此，一要坚持市场取向的改革方向，更大程度、更大范围地发挥市场在资源配置中的基础性作用。二要把政府管理体制创新放到更加突出的位置。目前，政府机构设置不合理、职能交叉重复、政绩考核体系不科学，导致政府管理职能的越位、缺位和错位，成为盲目扩大投资和资源严重浪费的重要原因。同时，政企、政资不分的问题不解决，企业难以成为真正的市场主体；行政性垄断及地区封锁不打破，统一、开放、竞争、有序的现代市场体系难以真正形成。并且，政府职能和管理经济的方式不转变，也难以建立起有效的宏观调控体系和完善的社会保障制度。为了更有效地推动经济结构调整，实现又好又快发展，必须加快推进政府管理体制创新，使之与国际通行规则相衔接。三要以企业为主体，形成自主优化配置资源的机制，使企业能够对市场需求做出灵敏反应。目前企业改革和管理在很多方面还没有到位，攻坚破难的任务仍很艰巨。应当努力扩大改革和体制创新的成果，坚韧不拔地推进国有企业改革和发展。国有经济布局的战略性调整要与经济结构的战略性调整结合起来。

4. 调整经济结构必须以新型国际化战略为导向。

我国的国际化战略应当与时俱进，根据新的国际情况，不断调整。经济结构调整不能只看到国内问题，还需要更加密切地关注国际经济形势，在资源与资金安排方面，应当同时考虑国内建设与国际市场，统筹好国内、国际两个大局。这场世界金融危机使国际经济形势发生很大变化，需要我们重新调整国际化战略，要在新的国际形势下更加主动地推动我国经济对外开放，全面提高对外开放水平。为此，一要主动参与国际经济结构调整，做积极参与者。二要通过产业国际化、市场国际化、企业国际化、人才国际化，主动融入全球经济体系，而不是被动接受，掌握国际经贸运行规则的话语权，提高参与全球经济发展的能力。三要调整外经贸战略思路，有选择地主动承接国际产业转移与分工，加快从劳动密集型产业向资金和技术密集型产业转变。在外贸方面，要将出口导向型对外经济战略转变为进出口平衡型对外经济战略，同时鼓励发展一般贸易，加快加工贸易转型升级。在利用外资方面，应从吸引外资转向选择外资，从鼓励外资办厂转向鼓励并购，从鼓励投资制造业转向鼓励投资服务业。

（本文原载于《福建行政学院学报》2009 年第 3 期）

三、区域经济篇■

我国东南沿海经济带
在东亚经济圈的战略影响

经济全球化与区域经济合作已成为当今世界经济发展的两大主要趋势。区域经济一体化发展的态势表明，在区域经济一体化中，区域化与全球化可以趋于一致。区域经济合作是全球化的基础和有益补充。区域经济一体化不仅有利于区域内部的国家或地区的经济发展，同时也是世界经济全球化发展的推动力。有的国家把区域经济一体化作为实现本国结构调整、积极参与国际竞争的手段。这种新型的地区合作模式加快了世界经济全球化进程。我国东南沿海经济带是在经济全球化与区域经济合作快速发展中崛起的，对区域经济一体化，特别是对东亚经济圈具有重要的战略影响。

一

在世界经济增长活跃中心转移的大趋势中，东亚地区经济持续的高速增长成为最显著的特征。东亚地区成了世界经济发展中的朝阳地区，它的发展为世界经济创造了一个巨大市场，并将更快推进世界经济一体化进程。进入20世纪90年代以后，全球性区域经济合作浪潮和亚洲金融危机，使东亚地区国家意识到，没有本地区的区域经济合作，将难以保证经济稳定的发展，从而刺激了东亚地区开展区域经济合作的欲望。在21世纪，东亚经济合作进展如何将成为决定东亚经济发展和东亚在世界经济中地位的重要因素，东亚经济合作的要求将十分强烈。但是，东亚地区因其文化的多元化特性、经济发展的梯度差异性和合作的非制度化灵活性，正试图寻找"第三条道路"——一条有别于欧盟和美洲的道路。它是以东盟和中日韩为主体的区域性经济贸易合作，区域内经济贸易合作持续升温，呈现出亚洲经济一体化的趋势。它的特点如下：一是以双边、多边、次区域、区域等多种多样的合作方式进行，适应亚洲的特点，走的是一条具有亚洲特色的区域经济合作道路。东亚现在已经有 APEC、东盟自由贸易区、亚欧会议、"10＋1"和"10＋3"等经济合作组织和机制。东亚金融危机之后的经济恢复使该地区的领导人意识到该地区经济合作与货币合作的重要性，意识到该地区区域一体化的重要性。2000 年 5 月清迈协议和"10＋3"货币互换协议是该地区领导人进行区域合作和一体化的第一步，也是东亚区域一体化的开始。目前覆盖整个东亚的制度化多边合作机制尚未出现，但次区域的或者双边的合作正在悄然推进。成立于 1967 年的东盟（ASEAN）先后二次扩大，现有成员 10 个，已在 2001 年建立了东盟自由贸易区。东盟实行的是国家代表制，性质与其阶段性目标有着密切联系。1979 年以前，主要强调区域内国家间的合作；进入 20 世纪 90 年代以后，区域内国家间合作步伐加快，提出在 21 世纪初达到自由贸易区的目标，并计划在 2010 年建成东盟投资区。二是东亚的区域经济合作是以利益为纽带的非制度化的运作模式。虽然已经取得了一些成绩，但仍然是一些低层次的合作和初期的合作形态，对比欧盟、美加，东亚经济合作区的发展特点具有很强的阶段性和跳越性。三是东亚各成员国经济发展的差距比欧盟和北美都明显。按世界银行统计，1998 年，日本人均 GDP 与柬埔寨相比相差 124 倍，新加坡与柬埔寨在人均 GDP 方面也相差 116 倍。这既为产业转移创造了机会，又加大了各成员国之间采取统一的贸易投资自由化制度的难度。四是中国与东盟决定努力在 2010 年建立世界上最大的自由贸易区，即中国—东盟自由贸易区。2002 年 11 月，中国和东盟签署了《中国—东盟全面经济合作框架协议》，全面加强双边的经济贸易合作关系，并同泰国签署了降低农产品关税等协定，决定逐步实现零关税的自由贸易；从 2003 年 10 月 1 日开始，中国和泰国已在近 200 种水果和蔬菜等农产品贸易方面率先实施零关税计划。在中国—东盟自由贸易区框架下，于 2004 年 1 月 1 日开始对以农产品为主的 500 多种商品降低关税，并于 2006 年底免除关税。随着 2010 年中国—东盟自由贸易区的初步形成，将形成一个拥有 17 亿人口、GDP 达 2 万亿美元、贸易总额达 102 万亿美元的大市场。服务贸易也将是中国—东盟自由贸易区的重要内容，其中银行业、旅游业、工程承包业在自贸区建设中，将是双方合作的"朝阳产业"。五是东亚地区既有当今世界第二大经济体的日本，也有世界上市场潜力最大的中国，还有以亚洲"四小龙"为代表的中等国家和地区。到目前为止，东亚人口近20亿，约占世界人口的三分之一，人力资源非常丰富，市场潜力巨大，各国经济也有一定互补性。从这些以东盟和中日韩为主体的区域性经济贸易合作的特点可以看出，无论是东盟"10＋1"，还是中日韩合作，不仅都少不了中国，而且中国都是处在核心地位。中国在东亚区域经济合作中具有重要的战略地位和影响。

二

从世界经济发展的历史来看，新兴大国的崛起将对世界经济格局产生深远的影响。尽管从目前的现实来看，中国还远非全球经济舞台上的超级大国，但是，中国的崛起已经对国际经济产生了很大影响。自对外开放以来，中国一直在理性地寻找着自己在全球经济中的新角色，并自觉地成为世界经济中的负责任的国家。在全球化进程屡次遭到挫折的时候，中国均能挺身而出，承担自己应有的责任。中国的积极参与，在很大程度上推进了全球化的发展。随着中国经济的成长壮大，中国对世界繁荣的贡献也越来越大。尤其是在进入21世纪之后，随着新经济泡沫崩溃、企业丑闻层出不穷、伊拉克战争余波未息，世界经济一直行走在衰退的边缘。在一片灰暗之中，中国经济成为令人瞩目的亮点。从1978年到2001年，中国的年均经济增长速度达到9.3%，为同期世界经济增长速度的3倍。2002年，中国的GDP突破10万亿元。与此同时，中国人均GDP的年均增长速度达到8.11%。2003年中国GDP达到116 694亿元，人均GDP达到1 090美元。国际收支基本平衡并略有盈余，国家外汇储备4 033亿美元，比上年增加1 168亿美元。一个占世界总人口五分之一的古老国度能够在20多年的时间内一直保持稳定高速的经济增长，这本身就是对世界经济的杰出贡献。如果按照购买力平价计算，从1980年到2000年，中国经济增长对世界GDP的贡献率为14%，仅次于美国的20.17%。中国的商品贸易和服务贸易对世界贸易的贡献率为4.17%，仅次于美国的14.14%和日本的6.19%。（《中国经济增长对全球贡献排第二》，国研网，2002年12月4日）

20 世纪 90 年代以来，中国区域经济通过调整，合理的地区分工格局正在构建之中，以中心城市和交通要道为依托，逐步形成了多个跨省区的各具特色的经济区域。目前，初步形成了珠江三角洲（以广州、深圳和珠海为中心）、长江三角洲（以上海为中心）、环渤海经济区（以北京、天津为中心）、海峡西岸经济区（以福州、厦门、泉州为中心）、西南经济区（以昆明、南宁为中心）、东北经济区（以沈阳、长春、哈尔滨为中心）、西北经济区（以西安、兰州为中心），区域经济一体化趋势开始显现。其中影响最广泛、发展最快的是珠江三角洲、长江三角洲和海峡西岸经济区连接成的东南沿海经济带。东南沿海地区的经济发展，首先是通过设置经济特区、沿海开放城市和沿海经济开放区实现的。20 年来，沿海经济特区和开放区在改革上起到了率先突破旧体制的示范作用，从而使东南沿海经济带在发展上形成了中国经济充满活力的新的发展极。中国整体经济的快速增长主要表现为东部沿海经济带几个发展较快的经济区的推动。

三

从支撑经济发展的因素来看，支持中国经济持续增长的因素既有外部因素，也有内部因素，但越来越多地体现在国内宏观经济稳定和经济结构改善方面。中国政府执行的积极财政政策和稳健的货币政策为经济增长创造了适宜的宏观环境；住房和汽车等耐用消费品热销启动了居民消费结构的升级换代，也标志着一批高增长行业的崛起；中国相对年轻的人口结构、较高的国内储蓄率、人均收入水平的提升都预示着未来国内市场有着巨大潜力。而如果从支撑经济发展的区域来看，支持和带动中国经济发展的主要因素是东南沿海经济带的崛起。长三角、珠三角、海峡西岸经济区的 GNP 约占全国的四分之一。从 20 世纪 80 年代以来，这三个区域相继创造出区域发展的奇迹。它们在竞争中前进，有力地拉动了全国经济的增长，是中国经济保持健康快速增长的重要引擎。尽管这三大经济区的形成和发展各具特色，但是经济发展速度快、外向型、经济结构相对优化是它们共同的特点。东南沿海经济带的崛起不仅带动中国经济的发展，也支持了东亚地区经济的发展。

1. 东南沿海经济带的崛起促进中国经济与东亚经济的全面接轨。

中国是世界上最具有潜力的巨大市场，是亚太地区经济发展中最重要的发展极。中国经济在东亚经济和世界经济发展与区域合作中将发挥越来越重要的协调作用。在全球经济一体化的西向大势中，中国处在全球经济西向推进的前沿地区和东西交融的中介线上，全球经济在中介区的交融和西向推进，既要借助中国经济的发展与现代化，又要借助于沟通亚太与欧洲大西洋两岸的经济通道。中国主要有四条这种经济通道：一是黄河—陇海通道；二是欧亚大陆桥通道；三是珠江—南昆通道；四是长江流域—京福通道。在这四大通道中，无论从经济实力、发展潜力，还是以区位条件、开放基础来看，都以东南沿海为最优。东南沿海地区是中国同世界经济接轨的前沿和中介地区。一方面可以充分发挥动态比较利益高和市场容量大的优势，大量吸引国际的资金、产业、技术、贸易向东南沿海地区转移，推动中国经济保持高速增长，从而使东南沿海经济带逐步成为推动东亚经济发展的新的增长极。另一方面东南沿海经济带的发展，也强化了扩散效应，通过加强与国际的分工和合作，在接受转移的同时，扩大劳务输出、对外贸易、海外投资和技术引进，在与东亚区域和其他地区国家实现共同繁荣中发展和壮大自己。再一方面，在世界经济区域集团化进程中，华人世界越来越显示出雄厚的实力，可望成为与欧、美、日并驾齐驱的世界新的一极。中国是华人世界的中心，而东南沿海经济带又是中国的希望，它将成为东亚地区及华人经济圈中产业传递的重要通道和基地，并以其自身发展促进华人经济圈的发展。

2. 东南沿海经济带的崛起为东亚各国调整产业政策提供了广阔的天地。

目前，东亚经济正面临着产业结构调整的压力，本区域的各经济体应该通过政策协调，推动区域产业分工新格局的建立，以制造业内部的分工和贸易为导向，在东亚沿海地区经济发达城市形成产业带，发挥集聚效应，实现区域贸易合作的动态收益，防止过度竞争和资源浪费，保证各国出口的可持续性和经常项目的平衡。例如，日本的产业结构不断升级换代，并将进入成熟期和大规模制造期的产业转移到更有成本优势的亚洲"四小龙"。亚洲"四小龙"的产业升级之后，这些行业进一步转移到劳动力低廉的东南亚各国和中国沿海地区。而跨国公司在进入一个国家投资的时候，首先要考虑那个国家的投资环境，世界上很多国家为了吸引外资，都在不断优化投资环境，东南沿海经济带在这方面取得了很大的成果，已经吸引了大量的外国投资。中国吸引外资的总量能够成为世界第二，同东南沿海经济带的崛起是分不开的。因为东南沿海经济带，包括上海、苏州、宁波、厦门等地，一方面，它们本身吸引了大量的外资；另一方面，这些地区之间的竞争又提高和优化了中国整体的投资环境。厦门、苏州、宁波有着良好的自然环境，地方政府注重环保，大力改善软环境，这些做法对外资很有吸引力，又带动了其他地区对投资环境的改善，吸引了大量的外资，从而成为东亚一些国家和地区产业结构调整中部分产业外移的重要选择地带。

美国《财富》杂志向 3 000 名在中国的外国企业高级管理人员进行调查了解，结果表明大约 70％的外国公司将增加对中国的投资。一是中国加入世界贸易组织之后，提高了政策的公开化和透明度，投资环境进一步得到改善，外国公司对中国的对外开放政策和经济增长前景有了更大的信心。二是受到经济衰退的影响，发达国家和新兴工业化经济体纷纷加快了产业结构调整的步伐。从某种意义上可以说，产业结构调整的速度决定了这些经济体能否较早地实现经济复苏并维持较长时期的新一轮经济增长。在过去的 5 年里，中国已成为日本在亚洲最大的电子零部件供应商。尽管 NEC 和东芝公司打算降低在其他地方的生产规模，但它们却打算提高在中国的手机产量。台湾省对祖国大陆的早期投资主要集中在东南沿海经济带，并主要是面向出口的劳动密集型制造业。然而，从 20 世纪 90 年代中期开始，其投资地域向北扩张，投资领域也迅速扩展到技术密集型产业，特别是 IT 产业。东南沿海经济带已成为东亚国家和地区，乃至世界各国投资的乐土，为这些国家和地区调整产业，走出经济困境，实现经济增长，提供了良好的外部市场。

3. 东南沿海经济带的崛起可能使中国成为东亚经济圈共同的制造中心。

最近几年中国和东亚其他经济体贸易关系日益密切，逐步形成一个以中国为中心的区域内生产网络。东亚历来的发展模式，无论是"四小龙"还是其他国家或地区，都只是各大跨国公司的制造业基地。现在东亚的生产制造地都在向中国集中，中国正在成为整个东亚经济圈新的生产制造中心，对东亚国家地区来说这是一个广泛而又深刻的变化。中国东部沿海经济带由于地理位置优越、商业意识发达、人口密度大、劳动力便宜，比较优势明显。同时，东部沿海地区由于当地配套生产能力齐备，各种配套条件完善，在制造业发展中，将继续保持领先地位。目前，实际上已出现两个趋势：一是原来分散在东亚国家和地区的许多资金，包括发达国家、跨国公司在那里投资建立的制造业基地，正在大规模地向中国集中。二是包括日本、韩国、东南亚和中国港台地区的制造业基地也在向中国内地迁移。而且不仅仅是数量在增加，投资的质量也在提高。伴随投资而来的是它们的研发中心、核心技术、关键技术及其高端产品。根据这种趋势我们可以做一个基本的判断，那就是东亚正在形成一个共同的制造业中心，这个制造业中心就在中国，而且主要就在东南沿海经济带，这是东亚经济一个意义非常深远的变化。

4. 东南沿海经济带崛起并与西南省区之间加强合作，在构建东盟"10＋1"自由贸易区的过程中可能开创出一种新的合作模式。

中国区域经济一体化战略是以中国内地与香港、澳门及台湾地区为核心层，以东盟和东北亚国家为紧密联系层。作为政治与经济大国的中国，建立以自身为核心的区域经济一体化，是符合全球战略和地区战略的。中国与东盟决定在10年内建立自由贸易区，这一举措必定对东亚地区的合作产生连锁反应，它的后续效应很可能是加速把日本、韩国整合起来。浙江、江苏、上海、福建、广东等5个中国经济最发达的东南沿海省份和与东盟水、陆毗邻的广西、云南等西南省区联合，取长补短，全方位地扩大中国与东盟的贸易往来及经济合作，在中国—东盟自由贸易区的建设进程中，可以发挥独特优势。东南沿海省市价廉物美的普通机械、电器、日用小百货等产品，目前已通过正式的国际贸易及桂、滇等省的边境小额贸易等各种渠道纷纷进入东盟市场。近年来东盟地区的原木、天然橡胶、原油、钢材、锯材、宝石、玉石等原材料在中国东南沿海省市的销售势头也日渐升温。浙江省的加工工业在中国占有重要地位，纺织、服装、丝绸、皮革、食品、日用轻工产品、机电产品均有较强的实力，东盟国家已成为浙江重要的贸易伙伴之一，2002年浙江对东盟出口1 512亿美元，占浙江出口总额的5.11％；进口814亿美元，占浙江进口总额的6.17％。东盟也已成为浙江进出口额增长最快的市场之一，2002年浙江对东盟的出口额和进口额同比分别增长40％和36％。(《中国东南沿海省区与大西南联手走向东盟》，新华网广西频道，2003年2月26日) 此外，新加坡学者在《联合早报》发表文章指出，新加坡未来的盛衰荣辱都会与这个自由贸易区的成败休戚相关。并认为新加坡也应抓住这次重大机会，争取成为"未来亚洲南方丝绸之路"的中心。由此可见，周边的经济体都在调整，以不同的方式整合进入中国市场。为此，在构建东盟"10＋1"自由贸易区的过程中可能开创出一种新的合作模式。

5. 东南沿海经济带的崛起可能改变东亚传统的经济模式。

东亚经济合作的传统格局是"雁行模式"。20世纪90年代之后，日本经济一蹶不振，亚洲"四小龙"转为追随美国的新经济浪潮后迭受挫折，加上中国的崛起，这种"雁行模式"面临解体的命运。东南沿海经济带的崛起为东亚地区经济的发展，提供了一个广阔的市场，成为吸纳外资和加工生产的一个中心，通过跨国公司的生产和销售网络在东亚地区各经济体之间建立起一种水平式分工联系，而中国，特别是东南沿海经济带则成为这个新结构中的一个重要联系枢纽，通过中间产品的分工交换，推动整个东亚地区的经济活动开展。从未来的发展看，中国东南沿海经济带将不仅仅作为一个接受外来投资进行加工制造的角色，同时也将成为一个很大的"终端产品"吸纳市场。这就必然增加技术创新的内容，从而改变以往的"垂直分工"式的链接。东亚的这种新型关系结构可能会成为推动东亚地区经济增长的一个重要动力机制，从而打破东亚地区原来的经济模式，使缺乏横向经济联系的加工贸易的"雁行模式"，被一种新的经济模式所取代，在东亚各个国家和地区之间形成一种互利的关系，形成一个新的产业结构、产业共同体。

参考文献：

[1] 慧聪商务网：《我国三大经济圈——区域合作为经济增长注入动力》，2003年9月18日。

[2] 时寒冰：《入世之后的中国经济格局》，人民网，2003年12月6日。

[3] 李长久：《东亚有望成为世界最具活力经济区》，《中国经济时报》，2003年9月15日。

[4] 李罗力：《中国正在塑造一个全新的亚洲经济圈》，《深圳商报》，2002年11月19日。

[5] 李善同，侯永志，冯杰：《中国区域经济合作的新格局》，《学说连线》，2003年9月29日。

（本文原载于《世界经济与政治论坛》2004年第3期）

开放性区域经济合作：
一种新的世界经济合作模式

20 世纪 90 年代以来，国际关系日益错综复杂，双边关系及多边经贸关系发展中均存在许多不确定的因素，动态变化的政治关系对经济发展可能造成许多不稳定的外部环境，单纯依靠双边、多边的力量都显得不够，需要通过一定范围内的区域经济合作，以此巩固政治与外交关系，减少冲突摩擦，缓和与周边及重要贸易大国紧张的关系。所以，多增加一个区域层次的对话与合作平台，就会增加更多的选择，无疑对参与区域经济合作的国家和地区都是有益的。为此，开放性区域经济合作迅速崛起，其发展出现了新的特点。

一、开放性区域经济合作的崛起

与 20 世纪 80 年代以前的传统的区域经济合作相比，90 年代形成的区域经济合作是在经济全球化的大背景下发展起来的。因此，新的区域经济合作的开放程度更高，大多数区域经济合作协定除了涉及关税自由化之外，还涉及世贸组织所包含的其他领域，例如标准、服务、知识产权等；某些区域经济合作协定比世贸组织所涵盖的规则领域更广，如政府采购、投资或竞争政策、人才交流等。这种新的区域经济合作是开放性的。开放性的区域经济合作最基本的特征是：参与区域经济合作的国家和地区放弃了"进口替代"的战略思想，不再寻求建立区域内互补产业结构、免受外部竞争的产业政策，而通过谋求更大的、更稳定的区域市场来提高生产率和竞争力，促进本身经济的发展。与此相对应，各国参与区域经济合作的动机及区域经济合作的形式、组织结构都发生了一系列变化。它的核心是通过消除成员之间的贸易壁垒，创造更多的贸易机会，促进商品、服务、资本、技术和人员的自由流动，实现区域内经济的共同发展。建立开放性区域经济合作可以使区域内各国各地区的产品以更加优惠的贸易条件进入对方市场，从而拓宽出口渠道，分散市场风险，推进市场多元化。同时，还在更大的范围实现资源的优化配置，充分发挥自身产业的比较优势，提高整体实力。开放性区域合作给区域内国家，特别是弱小国家，提供平等的投资和贸易的机会，增强它们抵御风险的能力。经济弱小国家可以通过区域合作从区域内经济较强国引入技术和资金，来逐步缩小区域内贫富差距，促进区域一体化进程。同时，区域经济合作和自由贸易安排可以作为多边贸易体系和世界贸易组织的补充。走区域经济合作的道路，联合起来，分享收益，共担风险，可以筑起防范风险的第一道防风墙，共同抵御来自区域外的各种冲击。并且，参加区域经济合作的成员在国际上的地位还可以有所提高。在涉及贸易谈判时，区域合作组织以组织的身份去讨价还价，谈判的结果，不仅使成员可以获得经济上的效益，而且在政治上的地位也有所提高。当世界贸易组织旷日持久的谈判使得多边协商机制变得比较迟钝的时候，越来越多的成员国更热衷于参与区域经济合作，签订双边贸易或多边协定，特别是许多发展中国家利用区域经济合作来推进国内经济改革、吸引外国直接投资、实现技术转移等，以推动经济社会的发展。为此，开放性区域经济合作迅速发展。按照 WTO 的统计，区域性贸易协定（RTA）的实施数量在 1950—1959 年有 3 个，1960—1969 年有 19个，1970—1979 年上升到 39 个，1980—1989 年为 14 个，1990—1998 年则为 82 个。2002 年 11 月 4 日，WTO 区域贸易一体化委员会向总理事会的报告中指出，截至 2002 年 10 月，向 GATT/WTO 通知的区域贸易一体化共 255 件。开放性区域经济合作的崛起，表明国际经贸合作出现了由多边形式与双边形式相结合的趋向，表明贸易、投资与其他领域的自由化推进到了一个新的阶段。

二、开放性区域经济合作迅速发展的动因

1. 贸易保护主义盛行和多边贸易谈判的艰难，推动了开放性区域经济合作的快速发展。

经济的发展需要一个开放的全球市场与之相适应，即需要一个一体化的世界市场。但是，由于世界各国都有着自身的利益，都希望其他国家向其开放市场，而自己的市场尽可能不向其他国家开放，由此，贸易保护主义盛行，使各方不得不寻求通过建立区域经贸安排来规避形形色色的贸易壁垒。同时，在世贸组织主持下的多边贸易谈判往往旷日持久，解决不了急切需要解决的问题，迫使各国另辟蹊径，通过涉及国家少、见效快的区域经贸安排来增强本国的国际竞争力。并且，由于区域经贸安排对区内国家实行优惠的差别待遇，其贸易转移效果日益明显。与传统的区域经济合作形式相比，开放性区域经贸安排常常是只要双方都有经贸往来自由化的意愿，就可超越传统区域经济合作形式的趋同条件和基准进行协商，并签署协议。这就使一些国家组成不同程度的联合体，形成介于全球市场和国别市场的国际区域市场。国际区域市场既在一定程度上满足了市场扩大的需要，又符合相应国家市场的保护要求。为此，许多国家和地区加入了区域经济合作。

2. 经济发展多样性和互补性，推动了开放性区域经济合作的快速发展。

在一国经济增长中外需是重要条件。在关注内需对经济增长促进作用的同时，需要采取相应的政策措施把"外需"某种程度地"内需化"，即把过去存在的不确定的、变化较大的外部市场，通过彼此间的制度安排，将其变成扩大的内部市场，实现内部市场的延伸。这样就可以大大减少市场交易的风险和障碍，从而有利于经济增长。而区域内的国家和地区经济发展水平方面存在着巨大的差异，正是这种差异，形成了多样性和互补性，地区内的不同经济体需要加强交流，寻找符合本地区特点的合作途径和方法。以此推动外部市场的"内部化"，减少不确定性和摩擦带来的消极影响，为此，建立区域间的经济合作，是一个重要的现实选择。从已经形成的区域经济合作看，至少可以产生几个方面的效应：一是经济互补。成员国或地区之间一般均存在着一定程度的互补性，联合在一起可以取长补短，有利于促进本国经济发展，形成双赢效应。二是区域市场内互相开放，市场规模扩大，具有一定的经济规模，有利于形成规模效应。三是成员国或地区之间通过签订条约的形式，形成利益共同体，有利于保护各自的利益，增强竞争力。正是区域经济合作的这些互利互补作用，推动了开放性区域经济合作的快速发展。

3. 欧盟的成功，推动了开放性区域经济合作的快速发展。

欧洲一体化的成功已经载入20世纪的史册，并使区域主义成为经济全球化的另外一种表现形式。而欧元的正式启动和欧元区其他货币的消失作为欧洲一体化的里程碑写入了 21 世纪的第一页。一个日益强大的欧洲将在 21 世纪出现。欧盟的成功起到示范作用，鼓励了世界其他地方的区域经济合作的发展。与此同时，基于抗衡欧洲统一大市场的考虑，美国对区域经济合作态度发生转变，从以前以多边方式回应欧洲的区域行动变成以区域方式回应欧洲。美国也在积极推进美洲的区域经济合作。由于美国的经济实力及其在世界上的影响，它的区域经济合作的表现，也在一定程度上推动了开放性区域经济合作的快速发展。此外，社会文化上的亲和或联系及地缘关系也是不同国家或地区间结成区域市场的重要条件。

三、世界上三大开放性区域经济合作组织

开放性区域经济合作迅速发展，使世界经济逐步形成了"三区三对成三角"的战略格局。所谓"三区"，就是欧盟、北美自由贸易区和东亚经济发展区域；所谓"三对"，一是北美自由贸易区与东亚构成环太平洋的合作，即亚太经合组织（APEC），二是北美自由贸易区与欧盟构成跨大西洋的合作，即跨大西洋自由贸易区，三是欧盟与东亚构建跨印度洋的亚欧合作，通过一年一度的亚欧会议来实现这个目标；所谓"三角"，就是以每对为一条边或一条经济链，形成的全球性国际经贸大三角。在"三区三对成三角"的格局中，欧盟、北美自由贸易区和东亚经济合作区域，具有重要的影响。这三者之间既有区域经济组织的共同特性，也有较大的差别。

1. 欧盟。

欧洲联盟是成立最早、运行时间最长、一体化程度最高的区域经济一体化组织，也是迄今影响最大、最有活力、最成功的区域经济合作组织。欧盟无疑是区域经济合作的领跑者。目前欧盟有 15 个国家，预计在未来 10 年内，欧元区可能会扩展到 28 个国家。未来 50 年内，欧元区可能扩展到 50 国，总人口超过 5 亿，联盟内生产总值的总规模将大于美国。欧盟是以德法为核心推动力，以制度化合作演进为其基本特点。在半个世纪中，它既促进了成员国经济的稳定发展，也保障了成员国乃至欧洲的和平。没有欧共体、欧盟，就没有今日西部欧洲的经济繁荣和社会稳定。具体分析，欧盟的区域经济合作的特点有三个：一是欧盟经济一体化具有渐进性，从最简单、最特别的领域逐渐发展到全面、整体和复杂的领域。它由最初的煤钢共同体、关税同盟、自由贸易区，再到共同市场、经济联盟，最后到货币联盟。从简单到复杂，从低级到高级，逐步制度化。二是欧盟实行的是混合代表制，主要机构有：作为咨询和监督机构的欧洲议会立法决策机构部长理事会、作为执行机构的执委会及负责解释和实施欧洲法律的欧洲法院。欧盟具有较为严密的法律体系，从性质上讲欧盟是一个高度一体化带有超国家因素的新型区域性组织。三是欧盟成员从相互减免关税、建立关税同盟开始，以后又陆续实行共同农业政策、渔业政策、贸易政策和财政政策。欧盟的区内贸易占其贸易总额的 65.5％，区外贸易仅为35.5％。四是欧盟的所有成员国，都是受益者。欧盟制度化过程不仅是其全部成员国的人心所向，也是整个欧洲的人心所向。许多非欧盟成员国都竞相申请加入欧盟就是证明。五是目前欧盟基本上是发达国家的联盟。

2. 北美自由贸易区。

欧盟的出现，迫使美国重新考虑其全球战略，在 1993 年同加拿大、墨西哥宣布成立北美自由贸易区，并于 1994 年正式启动。接着，美国又进一步提出，想在 2005 年把北美自由贸易区扩大到整个南北美洲。美洲自由贸易区包括北美、南美及加勒比海地区的 34 个国家，涵盖 8 亿人口，总产出已超过 12 万亿美元。北美自由贸易区的特点：一是北美以建立自由贸易区为目标，已经在美、加、墨三国间实施自由贸易协定，将来北美自由贸易区将会扩大到整个美洲，形成美洲自由贸易区。随着自由贸易区的建立，更深的经济合作必定会提上议事日程，政治的合作也可能会加强。二是以美国为主导，以自由贸易区为合作特色，目前美元正有加速向作为区域货币的"泛美元"（PanDollar）演化的趋势。三是北美自由贸易区的经济合作涵盖了贸易、投资自由化、环境保护、劳工权利及知识产权保护等领域。成员之间实行零关税，但各成员对来自非成员的进口产品，可自行设定关税税率。北美自由贸易区的区内贸易占其贸易总额的 54.1％，区外贸易仅为 45.9％。四是北美自由贸易区是世界上第一个由发达国家和发展中国家组成的经济集团，具有重大意义。根据协议，贸易区将用 15 年时间，分三个阶段取消关税及其他贸易壁垒，实现商品、劳务、资本等的自由流通。

3. 东亚经济合作区。

东亚因其文化的多元化特性、经济发展的梯度差异性和合作的非制度化灵活性，正试图寻找"第三条道路"——一条有别于欧盟和美洲的道路。东亚经济合作区是以东盟和中日韩为主体的区域性经济贸易合作区，区域内经济贸易合作持续升温，呈现了亚洲经济一体化的趋势。它的特点有以下几点：一是以双边、多边、次区域、区域等多种多样的合作方式进行，适应亚洲的特点，走的是一种具有亚洲特色的区域经济合作道路。东亚现在已经有 APEC、东盟自由贸易区、亚欧会议、"10＋1"和"10＋3"等经济合作组织和机制。东亚金融危机之后的经济恢复使该地区的领导人意识到该地区经济合作与货币合作的重要性，意识到该地区区域一体化的重要性，2000 年 5 月清迈协议和"10＋3"货币互换协议是该地区领导人进行区域合作和一体化的第一步，也是东亚区域一体化的开始。目前覆盖整个东亚的制度化多边合作机制尚未出现，但次区域的或者双边的合作正在悄然推进。成立于 1967 年的东盟先后二次扩大，现有成员 10 个，已在 2001 年建立了东盟自由贸易区，东盟实行的是国家代表制。东盟的性质与其阶段性目标有着密切联系。1979 年以前，主要强调区域内国家间的合作；进入 90 年代以后，区域内国家间合作步伐加快，提出在 21 世纪初达到自由贸易区的目标，并计划建成东盟投资区。二是东亚的区域经济合作是以利益为纽带的非制度化的运作模式。虽然已经取得了一些成绩，但仍然是一些低层次的合作和初步的合作形态，与欧盟、美加墨相比，东亚经济合作区的发展特点具有很强的阶段性和跳跃性。三是东亚各成员国经济发展的差距比欧盟和北美都明显，这既为产业转移创造了机会，又加大了各成员国之间采取统一的贸易投资自由化制度的难度。四是中国与东盟决定努力在 2010 年建立世界上最大的自由贸易区，即中国—东盟自由贸易区。五是东亚地区既有当今世界第二大经济体的日本，也有世界上市场潜力最大的中国，还有以亚洲"四小龙"为代表的中等国家和地区。目前，东亚人口近 20 亿，约占世界人口的 1/3，人力资源非常丰富，市场潜力巨大，各国经济也有一定互补性。

世界三大开放性区域经济合作的发展，说明各国和各地区在推动区域经济整合方面更加理性化及更加务实，其心态更趋成熟。

四、开放性区域经济合作的新特点

开放性区域经济合作是 21 世纪世界经济的基本走向，它们将决定未来世界经济的发展趋势。开放性区域经济合作呈现出以下新的特点：

1. 经济区域化与经济全球化相结合。

经济全球化与开放性区域经济合作已成为当今世界经济发展的两大主要趋势。区域经济一体化发展的态势表明，在开放性的区域经济一体化中，区域化与全球化可以趋于一致。开放性区域经济合作是全球化的基础和有益补充。区域经济一体化不仅有利于区域内部的国家或地区的经济发展，同时也是世界经济全球化发展的推动力。一些国家根据一体化组织的要求，逐渐取消阻碍发展的贸易保护主义措施，采用较为灵活实用的合作机制，利用地区内部市场来扩大需求，进而带动国内生产和产业结构的调整。有的国家把区域经济一体化作为实现本国结构调整、积极参与国际竞争的手段。这种新型的地区合作模式加快了世界经济全球化进程。目前，区域经济一体化的发展越来越快，甚至超过了经济全球化发展的速度，越来越多的国家在参与多边贸易机制时也参与到不同的区域经济合作组织中去。从更广泛的意义上看，区域性组织和多边性行动在推进贸易自由化方面可以互相补充，而不是互相排斥。在多边贸易谈判中无法达成的协议却经常能够在双边或诸边贸易谈判中达成。从这种意义上说，区域经济一体化组织是多边贸易体制的实验场，许多贸易自由化措施都是首先在区域一体化内部实施的。因而，开放性区域合作是实现世界经济全球化的一个重要阶段，甚至是一个必经步骤，有助于推动区域化，是上承全球化，下接本土化的必要缓冲。开放性区域经济合作是全球化的基础和有益补充，对于促进世界的发展和繁荣，以及在全球化进程中趋利避害、实现共赢，都发挥着重要作用。

2. 区域内合作与跨区域间合作相结合。

开放性区域经济合作，对区域内和区域外实行不同的经济贸易开放政策，对内是开放的、自由的、协调的，而对外却有不同程度的区别：为了维护民族利益，促进经济发展，他们积极建立起自己的共同市场，在内部实行自由贸易，对外则采取一定的贸易保护措施。但是，对于排他性的区域一体化实质性安排，WTO 成员的基本态度是容忍和欢迎。这是因为区域内合作与跨区域间合作相交织，两者都是必要的。在加强区域内合作的同时，并不排斥跨区域间合作。例如，从 1996 年开始两年一次的亚欧会议（AESM）正成为东亚和西欧两大地区发展经济合作的一种方式。欧盟拟与南方共同市场建立自由贸易区的同时，也在计划与北美建立欧盟—北美自由贸易区。在未来一段时间内，各国之间、区域之间的贸易摩擦和贸易争端只会增加，不会减少。目前世界各国围绕农产品贸易、反倾销规则、环境保护、劳工标准等问题的争论仍十分激烈。各种新的非关税壁垒将层出不穷。国际贸易摩擦的增加使国际组织发挥的协调作用越来越大。这非常需要多边协商机制。世界贸易组织在全球范围内虽然活跃，但要多边协商，各国仍需要互相磨合，进展十分艰难。随着技术的新发展，可以预见将有新的非关税壁垒出现。参加到国际合作中的国家和地区也在不断增加，各个区域合作组织内部的协调机制将发挥越来越大的作用，是世界贸易组织多边协商机制的必要补充。

3. 松散性区域化组织与契约性制度约束相结合。

以谈判机制为基础而建立的区域经济合作，客观上需要有一套契约性制度约束。但这一套契约性制度，并不是一开始就自然生成的，而是循序渐进慢慢形成的。开放性区域经济合作大多是以单边自愿为基础和成员国的集体协商开展的经济合作，刚开始一般都是比较松散的，在不断深化合作中逐步建立了一套契约性制度约束。如欧盟就有一套比较完整的契约性制度约束，而东亚经济合作就还比较松散，但也会逐步建立一套契约性制度约束。这种松散性区域化组织与契约性制度约束相结合，使区域内达成协议的速度一般较快。在双边区域经贸安排中，除免除进出口关税和放宽双方的投资限制外，还包括在服务、科技、广播、旅游等多个行业及人才交流上进行密切合作。目前，开放性区域经济合作的主要形式是自由贸易区。据 WTO 统计，截至 2002 年 3 月 1 日，正在实施的区域贸易一体化中，绝大多数是自由贸易协议，占所有区域贸易安排的 72%，共有 175 个。关税同盟 22 个，占 9%。服务贸易协议及部分授权条款实施的区域贸易一体化共 46 个，占总区域贸易一体化的 19%。区域经济合作所涉及的领域不断扩大，已从 GATT 时期货物贸易向服务贸易领域扩展。在 WTO 成员间的区域贸易一体化中，截至 2002 年 7 月 1 日，包含服务贸易安排的达到 21 件，占区域贸易一体化总数的 12.2%，并且这一趋势将随着服务经济的发展和服务贸易规模的不断扩大而进一步发展。

4. 多样性与多层次性相结合。

开放性区域经济合作的内容是多样的，既有各种区域性组织、政府有关机构和其他非政府组织提供的贷款、赠款、出口信贷、人员的培训和交往，也有为有关机构和企业发展提供的各种援助和资助等，包括这些机构资助的国际交流项目。合作的领域是全方位的，既包括社会发展、能源建设、环境保护、人力资源开发、投资、金融和经贸合作等领域，也包括工商、企业领导人的交流与培训等方面，同时还包括科技发展、文化信息交流、技术合作与转让，尤其是在信息技术和电子商务等方面的技术合作，也是合作的重要领域。在加强中小企业、配套工业和服务贸易业等方面，以及在重大科研领域，如信息、生物技术、医疗卫生、新材料、新能源、环保技术等领域优先开展国际合作。开放性区域经济合作的方式是多层次的，既可以是由两个或两个以上的国家、地区或单独关税区之间的合作，也可以是国内城市之间或国内城市与国外城市之间的合作；既可以是区域组织内部官方或民间的友好往来，也可以是区域内的政府部门和非政府组织的合作。同时，这种区域经贸安排灵活多样，在与一国或地区签订双边自由贸易协定的同时，还可以与第三国或地区就同样内容或相似内容进行谈判与商签。内容的多样性与方式的多层次紧密结合推动了区域经济合作的进一步发展，尤其是大国的参与，在全球范围内产生了一种"多米诺效应"。

（本文原载于《亚太经济》2004 年第 3 期）

从行政区经济向经济区经济转化：
我国区域经济快速发展的必然选择

在全球化时代，一国的经济现代化过程在某种程度上说就是其国际化进程和融入全球化的进程，自然而然地需要与众多国家和地区发生多种形式的联系，灵活多样的区域经济合作便是这种联系中的一种现实选择。自20世纪90年代以来，国际关系进一步错综复杂，双边关系及多边经贸关系发展中均存在许多不确定的因素，动态变化的政治关系会产生许多不稳定的外部环境，需要通过一定范围内的区域经济合作，以此巩固政治与外交关系，减少冲突摩擦，缓和各国家和地区间紧张的经贸关系，所以，多增加一个区域层次的对话与合作平台，就会增加更多的选择，无疑对参与区域经济合作的国家和地区都是有益的。在这一背景下，中国不仅积极参与经济全球化和国际区域经济合作，努力发挥自己的作用，而且在国内也十分重视扶持区域经济发展，从而推动了我国区域经济合作的快速发展，并给出重要的启示：区域经济应从行政区经济向经济区经济转变。

20世纪90年代以来，按照统筹规划、合理分工、优势互补、协调发展、利益兼顾、共同富裕的原则，我国逐步实现生产力的合理布局。通过调整，合理的地区分工格局正在构建之中，以中心城市和交通要道为依托，在中国逐步形成了多个跨省区市的各具特色的经济区域。2003年，国务院发展研究中心完成的《中国（大陆）区域社会经济发展特征分析》报告提出划分八大社会经济区域：东北、北部沿海、东部沿海、南部沿海、黄河中游、长江中游、西南和大西北。2004年，中国社会科学院的《中国城市竞争力报告NO.2》提出，目前已经或正在形成九大经济区域：华南地区，包括香港、澳门、广东、海南、广西、湖南南部和江西西部；长江下游地区，以上海、南京、杭州等城市为中心，包括上海、江苏、浙江、安徽和江西的部分地区；华北地区，以北京、天津为中心，包括北京、天津、河北、山西及内蒙古的中西部；东北地区，以沈阳、大连、哈尔滨、长春为中心，包括黑龙江、吉林、辽宁和内蒙古的呼伦贝尔、通辽、兴安、赤峰等四盟（市）；黄河中下游地区，以济南、青岛为中心，包括山东以及河南、河北、山西部分地区；中南地区，以武汉为中心，包括湖北、湖南、河南南部、陕西南部和江西部分地区；西南地区，以重庆、成都为中心，包括四川、重庆、贵州、云南；西北地区，以西安、兰州为中心，包括陕西、甘肃、宁夏、青海；闽台地区，主要包括中国台湾省和福建省。这些划分，自然有其合理的地方。但笔者认为，比较成熟的主要有七个经济区：珠江三角洲（以广州、深圳和珠海为中心）、长江三角洲（以上海为中心）、环渤海经济区（以北京、天津为中心）、海峡经济区（包括海峡西岸经济区和海峡东岸经济区，以福州、厦门、台北、高雄为中心）、西南经济区（以成都、重庆、昆明、南宁为中心）、东北经济区（以沈阳、长春、哈尔滨为中心）、西北经济区（以西安、兰州为中心）。区域经济一体化趋势开始显现。其中影响最广泛、发展最快的是珠江三角洲、长江三角洲、海峡西岸经济区连接成的东南沿海经济带。这是当今中国最有希望的经济带。

美国著名经济学家保罗·克鲁明认为：在国与国之间，区域与区域之间，城市与城市之间，任何时候都存在互相竞争。生产要素的流动，只会流向有规模经济、有优势产业群和有充足劳动力的地域。我国东部沿海地区得对外开放之先，抓住了国际经济结构调整和跨国产业转移的机遇，依靠自身较好的经济基础、优越的地理位置和一些特殊措施，大力发展对外加工贸易，积极吸收外商投资，促进了经济发展和社会进步。我国区域经济合作的快速发展，特别是东南沿海经济带三大区域快速发展表明：谋求区域经济协调发展、合作共赢的热潮越来越高涨，区域间的经济合作已成为一大趋势。在这一大趋势中，逐步显现出一条规律：区域经济的发展，必须实现从行政区经济向经济区经济转变。

20世纪50年代中国就提出"六大经济区"的概念，在80年代也曾划分过经济区。但由于我国的管理体制是以省（市、区）为基本单位的，经济区大多跨省（市、区），因此这个思路很难贯彻下去。之后，国家改从产业方面制订发展计划，这条道路应该说是正确的。但目前我国的基本行政区划单位仍然是省，在跨省的协调机构缺失的情况下，区域经济的发展实际上还面临着和从前同样的行政分割的问题。地区间的疆界仍然无法逾越。行政区划界线不仅造成了"地方保护主义""诸侯经济"，造成了不同地区之间，包括省、市、区之间，地、市、州之间，甚至县与县之间，常常是"鸡犬之声相闻，老死不相往来"，而且，各个地方都力求形成"门类齐全"的独立体系，地方政府为了追求 GDP 而大搞建设，产业同构现象比较突出。这就难以实现在市场经济条件下地区间资源的有效配置，形成优势互补、协调发展。

因而，目前我国经济区经济主要还是行政区经济，行政区与经济区之间的各种矛盾，使区域内统一的共同市场难以形成，最终导致这个区域的经济增长的成本加大，增长速度放缓，严重地阻碍了经济区的进一步发展。在经济全球化和区域经济一体化的新阶段，这种以行政区划捆死各地手脚、阻碍地区间协调发展的格局，再也不能继续下去了，必须打破行政区障碍，实现从行政区经济向经济区经济的转变，才能整合经济区内的各种资源，使经济区在全球区域经济竞争中发展成为辐射力更强大的经济圈，成为世界最具活力的经济区域，从而提高整个区域乃至整个国家的竞争力。

在市场经济条件下，对资源配置起基础性作用的不是行政手段，而是市场导向。生产要素的流向，不是行政区划所能约束和改变的。我们不是不要行政区划，而是不要划地为牢，互相封锁。在经济活动中，应该按照市场经济的规律，弱化"行政区概念"，强化"经济区概念"，打破地域界限，扫清体制障碍，完善各项服务体系，以开阔的视野、开放的胸襟，探索优势互补、利益共享、多边联动的协作机制，实现人流、物流、资金流的畅通，提升整体经济发展水平。

当前，中国的区域经济发展战略，已开始出现从行政区经济向经济区经济的重大转折。区域规划将成为国家"十一五"计划的重点。我国区域合作发展很不平衡，国家对区域协作的调控尚无有效经验，关于区域经济怎么做并没有一个成形的理论和方法。为此，可考虑先选择发展态势比较好的经济区作为区域经济规划的试点，等有了成熟的经验后再在全国范围内推广。从总体上说，经济区加强了各省、各地区的经济联系，不应该过分强调行政区划。行政区是相对固定的，而经济区可以是交错的。比如，福建省被包括在"9+2"的泛珠三角区域内，但它同时也可以而且应当加强与长三角及海峡东岸经济区的联动，通过接受各地的辐射加快自身的发展。

当然，从行政区经济向经济区经济转变，也不是一朝一夕的事，有一个转换的过程，需要解决许多事情。就目前而言，具体应从以下几个方面加以考虑。

1. 区域经济合作必须突破行政障碍。

区域经济合作的目标是消除区域间的各种障碍，构造实现区域经济共同发展的市场基础，并在市场规则上尽快与国际接轨，努力营造开放、规范的市场环境，为市场机制充分发挥作用创造基础条件。但是，从目前看，行政壁垒仍是区域经济一体化最大的障碍之一，不同行政主体的政策和制度之间往往存在冲突和矛盾，这就大大提高了交易成本，制约区域经济合作的发展，更不利于全国整体利益的最大化。因此，突破行政障碍，逐步消除市场分割、地方保护、政策税赋优惠攀比等阻碍经济资源自由流动和跨区域合作的问题，是"入世"后的大势所趋。为此，一要打破现有的以行政区划为主导模式下的区域功能分工，超越行政区划的界限对经济区的功能进行整体规划，统筹安排，从城市群和经济区的发展着眼，从整体上考虑全区域的发展问题。同时，对经济运行效果的度量和考虑也应当更多地突破行政区划的界限，应当引入全区域效益最大化的概念。二要通过区域内部的统一协调，打破在资金、人才、技术、资产重组、人口和产品流动方面的各种障碍，确保形成区域内部的统一大市场，实现区域内部的市场开放和要素的自由流动，促进区内及与区外之间的交流合作，形成竞争、有序、统一、开放和面向世界的开放型经济合作区。三要共同构建经济带产业发展和布局及环境保护方面的整体框架，在各地区之间进行合理分工，避免不必要的重复建设。四要进一步加强对沟通区域间联系的网络型基础设施，包括交通、电力和通信等的规划与建设，并统一协调基础设施建设和环境保护，对重大资源开发项目和基础设施建设进行区域协调和配合，使经济区形成各具特色、协调发展的整体优势。那么，区域经济合作能否做到这些呢？完全可以。因为，随着政治体制改革、政府职能转变，必将为区域经济发展突破体制障碍提供有利的条件。首先，在国有经济改革过程中，大量国有企业已经完成或正在面临改制，从而转变成真正的市场主体，由此，市场机制更多地代替行政作用决定企业行为，区域经济发展中体制障碍赖以发挥作用的微观基础逐步消解。其次，大批外国公司的进入，其投资决策必然具有区域乃至全国性的战略考虑，从而不仅对区域经济发展提出体制与政策要求，而且也对国内企业作为市场主体实施投资经营产生示范效应，这就必然要求突破行政障碍，推动区域经济的发展。再次，民营经济发展壮大，已具备一定规模，其进一步的发展必将以获取更大的市场和资源空间为前提，而民营经济的发展又是以市场为活动舞台，这也必然要求突破行政障碍。最后，中国加入世界贸易组织本身，就是对建立统一、开放的市场体系的庄严承诺。

2. 区域经济合作必须实行产业分工协作。

在经济全球化背景下，新一轮国际产业分工为发展中国家的经济发展提供了难得的机遇，而这个分工和产业转移过程是以区域性要素资源的竞争优势为依据展开的。对于区域内各地而言，机会转瞬即逝，只有在竞争的同时加强区域经济主体联动发展的自觉意识，加快区域经济联动发展的实质推进，将区域内各种要素、资源整合而成为区域竞争优势，才能更好地承接国际产业转移，把握未来发展的先机。但从目前看，各经济区内产业分工协作还有很大差距，突出表现在：一是各地区之间生产力布局重复、产业结构雷同现象较为突出。在价高利大的产业领域特别是在港口、机场等基础设施领域尤甚。如珠三角已有 5 个机场，长三角竞相建港口，海峡西岸经济区的机场、港口资源利用也不协调。二是在开放引资上竞相出台优惠政策，在外贸出口上竞相压价，导致过度或恶性竞争；甚至经济区内的区际联系还要小于与国际的联系，由此损害了区域整体利益。为此，应当采取如下措施加强区域内产业整合：一要根据各个经济区的资源条件和工业化水平，遵循市场规律，通过制定一些共同的政策，鼓励、引导要素流动和经济区内的产业分工，促进经济区内产业结构调整和生产力布局的合理化，建立合理的产业结构体系。二要以区域高速公路等快速干道建设为契机，加快城市通道的配套与衔接，共同完善交通、物流网络。其中关键是完善区域内高速公路、轨道交通、内河航运、机场、港口为主的交通网布局，推进城市之间的快速干道建设。消除信息封锁现象，强调信息公开、透明，强化信息资源互通共享。各地的商情和公共信息都应做到公开、透明，这既有利于共同市场形成，又能有效降低社会交易成本，提高整个区域的综合竞争力。三要协同整合产业优势，培育若干具备国际竞争力的产业集群，构建合理分工和梯度互补的产业体系。各地区不宜强调在自身行政区划内培育和形成主导产业、支柱产业，以避免重复建设和产业结构雷同现象，要充分发挥自身优势，在区域性的产业体系中寻找自己的位置，形成具有比较优势的产业结构。与此同时，各地区要着力于发展特色产品，提高某些重要的优势产业的竞争力。

3. 区域经济合作必须以中心城市合作为核心。

区域经济一体化和中心城市领头，是当今经济发展的两大特征。现代经济就是城市经济，绝大部分经济活动主要集中在城市，尤其是中心城市。中心城市是区域发展的核心，在区域发展中具有举足轻重的地位和作用。从全球的大背景来看，核心都市及其连绵带的发展是一大趋势。21世纪国际竞争的基本单位既不是企业也不是国家，而是大城市圈。只有大城市甚至大都市圈才能具备与世界进行分工交流所需要的完善的基础设施；才能有足够的产业集聚和经济规模参与全球性的城市间竞争。为此，我国区域经济从行政区经济向经济区经济转变，必须以中心城市合作为核心。一方面，政府必须把推进城市群发展作为一种城市化模式，目的是通过多个城市的经济一体化提高经济效益。中央和地方政府需要制定必要的政策和建立城市群计划框架，提供基础设施，提升生活质量，从而增强区域的整体竞争力，吸引投资和促进经济增长。另一方面，必须花大力气夯实城市基础产业，不断为中心城市强筋壮骨，建设以道路交通为重点的城市基础设施，同时，紧紧抓住结构调整主线，加快建设具有战略意义的基础产业，精心打造生产力骨干项目，使大都市的腰身更加粗壮。中心城市基础产业牢固、核心竞争力加强后，就能形成高聚集的强"磁力场"。

4. 区域经济合作必须创造新的制度优势。

改革开放以来，我国东南沿海区域经济的发展走的是内生性制度创新的变革道路，无论是江苏的集体经济，还是广东、浙江、福建的民营经济，都是在计划经济体制内发生的企业产权制度创新，这种创新创造了体制优势，推动了区域社会经济快速发展。然而，经过新一轮发展，原有的制度创新优势已经基本消失，必须创造新的制度优势，通过要素配置方式的变革，创造与形成要素优势，形成区域经济发展新阶段的着力点和推动区域内经济快速发展的动力机制。为此，在区域经济合作的发展中，一要在制度改革、政策协调方面，加强相互协调，实现区域制度架构的融合；二要在市场规则上尽快与国际接轨，努力营造开放、规范的市场环境，为市场机制充分发挥作用创造基础条件。

5. 区域经济合作必须坚持科学发展观。

区域经济合作要在发展中实现速度和结构、质量、效益相统一，经济发展和人口、资源、环境相协调。目前，在区域经济发展中仍然存在片面追求速度和数量的倾向，存在单纯以经济收入或经济增长衡量发展水平及经济与政治文化不相协调的问题。这不利于区域经济合作的可持续发展，不符合科学发展观。为此，在区域经济合作中，一要将速度与效益、数量与质量有机地统一起来，实现经济增长方式的转变，走内涵式发展道路。尽管我国有一部分地区已经比较发达，但总体生产力水平还比较落后，实现工业化和现代化还有很长的路要走，又面临发达国家在经济、科技等方面占优势的压力。在这种情况下，尽快赶上发达国家的水平，必须保持一个较快的发展速度。但这种发展速度必须以经济效益的增长为前提，让人民群众真正感受到发展的实际成效，得到实际的利益。二要做到经济与社会、城市与农村、经济与政治文化协调发展。各个地区由于起点不一样、条件不一样，发展很不平衡。要统筹推进各项改革，努力实现宏观经济改革和微观经济改革相协调，经济领域改革和社会领域改革相协调，城市改革和农村改革相协调，经济体制改革和政治体制改革相协调。尽快扭转地区之间、城乡之间、经济与社会之间等方面发展差距过大的状况，形成社会生活各方面协调发展的新局面。三要把控制人口、节约资源、保护环境放到重要位置，使人口增长与社会生产力的发展相适应，使经济建设与资源、环境相协调，实现良性循环，努力形成人与自然和谐发展的良好局面。

6. 区域经济合作必须实现东部与西部协调发展。

我国东部地区的区域经济合作之所以会发展得比较快，如果归结为一点就是得益于对外开放。我国东部地区的经济是一种"开放经济内生增长"型的区域经济，即主要通过增加吸收外资和对外贸易来加速技术进步、刺激产业发展、促进经济持续增长。从区域经济合作的角度看，西部地区应采取的发展战略，是"开放经济外生增长"。西部地区吸收外资和民营经济的发展环境都不如东部，靠内生增长比较缓慢，只能加强与发达地区及国家的合作，通过引进资本和技术来刺激本地经济的发展。因而，西部与东部合作的重点是实行全方位的开放政策，采取各种积极措施吸引东部发达地区和外国公司到西部投资，促进技术和资金的流入，在日益激烈的国际竞争中与东部缩小差距。具体措施如下：一要从加速技术输入、消化吸收、内部扩散、知识累积、转化创新的能力培养出发，加大力度，推进全面开放的步伐；二要培育良好的市场环境，增强本地区的投资、贸易吸引力，这样才有可能吸引先进技术。只有采取这样的发展战略，与东部形成优势互补，才能推动东部与西部在区域经济合作中协调发展。

（本文原载于《经济问题》2005 年第 2 期）

中国区域经济发展新的亮点

　　经济全球化和区域经济一体化，已成为世界经济发展的两大潮流。中国积极融入经济全球化和区域经济一体化，取得了举世瞩目的快速发展。中国经济是世界经济的亮点。而在中国经济的星空中，区域经济亮点频闪。目前，东部地区已经形成珠三角、长三角、京津唐三大经济增长极，并加速进行产业资本的争夺。那么，被夹在珠三角、长三角中间的福建如何定位，如何扩展空间？2004年初，福建省委、省政府提出建设海峡西岸经济区的战略构想。这是对近年来福建发展战略进一步的拓展，是福建融入经济全球化和区域经济一体化的重大决策，也是福建贯彻落实科学发展观的重要举措。

　　海峡西岸经济区在内涵上具有5个特征：一是以对外开放、协调发展、全面繁荣为目标；二是以外向型经济为主要特征；三是以构筑东南沿海制造业基地为核心；四是以区域中心城市带动周边中小城镇共同发展；五是以区位优势造就海峡西岸全面繁荣为契机，进一步推动两岸间的经济融合及一体化进程。这是具有特色的经济区。它的发展将使中国区域经济出现新的亮点。

　　亮点之一：壮大区域经济总量

　　我国区域经济发展到今天，经济布局发生了很大变化，区域间你中有我，我中有你，出现了共生共荣的现象。因此，亟待有一系列的理念转换、体制变迁、对策措施和规划指导，以资源整合来提高城市与区域经济的联动发展。过去，福建发展思路虽然比较清晰，但更多地局限于省内，没有把福建放到世界区域经济一体化大趋势中去认识，没有把福建放到沿海区域经济一体化大趋势中去认识，没有把福建放到周边地区的分工协作，与长三角、珠三角优势互补的区域经济协调中去认识。福建这次重新审视自身战略定位，体现了对全国发展大局的科学判断和在全国区域经济格局中的科学定位。海峡西岸经济区建设，是把福建放在更高层次、更大范围的发展平台和发展空间上进行战略考量，去审视自己的发展方向和发展政策；让福建全方位地融入国内外区域经济一体化的进程，致力走省际区域对接和区域整合为内容的经济区战略崛起的发展道路，以期在21世纪前20年的战略机遇期中充分发挥比较优势。准确的定位，正确的思路，必然带来经济的快速发展和经济总量的壮大。

海峡西岸经济区是以福建为主体涵盖着浙江、广东、江西三省的部分地区，人口有6 000万～8 000万人，预计到2007年，经济区规模将超过10 000亿元。再进一步看，海峡西岸经济区的建设，通过整合、协调和优化长三角、珠三角和台湾的经济资源，必将产生1＋3＞4的经济效应，加速这一地区的经济发展，可使其经济总量提前赶超日本。

亮点之二：形成对外交通枢纽

世界历史正在进入一个崭新的转折时期。从20世纪90年代开始，亚太地区经济发展欣欣向荣，充满生气，实际上成了新的世界经济发展中心。而海峡西岸经济区和台湾正处于东亚经济走廊的中心地区。在海峡西岸经济区内，福建的深水港资源在全国首屈一指，海岸线长度居全国第二，分布着众多自然条件优越、历史悠久的海港。厦门、福州两港是我国重要的主枢纽港，国际集装箱吞吐量分别居全国第七位和第十位。目前已经建成或即将建设的京福、龙（岩）长（汀）、宁（德）邵（武）、三（明）泉（州）等高速公路网及温福铁路、福厦铁路、漳汕铁路、龙赣铁路、横南铁路、梅坎铁路等铁路网，使海峡西岸经济区必将形成以港口为起点，以公路、铁路为通道，连接两个三角洲，并辐射江西、湖南等内陆省份的现代交通网络，从而使海峡西岸经济区和台湾西岸的高雄港、基隆港等共同构成中国通向西太平洋和世界各地的主要通道和枢纽。

亮点之三：整合沿海优势资源

区域经济一体化的内核是经济的互补与协作，表现形态上则是一种全方位的开放和互动相统一的进程。改革开放以来，我国沿海经济迅速发展，在区域经济一体化的推动下，已经形成长三角、珠三角、京津唐等三大经济增长极。在两大三角洲之间的福建和浙南、粤东则成了沿海经济链的一个断裂带。从区位地理看，这一地区是连接两大三角洲的咽喉，经济上对两大三角洲形成优势互补。建设海峡西岸经济区，就是要进一步整合福建、浙南、赣南和粤东等地区的资源优势、产业体系，构筑经济发展的良好平台，使之成为能和京津唐、长三角、珠三角一样重要的经济区，使我国沿海地区形成一条完整的区域经济一体化链条。在此基础上，把以中心城市为支点、以福建为主体的海峡西岸地区整合成为统一的区域竞争单元，着力推进相互间的产业对接、基础设施对接，着力提升与台港澳的合作水平，必将使福建成为海峡两岸与香港、澳门经贸合作、科技文化交流的重要地区，进而推动我国东部沿海繁荣区域的整体联动，实现在东部加快发展的基础上积累更多的人力、物力、财力，辐射带动中西部发展，更加有力地推动中国经济持续、快速、健康发展。

亮点之四：构建两岸交流平台

海峡西岸是相对于东岸而言的，海峡西岸的特殊区位，赋予福建在特殊的历史时期中的特殊职能和责任，也同样给予福建以特殊机遇。对于推动两岸经济的互动，无论从地缘、血缘，还是文化来说，海峡西岸经济区都具有其他区域无可替代的区位优势。海峡两岸资源禀赋存在差异，两岸经济有较强的互补性。海峡东岸经济发展水平较高，资本积累较多，科技产业基础较好，市场营销及管理经验较丰富，但市场狭小、资源有限、劳动力成本高，产业结构调整迫切需要将一些已经或正在失去比较优势的产业转移出岛，以寻求与西岸廉价劳动力资源优势相结合，继续保持生产成本的竞争优势；而海峡西岸资源相对丰富，劳动力充足，市场空间较大，但资金不足，技术和管理水平相对落后，在未来发展中，需要大量资金、技术和管理注入，需要新的产业进入，以产生比较利益优势，形成强大的生产竞争力。建设海峡西岸经济区，无论从经济整合还是从祖国统一来说，其意义都是不可估量的。目前，福建及其周边地区的基础设施还不适应两岸经济合作交流的需要，经济发展水平与台湾还有相当的差距，承接台湾产业转移的能力还不能充分发挥出来。为此，需要通过进一步加强基础设施建设，采取更加灵活的政策，发挥海峡西岸在资源、市场、劳动力、科研上的有利条件，结合台湾在产业、技术、资金、管理和国际营销网络上的优势，互动互利。这样必将提升两岸经济合作与交流的水平和层次，缩小海峡两岸的经济发展差距，促进两岸经济和文化的进一步融合，最终成为实现两岸经济一体化、遏制"台独"势力的对台工作先行区，促进祖国和平统一进程。繁荣的海峡西岸经济区必将对近在咫尺的海峡东岸经济资源产生强吸附作用，从而会使闽台经贸在台湾与祖国大陆经贸中的地位得到恢复性巩固，其份额增量将对海峡两岸的经贸关系做出积极贡献。

区域经济一体化的本质就是一种全方位的开放和互补相统一的进程，从而最大限度地发挥经济发展的创新动力和互补动力这两大基本动力的推动作用。目前，福建已进入新一轮经济发展的良性周期，正全面激活新一轮海陆空交通大网络建设，特别是港口的建设，其力度之大、投资之巨、成效之快，为历史上所罕见。同时，正着力构建产业发展、基础设施、城镇建设、社会事业、对外开放、区域协作、生态环境、防灾减灾及和谐社会等九大支撑体系；正自觉地将自身全方位融入国内外区域一体化中，把区域一体化作为经济增长的推动力，并把海峡西岸经济区的崛起作为促进国内区域经济一体化的一部分，作为促进祖国统一大业的一部分。毫无疑问，海峡西岸经济区的崛起，是大势所趋，必将成为中国区域经济发展新的亮点。

（本文原载于《领导文萃》2005 年第 6 期）

区域经济联盟的战略基地：
我国经济特区发展的新路径

当今世界经济发展的潮流是全球化和区域经济一体化。许多国家都希望通过参与国际区域的合作来消除全球化带来的负面影响，来增强本民族或者地区经济抵御全球化浪潮的能力。中国也不例外。在这一历史背景下，特区应该在区域经济一体化中扮演特殊角色。我国经济特区发展的新路径应当是：区域经济联盟的战略基地。

一

从区域发展来说，中国的特区与相关区域存在着多方位密切联系，具有地区之间资源组合和优化配置的问题。特区的发展绝不是孤立的，一定要将它置身于全国甚至是全球这个大环境中加以考察和安排。特区要继续"特"下去，既要充分发挥"内力"的作用，也要借助来自区域合作"外力"的作用，成为区域经济联盟的战略基地，由此获取"双赢"和"多赢"，为特区的改革创新提供厚实的基础和拓展更大的空间。

1. 从国家发展战略角度看。经济特区应融入区域经济一体化并成为战略基地。我国加入 WTO 后，与世界经济的联系更加紧密，积极应对全球性区域经济合作的发展潮流，将是我国进一步扩大对外开放，在更大范围、更广领域和更高层次上参与国际经济技术合作与竞争的一项重要任务。未来 20 年，中国经济增长的战略平台，必须注入全新的动力源。我国的经济特区作为对外开放的"窗口"，毫无疑问应当在区域经济合作的发展潮流中走在前面，成为战略基地。

2. 从经济特区自身发展角度看。经济特区只有积极融入区域经济联盟并成为战略基地，才能获得新的发展。经济特区要继续走在全国前列，最关键、最重要的在于创新。要把创新作为新的历史条件下经济特区发展的生命线和灵魂。那么，创新的突破在哪里？在于不断丰富对外开放的形式和内容，全面提高对外开放的质量和水平，更好利用国内外两种市场、两种资源。要做到这一点，最有效、最直接的办法就是融入区域经济联盟，并成为战略基地。这样才有可能取得新的发展机遇。一是能更广泛地参与国际分工；二是能更好吸引跨国公司投资，促进经济特区公司跨国化；三是能更好利用金融市场，为发展吸引资本。

二

经济特区只有融入区域经济联盟，才能在塑造金融市场方面有新的突破性的进展，建立起与市场经济体制相适应的金融市场并实现国际化，从而实现经济特区与国际金融体系相接。中国经济特区融入区域经济联盟并成为战略基地，不仅是必要的而且具有相当的基础和比较充分的条件。

1. 从大的环境看。中国五个经济特区所在的"泛珠三角"，无论与内地其他省区还是与周边的国家和地区相比都有其独特形式。

（1）五个经济特区所在的"泛珠三角"是一个极具活力的地区，"泛珠三角"具有向心力，使周边省区愿意接受其辐射。同时，"泛珠三角"服务业比较优势明显，具有强大的辐射和拉动功能。包括五个经济特区在内的"泛珠三角"有着强烈的对内对外的融入区域经济联盟的要求。

（2）东盟自由贸易区、与港澳签订CEPA为"泛珠三角"与周边地区建立区域经济联盟提供了新的契机。《中国与东盟全面经济合作框架协议》的签订给"泛珠三角"提供了政策上的充分的想象空间，是"泛珠三角"经济圈发展的新的驱动力。与港澳签订CEPA后，粤港澳大珠三角地区作为外向依存度最高的一个地区，作为融入东盟贸易区的桥头堡，可能再次优先获得各种发展机遇。同时，随着中国—东盟自由贸易区的建设，将带动整个中国大西南的发展。因而，"泛珠三角"是与周边地区建立区域经济联盟的最佳地带。

（3）五个经济特区在中华经济区中发挥着重要作用。中华经济是指中国大陆与港、澳、台所构成的经济协作体系，这个体系是开放型的。当前中国的深圳、珠海、汕头、厦门及海南5个经济特区都处在中华经济协作系统很重要的位置上，因为它们与港、澳、台相邻或相近，具有其他地区无法替代的独特优势。在前十几年改革开放过程中，这5个特区与港、澳、台的经济交往有很大的发展，为今后进一步合作奠定了基础。目前，深圳经济特区和珠海经济特区在内地与港澳之间起着连接作用。厦门经济特区则在海峡两岸的经济合作与交往中发挥着重要作用。

2. 从经济特区的具体情况看。五个经济特区都具有作为战略基地的基础条件。

（1）经济实力强大，产业基础坚实，拥有门类齐全、实力雄厚的区域性工业体系，拥有我国沿海重要的港口群，堪称承接全球产业大转移的最佳平台。为营建具有世界水准的新特区，各个经济特区各显神通，制定了各具特色的发展规划，并通过不懈的努力使设想陆续变成现实。特区在城市基础设施、生态环境、投资环境、治安状况、居民的文明程度等方面，都取得了很大成就；而且每一个特区都拥有重要的对外港口。一个外向型、多功能、现代化新区的框架已经形成。

（2）经济特区对外开放水平相对比较高。经济特区围绕经济结构调整的总体战略，突出引进跨国公司和高新技术项目；加强外商投资企业成立后的管理和服务，使招商引资不但引得进、批得快，而且管得好、留得住、长得旺。在实施"走出去"战略方面，特区积极参与国际竞争和合作。在扩大对外开放的同时，进一步强化同内地的经济合作，尽可能地支持欠发达地区的发展。

（3）经济特区利用各自优势加速经济发展。CEPA加速深港、珠澳城市一体化，催生连接港澳粤和滇黔桂的珠江经济带，使之成为我国又一个增长最快的经济主轴。汕头利用毗邻港澳台的区位优势及政策、土地、劳动力优势，积极引导海外侨胞由"捐资型"投资向"产业型"投资发展，从引进中小规模资本为主逐步转向引进大财团、大资本。厦门特区的外商投资遍布电子、电器设备、机械、精细化工、金融等领域。海南经济特区从自身的优势和特点出发，在全国率先提出了建设生态省的构想，并把建设环岛千里绿色长廊作为生态省建设的一个重点。

三

经济特区作为区域经济联盟基地的构想是："融入两区，参与联盟，成为基地，进而融入国际经济体系。"具体说，就是融入海峡经济区和东盟"10＋1"自由贸易区，积极参与联盟，成为这两个区域联盟的基地，进而融入国际经济体系。

从战略角度来看，中国未来可能形成三个世界级区域经济区："泛珠三角"经济区、"泛长三角"经济区、"环渤海湾"经济区。其中"泛珠三角"实力最强。最具备率先构建世界级经济圈的可能和条件。"泛珠三角"经济区未来发展的总体定位是：亚洲经济联盟的先行区和核心区、世界级区域经济区。五个经济特区应成为亚洲经济联盟先行区和核心区中的先行区和核心区，即成为经济联盟的战略基地。具体可以从两个层面考虑：

1. 海峡经济区的战略基地。

海峡经济区是以台湾海峡为纽带，以海峡两岸经济互补性、地缘临近性及文化同源性为背景，以两岸经济功能性一体化发展为基础，两岸经济机制性一体化为共同愿景的经济区域。根据两岸经贸交流的时空分布特点，海峡经济区存在大、中、小"三层重叠"的"扇形"空间结构。一是从小层面看：福建与台湾构成核心区。二是从中层面看：东南沿海地区与台湾构成致密区。三是从大层面看：祖国大陆与台湾构成扩展区。无论是从中、小层面还是从大层面看，无论是从目前的经济合作还是从将来祖国统一来看，台湾地区都是"泛珠三角"经济发展的主要合作者。与港澳签订 CEPA，这是一种进行域联盟的战略性大动作，在未来，海峡两岸与香港、澳门将围绕 CEPA 互动，经济特区是互动中核心地带。应当成为海峡经济区这个经济联盟的战略基地。特别是厦门、汕头经济特区经过努力能够促进台湾与祖国大陆的经济联系，在两岸经济协作中发挥桥梁作用。

（1）厦门应作为两岸交流基地。厦门面对台湾，厦台间有着史源久、地缘近、血缘亲、语缘同的特殊关系。更为重要的是，厦门在交通运输方面已经形成海、陆、空立体交通网络。厦门港在"台湾海峡港口群"中的主导地位日益凸显，龙头作用无可争议，厦门的战略地位和区域优势不可替代。两岸关系的任何缓和改善都会给厦门以新的发展机遇，都将大大增强厦门作为两岸交流基地的地位，尤其是在两岸全面"三通"之前，这种优势更有较大的发挥空间。

（2）汕头应成为台商产品远销欧美的快捷运输基地。汕头与台湾高雄港近点直航的距离仅有180海里，汕头也是台胞祖居地之一，两地在方言、民俗等方面具有亲缘性。在发展与台湾的经贸交流方面，汕头具有很强的区位和人文优势。以位于汕头的海门港为例，在当地政府和有关部门的帮助下，当地企业已分别与高雄的渔业公司达成初步合作意向，以海门港的国家一类码头为依托，在远洋捕捞及水产品加工和出口方面进一步开展合作。同时，还可利用汕头在对台方面的区位优势，大力开展物流运送业务，为台商产品远销欧美提供快捷运输路线。

2. 东盟"10＋1"自由贸易区的战略基地。

五个特区在地缘条件上处于东盟"10＋1"和CEPA相关国家和地区相毗邻或通道位置，特别是海南、深圳、珠海特区完全有条件在这些贸易协定的框架下，与东盟建立一种与国内其他地区有所不同的特殊经济关系，进行直接沟通、超前互动、率先启动项目和进行运作枢纽的建设，从而成为中国进行区域性联盟的战略基地。

（1）海南应成为中国与东盟科技合作与交流的重要基地。海南在地理上与东盟10国最接近，联系也很紧密，又是中国改革开放的最前沿。应该在中国与东盟经济技术合作框架中扮演积极的角色，发挥独特的作用。应将海南与东盟的科技合作纳入国家对东盟的合作框架中，在政策、项目、资金等方面给予倾斜，大力扶持海南与内地科研力量强大的地区联手，共同开展与东盟科技合作，实现多赢局面。使海南成为中国与东盟科技合作与交流的重要基地，为中国与东盟的经济技术合作与发展做出独特的贡献。

（2）深圳应成为与东盟加强科技经贸合作的基地。2004年深圳口岸与东盟10国进出口贸易总额达到200亿美元，占中国与东盟贸易总额的1/5。深圳在中国与东盟的区域合作中发挥了独特的积极作用，要进一步保持和促进这一良好发展趋势，在参与国际市场竞争，发展与东盟各国互利双赢的经贸活动中，要继续走在全国前列，取得更大的成绩。深圳可以充分利用特区立法权，率先研究制定有关政策，鼓励、扶持企业"走进东盟"。

（3）珠海在与东盟"10＋1"自由贸易区的合作中，应发展成为一个具有特色的制造业基地。CEPA加速了港珠澳大桥建设，珠海的地位急剧提升，成为中国内地唯一与香港、澳门连在一起的城市。这也意味着珠海从珠三角的交通末端变成了粤港澳合作的前沿。更重要的是，珠海将成为大珠三角连接粤西、华西南地区的"跳板"，从而成为珠三角连接东盟的"跳板"。珠海市在加强珠港澳合作的同时，要进一步加强与东盟的合作，发挥珠海市深水良港、能源充足和腹地广阔等优势，努力发展临港重化工业、设备修造业、能源工业等重型化产业。同时，要充分利用现有基础，在与东盟"10＋1"自由贸易区的合作中，发展成为一个具有特色的制造业基地。

四

经济特区要成为区域经济联盟的基地，最关键的是必须全面提高对外开放的质量和水平。

1. 通过加强区域经济联盟合作提升特区国际化水平，积极抢占经济发展制高点。

现代化、国际化是一个城市发展的本质和价值体现。特区要加速实现现代化、国际化，提高城市的实力、能力、潜力和魅力。要把现代化、国际化作为一把尺子衡量当前工作，努力营造国际化的经济、人文环境，把特区真正变成一个纳五洲商旅、容万国风情的国际化城市。

2. 不断提升参与国际分工与竞争的水平。

经济特区的开放模式，应从发展中国家开放模式，向较发达国家的开放模式转变，即从以招商引资为主的开放模式，向利用核心技术和自有知识产权、实现较高产业等级的跨国经营的模式迈进。充分利用世界经济发展的差异性，不断提升参与国际分工与竞争的水平，从研发—生产—销售等经济发展各个环节，全面开放、逐步推进，形成"你中有我，我中有你"的多层次、交叉开放的格局。

3. 积极推进政府职能转变。

经济特区是对外开放的经济区，市场化程度较高。加快政府职能转变，不仅是特区经济市场化改革的客观要求，也是提高经济特区竞争力的需要。切实转变政府职能，在履行经济调节职能的同时，提高政府履行公共服务和社会管理能力，吸引更多的企业和人才参与经济特区的建设，提升特区竞争力。为此，经济特区政府必须扩大和强化公共服务职能，把主要精力和财力，集中到发展社会事业和扩大公共产品供应上来，切实解决好民生问题。

4. 强化规则意识。

对于经济特区而言，守规则和善于利用规则是十分现实的问题。当然，学好用好世贸规则，并不单是为了减少贸易摩擦，更重要的是利用这些规则，强化我们在开放中更加主动的地位。规则就是生产力，不论是在加入 WTO 后过渡期，还是在推进国际化进程中，谁尊重规则，谁就能获得更强的竞争力。

5. 提供特殊经济政策。

设立经济特区是在特定区域内实施特殊经济管理体制和特殊经济政策，是为许多国家所接受的国际经济惯例。国家要给经济特区提供特殊经济政策，促进经济特区成为区域经济联盟的基地。

（本文原载于《国际贸易问题》2006 年第 3 期）

四、经济运作篇■

适度消费与消费膨胀

一

所谓适度消费是指货币形态的消费要求略大于物质形态的消费品生产。在消费需求和消费品生产之间存在着三种可能：一是消费需求大于消费品生产；二是消费需求等于消费品生产；三是消费需求小于消费品生产。由于消费是生产的终点，同时又是再生产的起点，虽然生产决定消费，但消费对生产具有很大的反作用力。当消费需求小于消费品生产时，消费品生产就可能萎缩。当消费需求等于消费品生产时，消费品生产只能维持简单再生产。只有当消费需求大于消费品生产时，才能对消费品生产产生刺激，保持扩大再生产。我们知道，简单再生产和生产萎缩都不是社会主义再生产所要求的，社会主义再生产是扩大再生产，所以，消费需求应当大于消费品生产。

那么，应当大到什么程度呢？如果货币形态的消费需求较大地超过物质形态的消费品生产，就会出现消费膨胀（货币形态的消费需求滞后于物质形态的消费品生产，就会出现消费不足），因而，消费需求既要大于消费品生产，但又不能大到暴发消费膨胀的程度，只能是"略大于"。这样"略大于"界定的最高限就是暴发消费膨胀的限，最低限就是能够引起扩大再生产的限。根据经验上和数理上的测算：消费供求差率＝$\dfrac{消费供求差额}{\dfrac{（消费供给＋消费需求）}{2}}\times 100\%$；一般以 $-1\% \sim -5\%$（供不应求为负）为宜，即消费需求应超过消费品生产 1%，1% 为下限，但又不能超过 5%，5% 为上限，只有在这样的"度"内，一方面消费品生产能够基本满足消费需求；另一方面，消费需求又能刺激消费品生产的发展并迫使消费品生产结构的调整，这样的消费就是适度消费。

二

根据对适度消费的认识，如何判定目前我国的消费状况呢？

近两三年，我国消费需求增长过快，1985年消费基金增长速度为26.3%，而国民收入的增长速度为12.3%，消费基金增长速度是国民收入增长速度的2倍多，消费需求大于消费品生产已超过5%这一允许的界限，出现了消费膨胀。目前的消费膨胀具有以下一些特点：

1. 局部性。我国目前的消费膨胀并不是全面性的膨胀，只是对部分消费品的需求膨胀，同时伴随着对部分消费品的需求不足。如高档耐用消费品、名优产品和日用小商品供不应求，而电风扇、缝纫机、手表等则供过于求。出现了前一类消费品的需求膨胀，后一类消费品的需求不足。因而，这种消费膨胀是局部性的膨胀，它与消费不足同时并存。

2. 短暂性。目前的消费膨胀不是经济制度本身的痼疾，也不是经济体制改革必然出现的现象。它虽然与两种经济体制的并行和摩擦有关，但更主要的是工作上的某些失误而发生的消费基金增长过猛、消费政策偏差等原因造成的。只要纠正工作上的失误并采取正确的方法加以疏导是可以消除的。

3. 突发性。目前我国的消费膨胀始发于1984年第四季度，在这之前，消费基本上是适度的，从1978年经济体制改革开始到1984年第四季度之间，并没有逐渐的过渡性的膨胀迹象，而是在某一时期突然出现的，膨胀与适度之间的分界点非常清晰，可见它不是渐进性，而是突发性。

4. 表象性。严格地说消费膨胀是人们的绝对生活水平猛烈增长达到了膨胀的程度而引起的。这几年虽然城乡人民的生活水平有很大的提高，但绝对生活水平并不高，仅仅只是从温饱起步向高一层次迈进，特别同世界各国进行横向比较还处于低收入国家之列。因而，虽然货币形态的消费需求较大地超过了物质形态的消费品生产，但其并不是绝对生活水平的猛烈增长引起的，它是由消费基金失控、消费政策偏差等促成的。这种消费膨胀显然带有表象性。

三

消费膨胀推动了总需求进一步膨胀，加剧消费品短缺，是通货膨胀重要的经济根源，必须加以疏导，使其尽快地向适度消费转化。

那么，应当如何疏导消费膨胀，促使它尽快向适度消费转化？

疏导消费膨胀固然应当在消费品生产的供应、流通、交换领域中，发展多种经济形式和多种经营形式，扩大第三产业。但限于目前国力，要想较大幅度地发展消费品生产是困难的。因而，疏导消费膨胀的着重点应放在对消费需求的调节上，由于影响消费需求的制约因素很多，对消费需求的调节，实际上就是对消费需求与内在主要制约因素一系列关系的调节。

1. 消费基金与消费需求关系的调节。消费基金是指用于满足社会和个人的物质和文化生活需要的那部分国民收入。这部分基金越多，用于消费的支付能力就越强。因而，消费基金是消费需求的基础。我们近几年消费膨胀的直接原因就是消费基金的增长速度过猛。在新旧经济体制转换的过程中，由于对消费基金的管理在微观上尚未建立起自我发展、自我约束的机制，造成基金发放失控；在宏观上尚未培育出有效地抑制消费基金膨胀的机制，出现国民收入超分配，引起消费基金增长速度过猛、城乡居民收入迅速增加，致使消费膨胀。因而，疏导消费膨胀，必须加强对消费基金增长的控制，使新增的国民收入中用于消费增长的部分不损害国民经济发展所必需的适当累积，并使职工的货币收入增长速度和实际消费增长速度同社会消费品生产和市场商品可供量的增长速度保持合理的比例，使消费趋于适度。为了做到这一点，国家应从具体工资标准的设计中解脱出来，利用市场机制来抑制工资奖金的过多增长，从而集中精力从事宏观分配政策和工资基金总量的管理。一方面要使分配体制中奖励与约束两个方面对称发展，把国民收入的初次分配同再分配的职能分开；另一方面要改革劳动就业制度，创造条件，加强企业自我约束。

2. 工资政策与消费需求关系的调节。消费政策是指为了引导消费活动而制定的政策，消费政策对消费需求具有指导作用。近几年，我们曾经采取刺激消费的政策，片面鼓励"能挣会花"，推动了消费需求的增长，这也是造成消费膨胀的原因之一。实际上，我们既不能采取刺激消费的政策，也不能采取抑制消费的政策。因为，采取刺激消费的政策必然导致国民收入超分配，引致消费膨胀，这已被实践所验证。而采取抑制消费的政策，在可使用的居民收入中尽可能压缩消费部分以扩大积累部分，把消费的增长速度降低到落后于生产发展速度的程度显然是不利于生产的发展。在过度集中的经济体制下，我国也曾经把每年的国民收入过多地用于积累，严重地抑制了消费基金的增长，压制了劳动者的生产积极性，一定程度上阻碍了生产的发展。正确的消费政策是从我国的国情出发，安排人民的生活，在国民收入分配中有计划、有控制地增长消费基金，使积累基金、消费基金之间，消费基金和国民收入及劳动生产率之间保持适当的比例，使经济改革、经济建设、生活改善趋于同步。

3. 消费观念与消费需求关系的调节。消费观念是指人们进行消费活动的指导思想，它是消费需求的导向仪。我们知道，消费需求是指在消费方面形成的有支付能力的购买力，它包含两个方面的内容：一是消费欲望，二是实现这种欲望的支付能力。有了消费欲望，再有实现这种欲望的支付能力就会形成真实的消费购买力。而消费欲望又是受消费观念支配的，所以，消费观念是消费需求的导向仪。对外开放后，发达国家的消费观念对我国居民产生示范效应。而西方发达国家基本上都实行刺激消费的政策，消费超前的现象十分普遍。这种示范效应所带来的恶果使我国也一定程度地出现了消费超前的现象，导致消费膨胀。

在这种情况下，调节消费观念与消费需求的关系，必须变革消费观念，树立具有我国特色的消费观念，使消费观念的变革成为引导消费需求转向合理的动因。由于长期自然经济的影响，在我国形成了保守封闭的消费观念，人们宁愿把钱存起来，也不愿意消费，这固然包含有艰苦朴素的美德，但如果大家都把钱存起来，势必不利于消费品生产的发展。近年来受西方国家影响，又出现了追求高档化、超前化的高消费观念。根据我国的实际情况，正确的消费观念应当是既要消费又要节约。为此，一方面要通过宣传和示范，既要改变人们封闭落后的消费观念，又要改变盲目地追求和模仿西方发达国家消费行为的高消费观念；另一方面要建立开放的消费体制。保守落后的消费观念是同旧的消费体制密切相关的，要改变旧的消费观念，就必须建立新的开放的消费体制。

4. 消费方式与消费需求关系的调节。消费方式是指人们为了满足消费需求而对消费资料的使用所采取的组织方式和方法。所谓组织方式是指个人消费和社会集团消费，方法是指实现个人消费和社会集团消费所采取的办法。消费方式对消费需求具有直接调控的作用。长期以来，我们排斥价格、利率对消费的调节，对消费实行严格的计划控制，国家对消费和消费基金的管理不但集中控制，而且管得很细，个人消费的欲望受到抑制，消费的灵活选择权和自主决策权被严重侵蚀，个人消费很大程度上依靠计划安排来实现，消费需求被禁锢。经济体制改革后，对消费的控制不再是单一的计划调节，同时引进了市场机制，个人消费的决策权和选择权得到一定程度的保证，依靠市场解决的消费需求比重日益增多。消费方式的改变，使被禁锢的消费得到了伸张，推动了消费需求的增长，触发了消费膨胀。调节消费方式和消费需求的关系，使其趋向适度，必须形成合理的消费方式。这种合理的消费方式应以个人消费为主，社会集团消费为辅。不管是个人消费还是社会集团消费都应以市场调节为主，计划调节为辅，即应当主要依靠市场解决消费需求，计划供应的消费品应当是极少数。

[本文原载于《福建论坛（经济社会版）》1987 年第 11 期]

论实践活动与生产力理论的矛盾和协调

改革开放以来，马克思主义的生产力理论在我国有了很大的发展，并引导着发展生产力的实践活动，推动了我国生产力的发展。但是，发展生产力的实践活动仍然落后于生产力理论，发展生产力的实践活动与生产力理论存在着一系列的矛盾，这些矛盾如果不尽快加以解决，实践与理论大幅度背离，那么生产力理论就难以转化成为生产力物质，生产力标准的讨论也难以转变为推动生产力进一步发展的物质力量。目前，必须尽快加以解决的实践活动与生产力理论的矛盾，主要有以下几个方面：

1. 生产力决定生产关系的理论与实践中过分夸大生产关系变革作用的矛盾。生产力是一切社会发展的最终决定力量，在生产力与生产关系相互作用中，生产力决定生产关系，生产关系只有适应生产力的状况才能促进生产力的发展，这个理论无疑是正确的。但是，在实践中却无视生产力的决定作用，过分强调生产关系对生产力的反作用，甚至把这种反作用夸大到"在一定条件下"可以起"主要的决定作用"。在生产关系上搞主观随意性，脱离了生产力发展的实际情况。直至目前，对改革中出现的新事物，首先总是要讨论一下是姓"社"还是姓"资"，仍然以生产关系作为判断的标准，而不是首先考虑这种新事物是否有利于生产力发展。这样，一方面在理论上承认生产力的决定作用，另一方面在实践中却不断地在改革生产关系上做文章，实践背离了理论，形成尖锐的矛盾。

2. 科学技术是生产力的中心要素的理论与实践中忽视教育、轻视知识的矛盾。十一届三中全会以后，人们对于科学技术是生产力的问题给予了充分的肯定，认识到："现代科学技术是社会生产中最活跃的决定性的因素。随着新的技术革命的蓬勃发展，科学技术日益渗透到社会物质生活和精神生活的各个领域，成为提高劳动生产率的重要的源泉，成为建设现代精神文明的重要的基石。"围绕讨论科学技术是否是生产力的问题，十一届三中全会以后还对科学技术这一生产力的要素有了新的认识。科学技术既是间接的生产力，也可以变为直接的生产力，这是生产力理论的重大发展。既然科学技术是生产力的中心要素，而科学技术发展的重要途径又是教育，科学技术的代表又是知识人才，那么，在实践中就应当重视教育，尊重知识。然而，实践却背离了理论。长期以来，我们忽视教育，轻视知识。教师的教育劳动负担重、负荷大而且收入低，职称、住房难以解决，人才流动困难和劳动竞争机制的缺乏，以及作为改革步骤聘任制实施的扭曲变形，教师的劳动积极性仍没有被充分调动起来。不仅如此，教育结构也比例失调，教育层次级别比例倒挂，教育管理体制僵化，教育进入了困难的谷底，从而妨碍了科学技术的发展。与此同时，脑体倒挂十分严重，知识贬值实质上就是科学技术贬值。我们一方面在理论上承认科学技术是生产力的中心要素；另一方面在实践中又不重视教育，不尊重知识，形成明显的矛盾。

3. 生产力多要素的理论与实践中片面强调"生产工具决定作用"的矛盾。十一届三中全会以后，在发展生产力的认识上，突破了单纯强调生产工具和人是生产力的"二因素"论，开始把社会生产作为生产、交换、分配、消费的整体，作为生产过程和流通过程的统一体来认识，从而看到了生产力极其丰富的内容。不仅生产工具和劳动者是生产要素，而且科学技术、社会组合、信息、管理也是生产力的要素。然而，实践活动却同这种理论上的正确认识相矛盾，片面强调"生产工具的决定作用"，简单地把技术装备的先进程度作为衡量生产力发展的标准，片面突出代表国民经济技术装备力量的重工业的发展，甚至不惜牺牲农业、轻工业的发展，来为加速发展重工业提供巨额资金。为了保证国民经济主要产品产量和产值增长，不求效益，使社会主义经济成为消耗经济。

4. 劳动者在生产力中发挥作用的动力来自物质利益和精神素质的理论与实践中否定物质利益或精神素质的作用的矛盾。劳动者是生产力中的首要因素，如果劳动者的积极性不高，生产力就难以迅速发展。因而，要促进生产力的发展，就必须调动劳动者的积极性。而调动劳动者的积极性，不仅需要遵循物质利益原则，也需要提高劳动者的精神素质。但是，在实践中，长期以来只强调精神作用，否定物质利益原则，在全社会形成了懒惰习气。改革开放以后，开始逐步遵循物质利益原则，从物质利益上保护劳动者的合法利益。国家、集体、个人利益"三兼顾"的原则，按劳分配的原则，从物质上奖励先进鞭策后进的办法，都使劳动者得到实惠，极大地提高了劳动者的积极性。但后来，又过分强调物质利益原则，忽视精神因素的作用，使部分劳动者片面追求物质利益，一旦达不到目的，就丧失了劳动积极性。

5. 自然资源和环境是生产力存在和发展的基础的理论，同实践中浪费资源、牺牲环境，换取暂时经济增长的矛盾。没有特定的自然环境，就没有人类及其物质生产活动，当然就没有生产力。人类—资源—环境是一个整体，良好的生态环境为人类的自由的全面发展提供可靠的自然基础，破坏了资源也就破坏了人类的生活环境，破坏了生产力主体发展的基本条件，当然就破坏了生产力本身。我们对生产力存在基础的理论认识是深刻的。然而，实践活动却背离了关于生产力的这一理论，大量的自然资源被浪费，人们甚至不惜牺牲环境来追求暂时的经济增长速度，造成严重的环境污染，影响了劳动者的身心健康，影响了生产力的正常发展。

6. 空间生产力的合理布局是建立在地域经济非平衡发展的基础上的理论与实践中追求均衡发展的矛盾。由于各区域经济资源优势不同，其生产力布局和产业结构的组合是不一样的，各种产业发展的速度也是不一样的。区域在进行生产力布局时首先应安排"相对成本"低的产品和产业，并通过这种产品和产业带动其他产业的发展，这就可实现全国空间生产力的合理布局。这种非平衡发展理论丰富了生产力理论。但是，在实践中，我们却追求区域间经济发展水平的逐步接近，各省、市不顾不同的地理位置、自然条件、经济实力、科学发展水平和文化传统等特点，竞相实现所谓"门类齐全""独立完整"的工业体系。这种地域经济发展模式不仅加剧了全国总供给与总需求的不平衡，而且形成了地域间的经济壁垒，阻碍了社会主义商品经济的发展。实践活动背离了生产力的理论。

实践活动与生产力理论相矛盾的产生是因为实践活动脱离了生产力理论指引的方向，协调它们的矛盾的根本办法就是纠正实践活动的方向，使实践沿着理论指引的方向进行。为此，在发展生产力的实践活动中，应当协调好以下几个方面的关系。

1. 生产力与生产关系的关系。

当生产关系不适应生产力发展时，就必须变革生产关系，为此，国家应当制定一些政策加以促成，但不能把生产关系的反作用当作生产力变化的唯一动力。生产关系对于生产力发展所起的作用不论多么强大，终不能违背生产关系必须适应生产力状况的规律。生产力发展的根本动力是来自生产力自身的矛盾运动，而生产力的矛盾运动就是生产力系统中各要素之间及各要素内部质的规定性的矛盾与量的比例性的矛盾。因而，在实践中，应当调节生产力内部的各种要素的矛盾，使生产力不断依靠自己增长与更新的能力实现量的增长与质的变革。

2. 生产力与生态环境的关系。

生态环境对人类物质生产具有举足轻重的影响，它是生产力发展的重要的外在因素。促进生产力发展不能破坏生态环境，否则，生产力的发展只能是暂时局部的发展。从长远看，破坏生态环境，就是摧毁生产力。保护生态环境包括两个方面：一是充分利用自然资源。自然资源是生产力发展的基础，充分利用自然资源就是推动生产力的发展，反之，浪费自然资源就破坏生产力。二是保持生态平衡。生态平衡是人类正常发展的基本条件，也是社会生产力正常发展的基本条件，一旦生态失衡，首先受害的就是人类自身，当然也谈不上发展生产力。为此，必须有计划有步骤地利用和开发自然资源，保护生态环境。我国的商品经济是有计划的商品经济，它的发展应当是有序的，不能只强调商品经济而忽视了计划，这个计划首先就表现为对生态环境利用和发展上的计划。

3. 生产力中人与物的关系。

生产力发展依赖于它的各种要素的有机结合、相互作用并发挥整体功能。而生产力内在的各种要素可分为人与物两个方面。生产力是"物的因素与人的因素"的统一，其中人是生产活动的主体，赋予生产力以活力，离开了人，生产力物的因素都将陷于死寂。因而，在发展生产力的实践中，首先应当发挥人的作用，而人的作用发挥应当从两个方面进行，一方面必须考虑物质利益；另一方面必须提高精神素质。两者不可偏废。与此同时，应当同步地替换物的要素，提高物的要素的素质。

4. 生产力发展的速度与效益的关系。

发展生产力不仅要求有一定的速度，而且要有效益。效益不高的高速度，只能造成病态的发展，很可能是社会财富的巨大浪费，实质上是社会生产力的倒退。生产力的发展应当主要表现为生产力的升级换代。第二次世界大战后，发达国家生产力的巨大变化，突出体现在科学技术群的出现和产业结构的合理化上。因而，一方面在发展生产力的实践中要不断地增加投入，增加生产力总量，求取发展的速度。另一方面更要不断优化生产力的内在组织结构，并协调好生产力发展与外在环境的关系，增加生产单位投入的产出量，获取发展的效益。

（本文原载于《生产力研究》1988年第6期）

论对分配秩序紊乱的治理

分配是社会的基本经济活动之一，分配秩序的正常与否直接影响生产、消费、交换等经济活动。我国经济生活中出现的经济过热、投资膨胀、消费超前、通货膨胀等无不同分配秩序紊乱有关。因而，在经济的治理整顿中，必须对分配秩序的紊乱进行治理，这是经济治理整顿的重要一环。本文试图从分配系统自身来思考分配秩序紊乱的成因及治理措施。

一

社会收入分配可以分为两个层次：第一层次是指国民收入在生产与消费之间的分配，这是实现生产和再生产的前提；第二层次是指分配给消费的国民收入在社会的不同集团、不同阶层、不同个人之间的分配，这是实现消费的前提。我国社会收入分配的这两个层次都出现了紊乱，具体表现为：

1. 国家与企业分配倒挂。

为了扩大企业自主权，留给企业一定的机动财力。从 1978 年开始对国家与企业的分配关系进行了几次重大改革，先后实行了国营企业企业基金办法、企业利润分成、第一步利改税、承包经营责任制等措施。这些改革措施，逐步扩大了企业的财权，增强了企业自我改造和自我发展的能力，收效是显著的。但随着企业财力的增长，国家集中的财力却受到相对的削弱。特别在实行承包责任制后，在增产增收和涨价中，利润收入的大部分留归企业，国家财政却不能水涨船高，只能以低速度增长。1988 年，全国地方预算内国营工业承包企业实现利润比 1987 年增长 21.3%，但上交国家的所得税和调节税则是负增长，比 1987 年下降 9.5%。从这一角度看，在生产发展中，企业所分到的利益比国家得到的利益更多，国家财政收入占国民收入的比重逐步下降，从 1978 年的 37.2% 下降到 1988 年的 19.3%。这表明国家财政参与国民收入分配的相对份额在减少，国民收入的增长部分大部分留给了企业，企业得大头，国家得小头，这是国家与企业分配的倒挂。

2. 公营企业与私营企业分配倒挂。

个体户、私营企业对市场需求变化适应能力强，并且自主经营、自负盈亏，比集体和全民企业有更多的自主权，同时，有些地区对个体和私营企业实行各种变通的办法，减少或免除它们几年内的各种税赋，再加上税赋征管松弛，偷漏税严重，使个体和私营企业的税赋比集体、全民企业轻得多，这样，在分配上就出现了个体户和私营企业的收入高于公营企业。在以公有制为主体，其他经济成分为补充的社会主义经济格局下，私营企业收入高于公营企业收入是一种不合理的倒挂。

3. 工业与商业分配倒挂。

工业是生产利润的，商业是实现利润的。在我国目前总需求大于总供给的情况下，生产利润的生产部门在利益分配上不如实现利润的商业部门。经营者除了赚取的购销差价外还占有了涨价收益的大部分和提高服务价格而获得的收益的全部，这些正常的购销差价外的收益，拉开了商业与工业利益分配的差距，出现了工业与商业分配倒挂。

4. 脑力劳动与体力劳动分配倒挂。

脑力劳动者，无论是教科文卫的知识分子，还是机关干部，都是工资收入者，其收入都是财政开支的，要使工资能随经济的发展和劳动生产率的提高而增长，首先必须使财政收入在国民收入中及工资在财政支出中保持适宜的、稳定的比重，然而，近几年财政收入在国民收入中的比重连年下降，导致工资增长迟缓。而从事简单劳动的非工资收入者如个体和私营劳动者，由于其生产、经营活动直接与市场相联系，通过各种手段获取了较高的收益，拉开了工资收入者和非工资收入者的分配差距。在工资收入者中有很大一部分是企业职工，随着改革的进行，特别是实行工资总额与经济效益挂钩办法后，其工资收入在一定程度上取决于其自身劳动及企业效益，收入在总体上也高于教科文卫的知识分子和机关干部，这样，从事教科文卫的知识分子和机关干部等脑力劳动者的收入既不如工资收入者中的企业职工，更不如非工资收入者的个体和私营劳动者，脑体倒挂具有一定的普遍性。

二

分配秩序紊乱的产生不是偶然的，有其深刻的社会、经济背景，既有不可避免的客观原因，也有政策制定和执行上的问题，可以说原因是多方面的、复杂的。本文着意于分配的系统研究，因而从分配自身寻找原因，主要有以下几个方面：

1. 分配理论不协调。社会再生产的核心问题是利益的形成和分配。我国经济体制改革和经营管理是围绕分配展开的。要深化体制改革、加强经济管理、缓解供求矛盾和优化产业结构，都需要从系统地研究分配中寻找思路。但是，改革 10 多年了，至今我们未能提出系统和深层的分配理论以帮助改革和管理，这不但妨碍了我们选择进一步深化改革的正确思路，也使国家对分配体制和分配政策的调整难以做出系统的分析和正确的评价，从而具有一定的盲目性。不仅如此，改革以来，分配理论还过分强调分配的刺激作用，忽视了由于这种刺激所产生的利益结构变化对整个改革和经济发展的影响。分配理论不仅滞后而且有所偏颇，说明了分配理论与现实不协调，成了影响分配秩序紊乱的原因之一。

2. 分配政策不稳定。稳定的分配政策是正常的分配秩序的保障。改革中，我国的分配政策在第二层次分配中已从原来的大体平均，略有差别，只讲公平不讲效率，逐步向兼顾公平与效率，在促进效率提高的前提下体现社会公平分配转变。但在转变过程中，有一定的不稳定性。前一段时间，对非工资收入过分强调效率，对公平兼顾得不够，特别是在宏观上对公平分配调控不力，使分配出现了过大的差距，对工资收入又过分强调公平，无法摆脱平均主义，使平均主义更趋严重，从而造成了分配秩序紊乱。与此同时，在第一层次分配中，集权与分权波动较大，财政紧时，强调集权，向企业加重税赋；财政松时，又强调分权，放松企业税赋。一收一放，应上交的财政收入发生了流失，留给企业的利润参与了体外循环，也造成了分配秩序紊乱。

3. 分配机制不健全。目前，两种经济体制交叉并行，两种分配机制即国家分配机制和市场分配机制交叉并行。在这一运行过程中，有一部分市场主体已经完全受市场分配机制制约，如个体经济、私营经济、集体所有制的租赁企业等，还有一部分就其整体而言仍受国家分配机制的制约，但其中的部分人员可单独进入市场，如一部分科技人员开展第二职业。有相当一部分全民所有制企业正通过两权分离等多种承包形式逐步走上市场，使其部分收入受制于市场分配机制。受国家分配机制制约的企业不可能根据贡献大小迅速拉开分配档次，受市场机制制约的企业却在市场竞争中拉开了收入的差距。由于市场分配机制是改革中新成长的机制，处于发育和发展阶段，尚不健全，加上宏观控制不力，很容易通过非价格手段钻空子或非法经营加剧分配上不平衡，造成分配秩序混乱。

4. 分配方式不配套。在改革中，国家与企业的分配方式进行了几个方面的改革，确实增强了企业的活力。但是，由于一些分配方式如扩权让利和利改税的总体设计考虑得不够缜密，更没有进行其他方面的配套改革，从而，失去了对总量的控制，造成了分配秩序紊乱。而个人收入方面的分配方式，已由过去的按劳分配逐步向以按劳分配为主，其他多种分配方式并存的格局转变。同样的，其他多种分配方式出现后也缺乏与之配套的改革措施。因而，这些新的分配方式的出现虽然调动了劳动者的积极性，增加了社会财富和个人收入，但也失去了控制，扩大了收入分配的差距，造成分配秩序紊乱。

三

在改革中完善社会主义的分配关系，是发展我国社会生产力的迫切要求。而当前要解决分配秩序紊乱的问题，仍然需要从深化改革中寻找出路，从分配系统自身出发，需要进行以下几个方面的工作。

1. 确立正确的分配原则。我国是一个大国，同时又是一个比较落后的发展中国家，落后决定了我国经济发展必须以推进建设为主导，从而也决定了国家经济建设在财力上必须有相对稳定的集中度。与此同时，又必须增强企业的自主权，增加社会各方面创收、增财及灵活理财的积极性，进而加快生产，促进流通。为此，作为分配格局基础的国家与企业的分配原则应当是：促进财政收入稳定持续增长，确保国家有一定的财权和财力进行宏观调控；同时，企业也要有一定的财力，保障企业自主经营，自负盈亏，自我发展，增强企业活力，完善企业经营机制，培养旺盛的财政收入源泉；通过改革，把国家的社会管理者职能和资产所有者职能区别开来，建立有序而稳定的国家与企业的分配关系。在社会主义商品经济条件下，个人收入分配原则应当是：兼顾公平与效率，既讲公平，又讲效率，在促进效率提高的前提下体现社会公平分配。为此，需要建立两个分配梯级，微观分配梯级和宏观分配梯级，微观分配梯级是指企业对劳动者的分配和市场对各企业的分配，在这个分配梯级上强调的是效率，按效率的高低进行分配，从而会拉开分配差距；宏观分配梯级是高一层次的分配梯级，在这个分配梯级上强调的是公平，通过各种手段调节微观分配梯级出现的分配差距。这样，个人收入分配就会在微观分配梯级与宏观分配梯级的共同调控下兼顾效率与公平，进入有序状态。

2. 设计新的分配模式。在治理整顿与改革相结合的推进中，要使分配逐步有序化，应当在上述正确的分配原则指导下设计出新的分配模式，并付诸实施。目前提出的税利分流就是国家、企业间的一种新的分配模式。它将企业实现的利润分别以所得税形式和利润形式上交国家一部分，其余部分留归企业，即税作税征，利作利缴。通过降低国营大中型企业的所得税税率，与国营小型企业税率统一起来，体现横向公平。同时，将比例税率改为累进税率，体现纵向公平。通过改税前还贷为税后还贷、取消调节税等手段，改变占税挤财，变相吃财政大锅饭，影响国家财政收入状况和贷款流向偏差及流量失控状况。扣除所得税后的利润采取不同的利润分配形式，确保国家得大头。至于个人收入分配模式，则应由几个新的分配分模式组成。分模式之一——工资模式，这种模式的指导思想是：应保证财政收入在国民收入中的比重及工资支出在财政支出中的比重相对稳定，使工资能随经济发展和劳动生产率提高而增长。分模式之二——税制模式。这种模式的指导思想是：通过设立各种税种来调节个人收入。比如设立个人所得税，这种所得税是高累进的，纳税义务人统一为个人；降低个人所得税的起征点，扩大课税面；缩小个人所得税税率级差，提高税率，改变计征办法，经常性收入按月计征，非经常性收入按年计征等。还可以建立其他一些如财产税等配套税种共同实施。通过建立国家与企业及个人收入新的分配模式，逐步把整个社会的分配推入有序化。

3. 建立有关的分配法规。社会主义社会是法制的社会。人们的利益关系需要法律来调整和稳定。要建立有序的分配关系，也需要法律来规定具体的分配政策、分配制度和分配方式。有序的分配关系需要依靠有关的分配法规来维持。因此，要治理国家与企业分配秩序的紊乱，需要通过建立一套分配法规来实现。首先应制定《国营企业分配法》，具体规定国家与企业在企业经营成果分配过程中的分配关系、分配制度、分配方式等。这样，国家与企业的分配就有法可循，分配秩序就会逐步进入有序状态。个人收入分配也应建立《个人收入分配法》，具体规定个人劳动成果分配过程中的分配关系、分配制度、分配方式等，使个人收入分配亦有法可循，进入有序状态。

4. 推进规范的分配运行。分配运行是以价值量再现国民经济运行的基本内容。它可以通过经济预算反映社会财富的存量、流量和流程。而要进行经济核算则需要通过设立各种账户来反映。因而，要推进规范的分配运行，一方面要科学地设立各有关账户；另一方面要确保账户的准确。这样，才能使分配运行有序化。当前，主要应做好两个方面的工作：一是开展个体户和私营企业的建账工作；二是通过工商、税务、审计等机构监督经济核算。

（本文原载于《经济·社会》1990 年第 3 期）

收入分配应强化宏观调控

市场取向的改革，使收入分配的宏观调控把越来越大的空间让给市场调节，逐步形成了多渠道、多元化的收入分配格局，这无疑是一种进步。但与此同时，在市场调节尚未充分发挥基础作用时，宏观调控却显得十分软弱，收入分配的问题越来越多，并有继续发展而冲击社会稳定的趋向。因而，目前收入分配亟须在新的基础上强化。

一

市场经济是有政府宏观调控的经济。但目前，在收入分配领域市场调节尚未充分发挥基础性作用，旧的宏观调控体系被打破，新的体系还没有形成，宏观调控显得十分乏力。

1. 宏观调控不配套，难以形成约束机制。目前多种经济成分共同存在，各种宏观调控的措施、方法不配套，企业及各方面对个人收入分配的自我约束机制尚未形成。政府对居民个人收入的调节基本上限于国有企业和机关事业单位，非公有经济基本上不在宏观调控范围之内。这种不完善的宏观调控政策显得软弱无力。

2. 宏观调控政策失灵。我国目前的收入政策在许多方面还遵循计划经济时期的操作方式，支持和维持政策的手段主要依赖工资计划，而工资计划管理的方式和方法已远远不能适应市场经济的要求，因而，导致宏观调控政策失灵。宏观调控手段不力。宏观调控手段包括经济手段、行政手段、法律手段。目前三种手段均不得力。

（1）经济手段不严。经济手段是收入分配宏观调控的主要手段。这一手段主要地体现为政府的财政、货币、税收、信贷等经济杠杆运用。财政、税收杠杆运用尤为明显。控制工资总额是财政调控收入分配的一项重要内容。但到 1983 年以后，工资总额计划趋于名存实亡。现在普遍实行的工效挂钩已经失去控制，挂上不挂下、挂增不挂减的情况比较严重。与此同时，虽然对工资外收入予以限制，但主要是靠下发文件要求企事业单位控制工资外收入增长，而各单位是否执行则无人去检查监督，工资外收入实际上不在政府宏观调控范围内。这样，就出现了宏观调控范围内的工资收入越来越看不住，而越来越多的工资外收入远离宏观调控。通过税收调节个人收入分配，是各国通用的法则。我国税收体系不完善，优惠过多，税收弹性低，个人所得税和消费税没有起到应有作用，其他税种没有开征，削弱了税收的调节功能，应征收的税而未征收，偷税漏税现象比较严重，特别对资产的转移、运作、收益方面应征的税收很多被偷漏。对个体、私营经济，税收的调节作用更为软弱。

（2）行政手段不力。调控中，适当地运用行政手段是必要的。但目前行政管理手段还不能到位，对非法收入，特别是对权力使用缺乏行政约束，对权钱交易收入打击、取缔均不够有力。

（3）法律手段不硬。我国目前法制不健全，执法不严，一方面劳动者的权益尚未能获得保证，最低工资制度亦未规范；另一方面一部分人却获得暴利而骤然暴富。

二

收入分配中的宏观调控乏力，使我国收入分配领域的改革也存在不少问题，亟须引起重视。

1. 收入分配秩序紊乱。目前，收入分配中存在许多越轨行为，各种创收、赞助、摊派、乱收费，以及名目繁多的补贴、津贴、福利层出不穷。一些地方任意减免税收，竞相攀比优惠政策；一些机关事业单位，在通货膨胀和企业工资年年浮动的压力下，想方设法搞创收，竞相攀比增加工资外收入。这些都在很大程度上扰乱了正常的分配秩序，而且败坏了社会风气。

2. 收入差距进一步拉大。据抽样调查，在 1994 年城镇居民收入和支出水平均提高的同时，收入差距进一步拉大，10％最高收入户同 10％最低收入户的差距从 1993 年的 3.6 倍拉大到 1994 年的 3.9 倍，东西部地区的人均收入比由 1993 年的 1.37 拉大为 1994 年的 1.41。城乡居民收入比 1988 年为 2.17，1992 年扩大到 2.59，1993 年又扩大到 2.80。这些差距还在进一步拉大，有可能成为社会不安定的根源。

3. 国有资产向个人流失。国有资产向个人流失有四种形式：一是国有资产被低估转让、出租；二是国有企业在股份制改造时，国有资产折股中被压低评估价格，在收益上又被压低，大量资产收益为个人股收入；三是由于土地价格低估，使政府开出的地价与市场价差异很大，大量的低价出让以及市场升值，使许多公司和个人获益甚多；四是行政事业单位在办三产、搞创收中，无偿占有、使用、经营国有资产，其收入大多进了单位的小金库，最终又以各种形式和名目流向个人。由于国有资产向个人流失，使分配不公现象日趋严重。

4. 工资增长超过国民经济发展。改革开放后尤其是 1984 年以来，城镇居民收入和职工工资水平有了较大的提高，工资总额和平均工资增长水平并没有超过经济增长水平，但工资外收入的增长水平则远远超过了国民经济的发展。据测算，1985—1993 年职工工资外收入年均增长 12.55％，超过同期 GDP 年均增长 9.81％的水平，从银行对工资和个人其他支出看，1985—1993 年，年均实际增长 16.66％，更是远远超过同期 GDP 年均增长 9.81％的水平。工资外收入增长大大快于工资增长的事实说明，工资总额增长水平没有超过经济增长水平只是一种假象。

5. 经济犯罪现象增加。非法收入来源渠道扩大，偷税漏税、走私贩私，以权谋私是我国近年来经济生活中具有一定普遍性的现象。私营、个体、集体、外资和国有企业皆有，每年偷漏税款的数额以百亿元计，这些偷漏税款中有相当一部分流向个人。某些地区和少数人依靠走私贩私而发财致富。以权谋私、贪污受贿也使一些人获得巨额非法收入。

三

收入分配中存在的上述问题有进一步发展的趋势，若不加以调控，必然影响社会的安定。因而，应当如何强化适应市场经济发展的收入分配领域的宏观调控呢？建议采取以下几个方面措施：

1. 宏观调控的源头。收入分配宏观上，既要反对平均主义，又要反对收入差距过分拉大。由于生产力水平的基础和社会经济发展状况的不平衡以及个人能力的差异，存在合理的收入差距，有利于发展生产，提高效益，但要杜绝非法收入，防止个人收入差距过分悬殊。

2. 宏观调控的范围。宏观调控应当是全方位的。特别要注意加强对非公有制经济收入的宏观调控。改革以来，非公有制经济收入增长较快，有其合理的一面，也有其不合理的一面。可以肯定地讲，它们得到超过同类国有企业的高额利润，与宏观政策调控不善有密切关系，需要通过改善宏观政策与宏观管理，来纠正市场分配机制的缺陷并适当抑制非劳动收入。

3. 宏观调控的对象。收入分配的宏观调控的对象包括两个方面：一是调控收入分配的总量。要处理好消费与积累的比例关系及国家、集体、个人三者收入分配关系，既要保证在经济较快增长的基础上使人民生活不断得到改善，又要使城乡居民个人收入总量的增长不超过国民生产总值的增长，人均收入增长不超过社会劳动生产率的增长。二是调控收入分配的结构。要处理好不同社会群体的分配关系，包括沿海与内地、城市与农村、公有制经济与非公有制经济、脑力劳动者与体力劳动者、在职职工与离退休人员的分配关系。

4. 宏观调控的方式。一是运用宏观经济政策调节劳动力供求关系，并根据经济发展水平、物价及人工成本状况制定工资增长指导线来影响企业工资分配决策。二是运用税收调节高收入，强化征税，防止偷漏，确保上交。三是运用法律手段保护合法收入、打击非法收入。当前应尽快制定《劳动法》的有关配套法规，保障劳动者的合法收入，规范劳动力市场竞争秩序和企业分配行为，明确劳资双方的权利与义务。同时，要严格执行各种法令法规，令行禁止，不折不扣，最大限度地取缔各种违法收入。四是运用行政手段强化对市场的管理，清理一些不合理的优惠政策，并在非常态情况下，如严重的通货膨胀时期冻结工资。

（本文原载于《技术经济与管理研究》1996 年第 1 期）

科技转化为生产力：经济增长方式转变的关键

经济增长方式从粗放型转变为集约型，是我国经济发展的伟大转变，而实现这一转变的关键是科技转化为生产力。本文拟对此做一些探讨。

一、经济增长方式从粗放型转变为集约型是生产力发展质的飞跃

经济增长的历史，实质上就是生产力发展的历史。经济增长方式可以划分为两类：粗放型和集约型。粗放型经济增长是指通过外延上的扩大，即生产要素的数量扩张来实现经济增长。具体来说，就是经济增长主要是通过增加设备、扩大场所、增加劳力等途径实现的，整个经济增长过程重数量、轻质量，重速度、轻效益，重投入、轻产出。与这种经济增长方式相对应的生产力发展，只是一种量上的积聚。集约型经济增长是指通过内涵上的扩大，即生产要素的质量提高来实现经济增长。具体来说，就是经济增长主要是通过挖潜改造，加快技术进步，调整产品结构，提高产品质量，加快资金周转，发展高附加值产业等实现，整个经济增长过程，重质量、重效益、重产出。与这种经济增长方式相对应的生产力发展是一种质的突破。因而，从粗放型转变为集约型，就是要使生产力发展从量的积聚转变为质的突破，这是生产力发展的质的飞跃。

二、生产力质的飞跃的关键是科技转化为生产力

生产力是一个庞大的系统，由许多要素组成，这些要素可以分为"硬要素"和"软要素"。"硬要素"是：劳动者、劳动工具和劳动对象；"软要素"主要是：科学技术、组织管理、经济体制等。软要素要通过硬要素起作用，硬要素要通过软要素才能在空间上组合起来，形成现实的生产力。

任何生产都是生产活动的主体——劳动者，利用劳动工具作为中介和手段，作用于原材料、土地等劳动对象的过程。因而，硬要素在生产力系统中的作用是显而易见的，而软要素在生产力系统中的作用是决定各要素间的联系方式和数量比例。根据系统论的观点，系统内各要素及各要素间联系的总和构成系统的结构，而系统的结构决定系统的功能、决定系统的质。也就是说生产力的质是由生产力系统中的软要素决定的，生产力质的飞跃是生产力系统中的软要素作用于各要素的变化引起的。

生产力系统中最重要的软要素就是科学技术，"科学技术是第一生产力"，起着第一位的决定作用。我们知道，人们在劳动中表现出的劳动能力，不但要以体力大小来衡量，更重要的是以智力的高低来衡量；而人的这种智力，主要依靠科学技术知识的武装。整个人类智力的发展，主要也是由科学技术的发展所决定的。所谓劳动者素质的提高，既指提高其在思想觉悟、劳动态度等方面的素质，也指提高其在科学文化、劳动技能方面的素质。同时，科学技术作用于劳动工具，可以使劳动工具发生变革，把劳动生产率提高几十倍、上百倍。另外，任何自然资源要成为劳动对象，不仅要靠科学技术去发现，还要靠科学技术才能将其应用于生产。特别是19 世纪以来，在科学技术的推动下，人们研制出各种新型的人造材料、合成材料及具有各种物理、化学特性的特种材料，这为增加产品品种，提高产品质量，降低产品成本，开辟了广阔的前景。所有这些都说明，科学技术起着决定生产力质的第一位作用。但是，科学技术的这种第一位作用是在它完成了向生产力转化后才实现的。也就是说，当科学技术未完成这种转化，还处在"知识形态的生产力""一般生产力"或"潜在的生产力"时，就不能发挥决定生产力质的第一位作用。这样，生产力质的飞跃，关键就是要实现科学技术向生产力转化。经济建设的实践证明，经济增长必须依靠科学技术，如果我们的科技研究成果不能转化为现实的生产力而停留在潜在生产力的状态，如果我们的现实生产中多是用陈旧过时的技术而未能及时吸纳和物化现代先进科技成果，那就不能拿出高质量、高附加值的产品和服务手段，经济增长就难以依靠内涵的扩大来实现，就只能停留在粗放型阶段。

三、模式问题：科技转化为生产力的主要障碍

经济增长方式从粗放型向集约型转变是生产力质的飞跃，而生产力质的飞跃的关键是科技转化为生产力。但是，当前科技转化为生产力还存在着障碍。对于这种障碍，目前有几种不同的认识：一是认为转化的主要障碍是观念。人们在口头上都承认科学技术是第一生产力，而思想观念却还没有转变，科研人员重研究、轻推广；企业不是积极去推动科技成果转化，仍旧是等政府给成果给项目，靠政府投资金；主管部门认为现在是市场调节，也不去推动。这种观念障碍使科技难以转化为生产力。二是认为转化的主要障碍是体制。目前的科技体制使整个国家科技资源的分布不合理，全国近70％的科学家和工程师集中在企业之外的科研机构，科技机构却"各自为战"，自成体系，基本上与企业无关，而企业的科技力量却十分薄弱，这就使科研与生产成为两大不相关联的体系，直接导致科技与经济分割，阻碍了科技向生产力转化。三是认为转化的主要障碍是投入。由于我国对科技研究、开发、应用的整体投入不足而且投入比例也不适当，阻碍了科技向生产力转化。

笔者认为，观念问题、体制问题、投入问题对科技转化为生产力确实是一些障碍，由于这些问题的存在，的确影响了科技向生产力转化，但都不是主要障碍，它们只是各自从不同的侧面影响科技转化为生产力。而科技转化为生产力的主要障碍是模式障碍。改革以来，人们对科学技术越来越重视，科学技术是第一生产力的论断使人们越来越关注科技进步；科技体制改革取得了许多成果，科技投入也不断增加，我国科学技术事业的突飞猛进是有目共睹的。科技队伍不断壮大，科技机构星罗棋布，基本形成了学科门类齐全、布局基本合理的科技体系，取得了丰硕的科技成果，在科技资源总量上已与日、美相当。但令人遗憾的是，如此庞大的"成果群"，转化为生产力的比率却只有10％。绝大多数的成果只能被束之高阁，或被外人利用，科技与经济成了"两张皮"。其主要原因就是我们长期以来在推动科技向生产力转化上，一直采用单向推动模式。这种模式的特点是以科学技术为第一推动力，即通过增加科技研究、开发、应用的投入，推动科技自身向生产力转化。

尽管科学技术是生产力系统中的第一软要素，是发展生产力的重要源泉，但不经过生产工艺过程和生产组织的合理化等转化过程，就不能转化为现实生产力，而依靠科学技术自身是无法独立地完成这几个关键的转化过程的，必须得到社会力量和经济力量的强大支持。而社会力量和经济力量的强大支持是建立在社会强大需求和协调上的。单向推动模式单纯地发展科学技术，不考虑社会经济的需求和协调，孤军深入，就难以转化为生产力。

四、双向推拉模式：科技转化为生产力的有效途径

科技转化为生产力的主要障碍是采用单向推进模式，要推动经济增长方式从粗放型向集约型转化，就要转向采用双向推拉模式。所谓双向推拉模式是指通过科学技术自身的推动和社会经济的需求拉动双向作用来实现科技转化为生产力的模式。这种模式的特点是强调双向作用。科技成果从产生到应用直至商品化、产业化不是一个自发过程，它不会自然地从研究、创新的一端转移到产品制造、销售的一端。这个过程既需要科技自身的主动推广，又必须依靠外界的需求拉动，通过灵活有效的运行机制来牵动。我们在实行单向推动模式时，已经在科技自身的主动推广上做了许多有益的工作，之所以收效甚微关键在发动社会经济需求上的工作还没有成效。因而，采用双向推拉模式作为科技转化为生产力的途径最终应当主要落实到促进社会经济需求的拉动。

我国经济的不断发展，需要科学技术更多的支持。农业要上新台阶，实现从传统农业向高产、优质、高效的现代化农业转移；各种类型的企业要实现产品的结构合理、质量升级、效益提高，都需要科学技术的有力支撑。生产的需要是科学技术发展的巨大动力。今天，经济的发展已向科学技术发出了强烈的呼唤，这是科技发展的良好机遇，也是经济发展的良好机遇，但是，这种呼唤只是经济发展的内在需求，还没有转化为能够促进科技转化为生产力的现实的需求拉动。这样，科技转化为生产力采用双向推拉模式实施的总体方针应为：在进一步推进科技自身的主动推广的同时，要把经济的"潜在的需求"转化为"现实的需求"，并使科技自身的推动与经济的现实需求拉动有机配合，形成全社会依靠科技进步发展国民经济的局面。为此，具体应采取"五个结合"。

1. 政府推动和市场推动相结合。

政府行为对科技转化为生产力无疑是重要的，即使是市场经济占主导地位的国家，政府的计划拨款也在科技研究与开发的经费中占相当大的比重。但一个国家单纯由政府办科技，由政府主管部门集中管理科技工作是难以成功的。科技的研究与开发的主要投资者应当是社会，具体来说是社会上无数的企业。因为，即使研究与开发能力很强的企业，也不可能任何技术都由自己研发，它必须借助于技术市场获取自己所需要的科技成果，这种以营利为目标的市场行为有利于科技向生产力转化。因而，应当政府

推动与市场推动相结合。对于非营利性的和事关国家长期发展和国计民生的研究与发展，特别是基础研究，或者对于风险较大、企业不肯投资但社会又急需的技术创新，政府要通过一系列的政策和科技发展计划来推动其成果向生产力转化。而技术市场在沟通企业之间、企业与研究机构之间，使新技术尽快在全社会传播和扩散方面具有重要作用，应当制定有关政策，加以促进。

2. 扩散机制与吸纳机制相结合。

全球性产业结构的调整和高新技术产业的崛起，使人们强烈地感受到科技向生产力转化的时代旋律。而产业结构调整的一个重要方面，就是使高新技术向传统产业的扩散与传统产业对高新技术的吸纳结合起来，加快高新技术的技术转移。在我国，传统产业是经济的主体，它积累了庞大的资金存量，已形成巨大的经济规模。但是，传统产业由于技术基础落后，提供的单位人、财、物、时的效益较低，潜能未能充分发挥，迫切需要高新技术对它进行改造。因而，对传统产业的改造是高新技术转化为生产力的重要渠道。而实施这种改造必须两种机制相结合，即高新技术向传统产业的扩散机制与传统产业对高新技术的吸纳机制相结合。建立这两种机制并使之相结合，又必须采取行政手段和经济手段相结合，依靠市场的引导去推动高新技术改造传统产业，建立起有活力、有效率且相互促进的新机制，使高新技术迅速地转化为生产力。

3. 基础研究与开发研究相结合。

基础研究和开发研究都是科技研究的重要任务，开发研究直接或间接地需要基础研究的支持。由于向现实生产力直接转化的主要是开发研究的成果，因而，基础研究要向生产力转化，离不开开发研究这一环节。在这种相互依存中，基础研究与开发研究应当结合起来。为此，各级各类科技研究机构对基础研究和开发研究应有所分工，既不能都去搞基础研究，也不能都去搞开发研究。中央、省和高校所属的综合性的科技研究机构，不仅要搞基础研究还要搞开发研究，专门性的研究机构和市、县、企业的科技研究机构应当主要从事开发研究。而且，中央、省和高校所属的研究机构进行的开发研究应当是高和较高档次的，而专门性和市、县、企业的研究机构主要是较低和低档次的。通过这样的分工，促成科技广泛地向生产力转化。

4. 合作开发与协议开发相结合。

科技研究机构与企业供需双方直接挂钩，是科技转化为生产力的有效办法，而研究机构与企业的合作开发与协议开发则是两种有效形式。所谓合作开发是指研究机构与企业合作共同开发某一个或某几个项目，或合作进行生产和经营。所谓协议开发是指科研机构以合同形式承包企业提出的课题和项目，或以自己具有特色和优势的科技成果作为资产同企业一起开发，按协议规定取得收益。这两种形式都是科技与生产相结合的有效形式，在实践中应当把这两种形式结合起来，促进科技向生产力转化。

5. 技术发展与文化发展相结合。

高新技术不仅已成为我国经济发展和对外贸易活动的先导技术，而且以极其强大的后劲，正在悄悄地改变着人们的思想风貌和社会生活。随着高新技术产业的进一步发展及其产品的广泛使用，人们的价值观念、思想道德、行为规范、思维方式等方面，将会发生一系列的根本性变化。现在，要进一步发展高新技术，不仅要依靠经济上的支持，也依赖于新的社会文化环境，特别是高新技术要迅速地转化为生产力，需要劳动者有更高的文化素质、心理素质、思想观念和思维方法，这些都离不开文化的发展。因而，技术发展与文化发展要结合起来，坚持高技术与高文化同步发展，这不仅对发展高技术本身，而且对高技术转化为生产力有重大的战略意义。为此，必须普及科学教育、强化法制观念、健全学术民主制度。

（本文原载于《当代经济研究》1997 年第 1 期）

扩大内需应形成三个机制

既然扩大内需是我国今后一段时期经济发展的战略方针，就应当研究扩大内需的内在规律，建立扩大内需的运行机制，使扩大内需有效地拉动经济良性运行。从我国国情和实行扩大内需方针的实践看，扩大内需应形成三个机制：政府投资带动民间投资，投资需求带动消费需求，城市消费带动农村消费。

一、政府投资带动民间投资

针对出口受阻，而国内需求不足的形势，中央决定采取扩张性财政政策，通过扩大财政赤字和增加国债规模，筹集资金，加大投资力度。财政扩张措施作为启动经济的一种宏观调控工具，能够有效调集资源，产生立竿见影的扩张效果，但也由于急于扩张，容易产生挤出效应，即财政筹集安排的投资资金较多，造成其他融投资领域资金减少和融资成本上升，使其他领域投资趋于下降。往往是当财政性投资进展到半年以后，一般大型投资项目展开实质投资和要展现扩张效果时，经济速度不但未能加速，反而出现增速明显减缓的态势。从目前我国工业增长速度减缓可以看到这种挤出效应。

这就说明，单靠政府投资难以将行政推动变成市场推动，从而影响投资拉动的力度。为此，政府投资应当转变角色，从简单地调集资源自己投资，转变为发挥财政杠杆作用，降低社会融资成本，撬动企业、集体和个人等多方投资的积极性，带动民间投资的扩大。

实际上，我国社会投资的潜力很大，截至1999年2月底，居民储蓄存款已达5.7万亿元，企业存款也有3万多亿元。但在政府加大投资力度后，民间投资却没有实现预期的跟进。这主要有三个方面原因：一是民间投资渠道不畅；二是民间投资缺乏与国有经济同等待遇和公平竞争的环境；三是值得投资的项目少。企业和居民的储蓄没有适当地转为投资，而过度地以存款方式沉淀起来，影响了经济的协调发展。投资是扩大内需的重要方式，而扩大民间投资则是增加投资的关键，要通过政府有限的固定资产投资，带动民间相对充裕的社会资金的投资，必须做到四点：一是进一步解决市场准入问题，拓宽投资领域，在政策上把民间投资企业放到与国有投资企业同等的位置上，公平竞争；二是进一步加强政府投资的示范引导作用，对符合国家产业政策的民间投资，要实行政策扶持；三是放宽民间资本进入基础设施投资的限制，政府拿出一些好的项目招商，吸收民间资本参加；四是放宽融资政策。总之，政府要制定适合经济发展的产业政策，利用当前全球生产过剩的历史机遇，加快产业升级换代和结构调整的节奏，把扩大内需，刺激民间投资与促进我国工业进步结合起来。

二、投资需求带动消费需求

投资需求是中间需求，消费需求是最终需求，投资需求本身不可能成为经济的持久带动力量。如果没有消费需求的扩大，投资增长和经济回升都不会持久。当前，投资对经济增长的直接拉动和部分乘数效应已经显露，而消费市场却依然疲软，制约投资效应的进一步发挥。因而启动消费成为扩大内需的关键。启动消费是政府行政手段最使不上的地方。今年政府推出了一系列新的消费政策，居民收入也有一定程度的增长。据初步测算，1999 年一季度城镇居民人均可支配收入 1 632 元，实际增长 8%，比去年同期提高 2.8 个百分点；农村居民人均现金收入 587 元，实际增长 5.2%，比去年同期提高 3 个百分点。1999 年第一季度经济增长 8.3%，城镇居民收入增长已接近于经济增长，农村居民收入的增长虽然比经济增长低 3.1 个百分点，但与 1998 年相差 3.5 个百分点相比，仍然有所提高。那么，在这种情况下，为什么商品零售价格和居民消费价格还持续下降，消费市场难以启动？最根本的问题有两个：一是消费问题。现在人们缩减消费的主要原因是预期收入的下降和预期支出的增加。一方面人们看到现在出台的政策与过去的最大区别是原有的政府福利性支出，正在变为主要由个人负担，例如医疗、教育、住房支出等。这意味着将来的支出要增加。另一方面，今后的预期收入是减少的，例如，随着国企改革的深入，过去那种滥发奖金、乱涨工资的现象趋于消失，经济增长放慢，工作难找，银行连续 6 次降息，居民的利息收入降低，使相当多的人的预期收入减少了。

在这种情况下，居民调低了消费支出。尽管政府出台了一些鼓励消费的信贷政策，工商企业采取了很多促销措施，人们仍然没有积极消费。二是供给问题。供给会影响消费，供给结构不合理，同样制约消费，影响消费的潜力。经济结构不合理，必然会引起消费品供给结构的不合理，在许多产品存在不同程度过剩的同时，一些消费者需要的产品没有生产或没有得到开发，造成消费市场疲软。针对上述消费市场疲软的两个主要原因，要使投资需求带动消费需求，政府主要应从两个层面加以调节：一是从消费层面调节。一方面，在研究和制定启动消费市场的政策时，必须重视消费者的预期心理。要有针对性地采取措施使人们对未来收入持乐观态度，并且让人们充分地相信这一点。否则，如果"见物不见人"，政策就会因为缺乏行为基础而失去可操作性。当前，能够较好地解决心理预期问题的关键是加快建立和完善社会保障体系，让人们看到自己今后收入上的基本保障和支出上的大致定位，在消费上就会放松。这是启动消费的重要前提。政府可以考虑在建立社会保障体系上加大投入，或者把一些投资调整到建立社会保障体系上来，这种投资启动消费市场的作用可能比投资直接拉动经济增长的作用更加有效。另一方面，要挖掘市场潜力，加快培育新的消费热点。缺乏市场热点是市场疲软的重要因素。目前，房子（商品房）、车子（汽车）、电子（电脑）、孩子（教育）正在成为热点，要大力促进这些消费热点的最终形成。以教育为例，一方面财政不堪重负；另一方面千百万家庭投资教育空前的消费需求却得不到满足。教育消费是一个大的消费领域，储蓄存款中相当大的部分是对孩子未来教育的投资。在保证全民义务教育的前提下，要加快教育事业产业化进程，引导民间资本投资办学，扩大升学供给。加快培育教育消费热点，可以较好地体现投资与消费双重启动。二是从供给上调节。这也是可以从两个方面进行：一方面，要以市场为中心调整经济结构，解决重复建设的问题。同时，突出基础设施，加快高新技术产业发展，加快技术装备现代化步伐，为市场提供适销对路的商品；另一方面，要减轻企业的负担，刺激企业投资积极性，特别是通过减税来提高企业的投资热情。在当前，激活中小企业是改善供给的有效对策。

三、城市消费带动农村消费

启动消费包括启动城市消费和农村消费，并以城市消费带动农村消费。由于长期的二元经济结构，城乡差别比较大，农村居民收入只有城镇居民的 40%，再加上城乡环境上的不同，城市消费与农村消费脱节，无论从消费水平上还是从消费结构上看，城乡消费差距约为 10～15 年。正是因为这样，城乡居民出现巨大的消费断层，当城市居民进入新的消费升级准备阶段，农村居民未能及时填补城市居民消费调整留下的市场空白，造成了工业生产能力的过剩和产品的积压。因而，应当使城市居民消费与农村居民消费对接，以城市消费带动农村消费，解决这个问题有个办法：一是从近期看，启动农村消费的关键是搞活农村流通。农村的农产品流通市场与消费品销售市场是一个市场的两种功能，健全和完善农村农产品流通市场，不仅有利于增加农民的收入，也有利于疏通消费品进入农村的渠道。二是从长远看，启动农村消费市场是让农民变成居民。主要措施就是建设小城镇。小城镇的开发是推动国内市场发展，扩大国内需求的一条重要道路。尽管城镇化问题曾经被列为大战略，并也取得了一定成效，但从当前开拓农村市场来看，开发小城镇比以往任何时候更加重要。许多产品并不是农民不需要，而是因为农民的居住条件使这些设备无法使用，发展小城镇，使农民变成城镇居民，从生产群体变成消费群体，就能够解决这个问题。同时，小城镇的开发，其他各种需求也跟上去。因而，小城镇建设是城市消费带动农村消费较为理想的措施。当然，发展小城镇也需要政府在户籍管理、税收、土地、金融等政策上予以支持。城镇化建设涉及面广，只靠建设部门是解决不了的，应由政府牵头，制定统一政策和方案。

（本文原载于《学习·研究·参考》1999 年第 8 期）

第三次分配的缺失与重构

  收入分配问题不仅对经济发展有重大影响，而且对社会稳定也极其重要。特别在当前贫富差距比较大的情况下，不仅要做好第一次分配和第二次分配，而且要通过制度安排和公众自觉行动，使社会富裕群体运用捐赠、资助慈善事业等行为回报社会，充分发挥第三次分配的作用，实现更深层次和更大范围内的收入分配调整，从而使三次分配互动互补，互相促进，形成社会分配新的格局。

一

  社会分配机制有三重，通过市场实现的收入分配被称为第一次分配；通过政府调节而进行的收入分配被称为第二次分配；通过社会富裕群体和企业对社会公益性组织如慈善机构、救济机构、社区、环保组织等的捐助、捐赠，再由社会公益性组织分配给需要帮助的人，被称为第三次分配。在国民收入三次分配中，第一次分配是原始分配，市场机制起作用；第二次分配是对一次分配的调整，是政府机制起作用，以政府调节来弥补市场分配的不足；第三次分配则是对二次分配的补充，是社会机制起作用，以社会富裕群体和企业的捐赠来弥补政府调节的不足。由于第三次分配是人们自觉自愿的一种捐赠，不仅对经济有影响，也能对社会与政治产生影响，因而发挥了市场调节和政府调节无法替代的作用。加速推进慈善事业的发展，促进第三次分配格局的形成无疑具有重要的现实意义。它不仅有利于弥补第一次分配和第二次分配的不足，从物质上缓解某些群体的困难，改善贫困社会群体的生存状况，减小贫富差距；而且有助于重塑中国富裕人群和企业的社会形象，从心理上、情感上消除不同阶层的隔阂，

· 167 ·

缓解贫富阶层的社会矛盾和增强社会凝聚力，进而营造良性互动的关系，促进社会的和谐。因此，第三次分配形式应该大力提倡。

<h2 style="text-align:center">二</h2>

第三次分配体现的是一种社会文化而不是制度约束，是与社会经济文化发展相对应的。在社会经济文化水平较低时，第三次分配是一种分散的、短期的、自发的个体行为。随着社会文化的不断发展，第三次分配是有组织的、长期的、自觉的行为，是社会文化进步的体现。目前，我国的第三次分配格局还没有形成。具体表现在以下几个方面：

1. 第三次分配的规模还没有形成。

第三次分配的规模包括两个方面，一是慈善公益机构的数量规模，二是捐赠款的规模。中国目前有非营利组织28万个，美国共有160万个非营利组织。两国慈善公益机构的数量规模相差很大。从民政部的统计看，2005年民政部门直接接受社会捐赠30亿元，加上其他社会慈善组织的捐赠款，共60多亿元。而美国的捐赠款每年都在2 000亿美元到3 000亿美元之间，个别高的年份达到6 000亿美元，美国每年的捐赠款按照3 000亿美元计算，折合人民币约2.4万亿元。我国每年的捐赠款只是美国的1/400，而我国的GDP是美国的1/5。（新浪网，2006年7月17日）美国慈善事业等第三次分配的总量大约占GDP的3%～5%，而我国目前只占0.1%。（新华网2006年7月18日，来源：中国证券报）截至2004年底，中国慈善机构获得捐助总额约50亿元人民币，仅相当于中国2004年GDP的0.05%，而美国为2.17%，英国为0.88%，加拿大为0.77%。（新浪网，2005年4月12日）与经济和社会发展比较成熟的国家比较，我国的基金会数量少、规模小、作用有限。据中国人民银行统计，我国48%的基金会资产规模在人民币1 000万元以下，38.5%的资产规模在1 000万元到1亿元，只有13%的基金会资产规模超过了1亿元。在美国，2000年基金会就已达到56 600多家，资产总额达4 860亿美元，每年向社会提供的资助达290亿美元。（《慈善文化：中国慈善业的"短腿"》，人民网，2006年3月8日）两国的慈善规模相比，差距非常大。可见我国第三次分配的规模还没有形成，空间还很大。

2. 第三次分配的法律法规还没有形成。

我国目前还没有特定性的专门规范慈善组织的实体内容的法律与法规。虽然有些部门出台了一些相关政策，如财政部、国家税务总局自 2006 年 1 月 1 日起对企业、事业单位、社会团体和个人等社会力量进行的五项公益救济性捐赠，准予在计算缴纳企业所得税和个人所得税税前扣除。但力度不大。我国税制对捐赠的激励仍然比较小，主要表现为：一是享受税收优惠的捐赠途径有限，缺乏对实物捐赠的优惠政策。目前能够出具税收减免资格证据的公益机构只有中华慈善总会、希望工程基金会、中国扶贫基金会等 10 多家公益组织，大批量的社区的经常性捐赠难以获得减免税凭证，现实生活中大量存在的实物捐赠也不在税收优惠政策范围之内。二是退税程序复杂。一个完整规范的退税程序尚未形成，获取税收减免的程序烦琐，耗时长，举证困难，增加了捐赠者的"交易"成本。三是捐赠税前扣除额度明显不合理。企业在年度应纳税所得额 3％ 以内的部分，准予扣除。个人捐赠额未超过纳税义务人申报的应纳税所得额 30％ 的部分，可以从其应纳税所得额中扣除，超额部分仍需缴纳个人所得税。四是企业捐赠优惠内外有别。外资企业用于中国境内公益、救济性质的捐赠没有额度的限制，均可全额扣除；而国内企业捐赠享受税前扣除的额度仅仅只有 3％。同时，目前我国法律法规不允许个人基金会登记运营，这也使大多数人做好事的可能性降低。我国市场经济起步较迟，鼓励、支撑第三次分配的法律和有关制度不够完善，对社会力量兴办的慈善事业没有形成应有的机制。在这种情况下，捐赠还没有成为一种社会风尚，对用款单位难以进行严格审计，从而难以保证其资金能够完全按照正常的用途去使用。

3. 第三次分配的文化还没有形成。

第三次分配不仅是经济行为，同时也是文化行为。第三次分配的文化的核心是慈善文化。我国之所以还没有形成第三次分配格局，与还没有形成慈善文化息息相关。很多人认为，慈善是政府部门和富人的事，与普通百姓无关。企业和富人认为，行善会"炫富"，不利于发展。还有人不愿意参与国际慈善活动，认为自己家的困难还没解决好，何必向国外的儿童、残障人士献爱心？更多人尚未认识到善行不仅是爱心的传递，也是一个企业社会责任、一个人生命价值的体现。尤其在富裕人群中间，还没有形成捐赠善款的风尚。国内工商注册登记的企业超过 1 000 万家，但有过捐赠记录的不超过 10 万家，99％的企业从来没有参与过捐赠。在前不久公布的"2006 中国慈善排行榜"上，数百家上市公司榜上无名。美国、日本等发达国家的慈善捐赠中，有 80％来自民间，而我国只有 10％来自普通百姓。（《慈善离不开文化的涵养》，人民网，2006 年 5 月 19 日）另据中华慈善总会统计，我国每年的捐赠人约 75％来自国外，15％来自中国的富人，10％来自平民百姓。我国志愿服务参与率按目前 4 000 万人计算，为 3％，而美国为 44％。（《中国经济周刊》，2006 年 6 月 26 日，第 24 期）我国传统的慈善文化已经不能抵御市场经济大潮的冲击和重压，而新的慈善文化还没有形成，不仅使慈善行为难以寻找到合适的支撑，而且难以令捐助者体会到应有的荣誉感和成就感，使国内企业和民众对参与慈善事业不够积极，从而使第三次分配格局迟迟难以形成。

三

我国的市场化改革已近 30 年，市场经济体系已经基本形成，而作为市场经济配套形式的第三次分配的格局为什么迟迟难以形成？其主要原因是借助于改革开放和市场经济的发展而富裕起来的人群和企业，社会责任意识不强，不能正常履行自己应尽的社会责任。

第三次分配是一种发自人们内心的非强制性的公益要求。它不是通过利益驱使或政府强制，而是个人自觉地以慈善捐赠为形式，实行资源流动。它的基本原则是自觉原则和责任原则，一方面是自觉的要求，一方面是责任的体现。自觉的要求来自社会责任。

英国作家塞缪尔·斯迈尔斯在《人生的责任》中说："人们并不仅仅是只为自己而生存。除了为自己的幸福而生存以外，他也为别人的幸福而生存。每个人都有自己需要履行的职责。"他还说："最有价值的生活却绝对不是那种只追求自我享乐的生活，甚至也不是那种沽名钓誉的生活，而是那种在每一项美好的事业中都扎扎实实、兢兢业业地做一些给社会带来希望和益处之工作的生活。"这个见解是很深刻的，这就是人的社会责任。在社会公共生活中，每个公民和企业都应自觉地担负起自己的社会责任。社会公共生活领域是公民的基本生活平台，每个公民的正常生活都离不开社会公共生活领域所提供的各种社会生活条件。为社会公共生活乃至整个社会的和谐稳定尽到责任是每个公民应尽的职责。而慈善捐赠是对一些有能力的人和企业的一种高层次要求，为缓解公共危机尽力，为帮助社会弱势群体尽力，为公益活动尽力，是有能力的人和企业的崇高社会责任。但目前有些有能力的人和企业不能正确看待自己与社会的关系，社会造就了富裕人群和企业，富了发展了就要回报社会，就要履行社会责任，支持社会公益事业，主动参与第三次分配，让自己创造的财富与社会大众尤其是弱势群体一起分享，把致富和发展与社会责任紧密结合，树立良好的社会形象，并获得社会的认同，使自己的人生价值在回馈社会的过程中得到升华。目前，正是因为富裕人群和企业社会责任意识的缺失，致使第三次分配格局缺失。

四

慈善捐赠是第三次分配的资金源头，如何让社会及企业家形成慈善捐赠的观念，意识到公民和企业社会责任的重要性，并慷慨解囊，是第三次分配能否顺利进行的关键。这也是构建第三次分配的基本思想。在此基本思想下，构建我国第三次分配的框架应当实行政府引导与市场引导相结合的模式。这种模式的实施可以分两个阶段进行。第一阶段为启动阶段，目前应以政府引导为主导。政府引导影响力强，带动范围广泛，有利于快速推进。政府引导不是强制，而是倡导、扶持和推动。第二阶段为推进阶段，应以市场引导为主。慈善捐赠本质上是市场引导下的社会化行为。市场引导下企业的慈善捐赠，有利于企业树立良好的社会形象，促进企业发展；公民的慈善捐赠，有利于公民树立良好的道德伦理观念，形成良好的社会氛围。具体而言，强化第三次分配需要采取以下几个方面的对策措施：

1. 要大力提倡并提高公众的慈善意识和志愿服务精神。中华民族自古以来就不乏扶危济困、安老助孤的意识和善行。但这基本上局限在社会个体道德修养范围，更多的是作为个人美德来倡导，与社会经济生活并无联系，与建立社会主义市场经济的要求存在距离。目前，社会缺乏自治组织的规则，慈善事业缺乏规范性，慈善文化缺失，慈善意识和志愿服务精神不强。为了使慈善捐赠的主体多元化，不仅有公司、企业以组织的形式捐赠，也有个人的捐赠；不仅有富人的捐赠，更有普通公众的捐赠。这就必须加大这方面的宣传教育，提高公众慈善意识。同时，要逐步推广注册志愿者制度，给从事慈善事业的人及志愿者以一定的社会身份和地位，大力推进志愿者服务工作，以此加强队伍的建设，凝聚社会慈善力量。

2. 加强政府的调控手段和调整政策。政府应该制定好规则，组织有效的救助项目，更多的是要引导和鼓励企业进行慈善事业。同时，要调整政策，从制度上鼓励个人和企业对公益事业的投入。一是完善税收激励机制，简化慈善捐赠免税程序，降低慈善捐赠的成本，调动企业和个人的慈善捐赠积极性。二是加强政府财政扶持，加大向国内外社会劝募力度，努力扩大慈善捐赠来源。例如，要加大政府对慈善组织的资金补贴额度，解决慈善组织普遍面临的资金来源不足问题，加大对富裕阶层的劝募力度，发展大型企业的慈善基金会；积极争取和利用国际慈善资源。三是推进立法，完善慈善捐赠事业法律体系。例如，要出台规范捐赠者与受赠者、受赠者与受益人权利义务及慈善组织自身的建设等法律法规，促进我国慈善事业健康发展。

3. 允许和鼓励民间广泛设立慈善团体或慈善基金。这种基金一旦建立便成为社会所有的财产，由专门的基金管理委员会管理，按照基金章程规定的用途运作，可用于资助科学研究、文化教育、医疗、卫生等事业，或用于扶贫帮困、助学、救难等慈善事业。

4. 提高慈善机构的公信度。由于信用体系不完善，不少慈善服务组织缺乏自我监督、自我规范和自我发展的能力，导致公众对慈善机构的信任度不高，认同感不强。因而，要做好慈善组织和慈善基金会的评估监督工作。慈善组织或者基金会一要有法律保证，二要有政府监管，三要有社会监督，四要有内部监控。要实行透明化管理，开辟通畅的问责和投诉渠道。通过落实对慈善机构的监督评估，提高民间慈善机构的公信度，让整个捐赠款的使用、捐赠项目的建立有一定的信用，形成公众自愿捐赠的社会风气。

（本文原载于《发展研究》2008 年第 3 期）

"成果共享"必须形成六大机制

"成果共享"不仅是社会公正原则的本质要求，也是社会进步的必然要求。一个"成果共享"的社会是一个以人为本的和谐的社会。它能最佳地运用和发挥人的智力和能力，从而有效地引导有益于社会的目标实现。"成果共享"已经成为共识，为社会大众普遍拥护和津津乐道。现在的问题不在于为什么要实行"成果共享"，而在于究竟怎样才能实现"成果共享"？这是一个复杂的社会系统工程，必须统筹，形成实实在在的成效。

一、收入分配机制——前提性机制

科学公平的收入分配机制既是促进经济稳步增长、实现"成果共享"的前提，也是调节收入分配实现公平、公正的前提。改革开放以来，我国经济保持了快速的增长速度，但居民收入的差距也在逐步拉大，从发展趋势看，还有进一步拉大的可能。因此，整顿和规范分配秩序、加大对收入分配的调节力度，下大力气解决收入差距扩大的问题，形成科学公平的收入分配机制，是调动人们的积极性，激发人们的创造性，整合社会各方面的力量，推动社会生产力的发展和实现"成果共享"的必然要求。因而，我们要从思想上高度重视收入分配关系问题，推进"成果共享"的收入分配机制的形成。为此，一是必须坚持科学合理的分配原则，以按劳分配为主体，其他分配方式并存，对要素分配要进一步加强规范，初次分配和再分配都要处理好效率和公平的关系，再分配要更加注重公平，逐步缩小收入分配差距。二是必须设计收入分配体制改革的系统方案，决不能把收入分配体制的改革简单地等同于增加公务员的工资或者提高离退休人员的待遇，而应当把改革纳入科学发展观的整体构架，收入分配体制改革必须体现公众的普遍愿望，必须使绝大多数中国人都能从中得到实惠。三是必须创造一个机会平等、规则平等、过程平等的收入分配机制生成的环境。例如建立公开、透明的收入分配的信息系统，尊重并保障群众的知情权，使群众及时了解各种可能会影响其收入分配的民主参与机制，尊重并保障群众对收入分配的参与权和决策权，确保收入分配决策的合理性与科学性。四是加强宏观调节。特别在再分配中要充分发挥税收、转移支付、社会福利等手段的作用，提高低收入，扩大中等收入，调节高收入，保护合法收入，取缔非法收入。

二、就业优先机制——条件性机制

"就业是民生之本"，是人民群众的基本权益，要实现"成果共享"，必须形成就业优先，这是"成果共享"的条件。改革开放以来，我国长期坚持实行的"增长优先"战略，使经济社会面貌发生了根本性改变。但是，随着改革开放的不断深入，由于劳动力供大于求、经济结构调整升级、经济体制转轨和城乡二元结构调整等综合性因素所导致的就业矛盾日益尖锐和突出，尽管中央政府出台了一系列有关就业问题的新政策，就业压力大仍然是面临的重大问题。要改变就业滞后于整个国民经济现代化进程的局面，应当转变过去"增长优先"的经济模式，实行"就业优先"，加强政府对就业的宏观调控。这既是经济增长追求的目标，也是科学发展和"成果共享"的要求和保证。为此，一是必须实行以创业带动就业，建立经济发展与扩大就业良性互动机制，从根本上解决强增长、弱就业的问题。将扩大就业作为经济社会发展和调整经济结构重要的宏观调控目标，纳入政府考核体系中；大力发展劳动密集型产业如服务业，多渠道、多方式增加就业岗位；实行促进就业的财税金融政策，积极支持自主创业、自谋职业，为这类企业的发展提供优惠政策。二是必须健全完善公共就业服务体系。建立网上无形人才劳动力市场与有形人才劳动力市场的互动机制，发挥好市场在配置人力资源方面的基础性作用，为求职者和用人单位提供全方位的服务；要以"制度化、专业化、社会化、信息化"为目标，加强政府所属人才劳动力市场与职业介绍中介机构建设，打造设施更为齐全、功能更为完善、服务更为细致的公共就业服务机构；健全面向全体劳动者的职业技能培训制度；定期举办各类公益性招聘会。三是必须创造良好的促进就业的政策环境。深化户籍、劳动就业等制度改革，逐步形成城乡统一的人才市场和劳动力市场，完善人员流动政策；进一步提高服务机构帮助劳动力就业的效率；强化政府促进就业职能，统筹做好城镇新增劳动力就业、农村富余劳动力转移就业、下岗失业人员再就业工作；扩大再就业政策扶持范围，健全再就业援助制度，着力帮助零就业家庭和就业困难人员就业，突出解决"零就业家庭"人员就业，必保一人就业。

三、教育公平机制——基础性机制

教育是民族振兴的基石，教育公平是社会公平的重要基础。"成果共享"在本质上就是追求公平和公正，也就是公平享有社会资源的问题。而教育公平是一个人拥有公平发展机会的基础，也是有没有能力追求公平享有社会资源——"成果共享"的基础。社会必须赋予人们公平的受教育的机会，形成教育公平机制，才能逐步缓解和缩小贫富差距，实现"成果共享"。为此，一是必须保障教育机会公平。这是实现教育公平的起点。坚持公共教育资源向农村、中西部地区、贫困地区、边疆地区、民族地区倾斜，逐步缩小城乡、区域教育发展差距，推动公共教育协调发展；普及和巩固九年义务教育，落实农村义务教育经费保障机制，在农村并逐步在城市免除义务教育学杂费，全面落实对家庭经济困难学生免费提供课本和补助寄宿生生活费政策，保障农民工子女接受义务教育；加快发展城乡职业教育和培训网络，努力使劳动者人人有知识、个个有技能。保持高等院校招生合理增长，注重增强学生的实践能力、创造能力和就业能力、创业能力。二是必须保障教育政策公平，让教育发展的成果惠及广大人民群众。增加国家财政对教育的投入，确保"三个增长"和财政性教育经费占GDP 4%的目标尽快实现；坚持合理布局、优化配置、扩大规模、提高效益的原则，优化整合教育资源，加大调整教育资源内部分配、城乡分配、区域分配、校际分配的力度，促进教育全面发展；要把推进农村教育均衡发展作为制定教育政策措施的出发点和落脚点，继续加大对财政困难地区教育的扶持力度；教育部门对社会力量办学应给予政策上的鼓励和支持，并给予适当的财政资助。三是必须保障教育环境公平。采取相应措施，保证流动人口子女的受教育权，在城市中设立流动人口子女学校，彻底解决流动人口子女上学难问题，外来人口子女应享有同所在城市学龄儿童一样的入学待遇和入学标准；政府制定相应的政策，采取措施解决高等教育高收费、低就业率问题，为贫困地区出来的大学生创造良好的就业机会；以就业为导向，推动职业教育持续健康发展，例如：要加大对职业教育工作的统筹力度，把职业教育纳入当地经济建设和社会发展规划，教育部门要统筹配置各类职业教育资源，安排好招生和就业工作，使职业技术学校和普通高校之间公平竞争。

四、社会保障机制——基本性机制

社会保障是用经济手段来解决社会问题进而达到社会稳定的重大制度安排。社会保障追求社会公平，对全体居民共享改革发展成果起着基本性的保障作用。健全完善的社会保障制度是人民群众真正得到实惠的重要标志，是增进社会成员社会认同感、团结意识、互助意识的重要纽带，是促进社会稳定的重要基础。我国社会保障制度改革以来，取得了巨大的成就，居民单纯依赖国家与单位的传统保障观念已经发生了深刻变化。但是，适应市场经济与社会发展需要的新型社会保障机制还未真正形成。在现阶段，社会保障体系还不完善，这一制度的改革滞后于经济发展与社会发展的局面还没有从根本上得到扭转，实现人人共享发展成果方面的功能并未得到充分有效的发挥。因而，要共享发展成果，就要完善社会保障制度，加快构建覆盖城乡居民的社会保障体系，形成社会保障机制。一是必须坚持政府主导与发挥市场机制相结合，充分发挥政府在规划、投入、建设和监管方面的作用。现阶段特别要调整财政支出结构，加大对社会保障资金的投入。二是必须进一步完善养老保险制度，以调整养老待遇、做实个人账户作为制度完善的着力点，增强保障能力，提高待遇水平；启动农村社会养老保障制度，逐步建立覆盖城乡多层次的养老保障体系。三是必须坚决维护医疗卫生服务的公益性质。进一步完善医疗保险制度，扩大工伤保险覆盖范围；坚持统筹兼顾，做到医疗卫生服务体系、医疗保险体系和药品供应保障体系同步发展、同步改革；以启动大病统筹为主的城镇居民医疗保险制度为切入点，将未纳入城镇职工基本医疗保险制度范围内的学生、儿童和其他非从业城镇居民全部纳入保障范围。四是必须从满足群众最基本的生存需要入手，进一步健全城乡最低生活保障制度。五是必须完善住房保障制度，大力发展经济适用房和廉租房，把解决城市低收入家庭住房困难作为住房建设和住房制度改革的重要内容，廉租住房制度保障范围应由城市最低收入住房困难家庭扩大到低收入住房困难家庭。六是必须实施外来从业人员由用人单位全额缴费的综合保险，使外来从业人员得到工伤保险、住院医疗、老年补贴等项保障。

五、公共服务机制——保障性机制

完善公共服务，建立公共服务机制，满足公共需要，使人人能够公平享受改革开放的成果，是让人民共享发展成果的重要保障。当前公共服务的强化应该按照科学发展观的要求统筹规划、因地制宜。以发展社会事业和解决民生问题为重点，完善为民办实事的长效机制，建立惠及全体人民的基本公共服务体系，优化公共资源配置，促进基本公共服务均等化，共享发展成果。突出社会事业的公共性和公益性，增强经济社会发展的协调性，加快建立健全覆盖城乡的基本公共服务体系。为此，一是必须完善公共财政体制，坚持以人为本，结合发展实际，根据和谐社会建设和科学发展的要求，建立和健全保障全体居民享受基本公共产品和服务的公共财政支出标准体系，包括最基本的养老保障、医疗保障，最基本的居住条件、教育培训，最基本的治安和生产、生态安全等；调整优化财政支出结构，逐步规范和调整财政转移支付办法，不断加大对财力薄弱地方政府的财政转移支付规模和力度，让更广大的人民群众共享改革发展成果。二是必须增加公共产品和公共服务的供给，重点支持乡村和社区服务网点建设，达到基本社会公共服务的区域全覆盖。按照均衡化原则，农村地区应建立起与城市水平大体相当的农村基本社会公共服务体系；完善社区综合服务网络，通过支持社区中心服务设施和信息服务平台的建设，整合政府和社会投入，发挥社区自治管理、服务居民生活的功能，建立统一指导、市民自主选择并积极参与的社区服务网络。三是必须提高对基本公共服务和公共福利的保障能力。发挥市场配置资源的基础性作用和政府宏观调节相结合。在政府的主导下，综合利用合并、改建、置换、转让、拍卖等市场运作方式，盘活资源存量。通过盘活过剩的存量社会公共服务设施，发展相对薄弱、社会迫切需要的社会公共服务。四是必须积极探索社会利益协调机制，引导群众以理性合法的形式表达利益诉求、维护自身权益，逐步将各种社会矛盾和纠纷的化解纳入法治化轨道。建立健全群众合法权益维护机制，真正让全体社会成员共享改革发展成果，营造安定团结的发展局面。五是必须大力加强公共文化服务体系建设，积极推进公益性文化事业建设；建立健全文化权益援助机制，切实维护低收入和特殊群体的基本文化权益，实现文化权益的共享。六是必须进一步加大生态建设和环境保护力度，加快生态乡镇、生态村建设，大力发展生态经济，改善生态环境，繁荣生态文化，促进人与自然的和谐发展。

六、社会救助机制——补救性机制

社会救助作为维护公民生存和发展基本权益的一项重要制度，主要是为了应对灾害和克服贫困，使基本生活处于困难的居民，能够普遍享受社会救助，保障基本生活。因此，社会救助通常被视为"最后一道社会安全网"。通过建立社会救助的长效机制，对于充分发挥社会救助、调节社会利益、化解社会矛盾、促进社会公平、维护社会稳定的功能，具有重要的意义和作用。改革开放以来，我国已初步建立起覆盖城乡的社会救助体系的基本框架，为困难群体通过社会救助机制共享经济发展成果，奠定了坚实的实践基础。但社会救助工作仍然存在许多问题，凸显出的制度性缺陷，急需改革传统的城乡社会救助体系，逐步建立城乡一体的、以最低生活保障为基础，医疗、教育和其他多种帮扶机制为辅助的社会救助体系。为此，一是必须根据我国经济社会发展的水平，确立以城乡最低生活保障制度和自然灾害应急救助制度为基础，以医疗救助、教育救助、住房救助、法律援助等专项救助为支撑，以社会互助为补充的新型社会救助体系。二是必须从有效保障困难群体的基本生存着眼，逐步增加救助内容，提高保障标准，坚持公平和公正，例如：救助范围、救助标准、救助过程的公平性，救助的内容、依据、条件、程序、期限及实施过程与结果的公正性。三是必须确立"政府主导、主管部门牵头、相关部门合作、社会广泛参与"的社会救助管理体制，同时确立以乡镇、街道、社区为基础的社会救助运行机制。四是必须通过立法明确将社会救助事业纳入各级人民政府制定的国民经济和社会发展规划，并将各级人民政府对社会救助资金的财政投入纳入财政预算，实行专项管理，专款专用，并随着经济社会发展逐年增加。

（本文原载于《经济问题》2008年第2期）

五、经济管理篇

当前搞活大中型企业应处理好八大关系

我国国营大中型企业提供的利税收入占国家财政收入的70%，是国家财政收入的主要源泉，并且是国家实行经济调控的主要物质基础。近年来，国营大中型企业效益下降，亏损面、亏损额逐年增加，致使国家财政困难，调控能力削弱。因而，如何搞活大中型企业，成了扭转当前国家财政困难，启动经济发展的关键所在。纵观改革10多年来搞活大中型企业的经验和教训及目前大中型企业存在的问题和困难，当前搞活大中型企业应处理好以下八大关系：

一、企业外部分配与企业内部分配的关系

企业外部分配是指国家与企业的分配。这是第一层次的分配，企业内部分配是第二层次的分配。这是分配格局的基础。要处理好两种分配的关系应做到以下两点。

1. 确定国家与企业分配的原则。促进财政收入稳定持续增长，确保国家有一定的财政权和财力进行宏观调控，同时，企业也要有一定的财力，保障企业自主经营，自我发展，增强企业活力。这就应当推广实行"利税分流，税后还贷，税后承包"，这是规范国家与企业分配的一种分配模式。企业实现的利润分别以所得税形式和利润形式上交国家一部分，其余部分留归企业，即税作税征，利作利缴。通过降低大中型企业的所得税率与小型企业税率统一起来，体现横向公平，同时，将比例税率改为累进税率，体现纵横公平。

2. 确定企业内部分配的原则。兼顾公平与效率，在企业内部要整顿现行的工资奖金分配制度，采取如下措施：① 报酬弹性化。推行工效挂钩，核定工资总额基数和超利提奖的比例，确定一个弹性分配的总盘子，然后划小核算单位，理顺分配关系。② 分配形式多样化。能够直接进行劳动计量的，一般以计件工资和定额工资为主；不能直接计量的则采取岗位工资、浮动工资、结构工资等形式，科室人员宜实行税利联责浮动工资制。③ 考核兑现制度化。定期考核并据此进行奖罚。

二、宏观调控与企业承包的关系

为了使宏观经济沿着最佳轨迹运行，客观要求在实行企业承包制的同时配合以相应的宏观调控机制。同时，企业承包经营的外部环境有许多地方亟须改善，诸如培育物资市场、劳动市场、金融市场等，生产要素市场尚不完善，现行的社会主义法制体系尚不完全配套，这些都需要在宏观调控中加以解决。改革实践证明，正确地把握宏观调控，可以推动企业承包制的实行并能够促进承包制的完善，从而有利于搞活企业。① 稳定承包政策，这是增强企业自主经营、自负盈亏、自我发展、自我约束能力的关键。② 政府各部门要加强对承包企业的管理，认真贯彻《企业法》和《承包条例》等法规，转变职能，搞好服务，依法管理，特别是做好由直接管理向间接管理的转变：一方面要做好物资、资金等生产要素的计划供应。另一方面要继续建立和完善包括商品市场、生产资料市场、技术市场在内的多种要素市场，搞好价格管理，保证优质优价。③ 科学合理地确定承包基数。鉴于目前的情况，确定承包基数可采取"大稳定、小调整、调低不调高"的办法。"大稳定"即对大多数企业来说原承包基数不变，在此基础上顺延一个承包期。"小调整"即以上个承包期实际完成的平均基数为基础，参照同行业平均利润率的情况，根据企业占有资产数量、还贷任务、技术改造项目的投入的情况，调整递增比例和超收分成比例。"调低不调高"即对承包基数过低、企业留利过多、重大技改投产后提高了效率的企业调高上交基数及递增比例和超收分成比例。④ 在承包方式上坚持改革的方针：一是试行全员风险抵押承包，逐步由企业经营者个人承包转向由企业经营者和全体生产者共同承包。二是在承包中引入竞争机制，在条件具备的情况下把企业和经营都推向承包招标市场，实行竞争承包。⑤ 克服"以包代管"，切实加强现代化科学管理。

三、平等竞争与政策倾斜的关系

平等竞争是指所有企业站在同一起跑线上，在生产经营中有同等的权力，在价值的增值和积累上拥有同样的资格，一切增值和发展机会向所有企业开放，企业的命运取决于企业自身的素质或竞争能力。也就是说，要创造平等竞争的环境就不能搞政策倾斜。但是，前几年我们对集体企业、个体企业、乡镇企业、中外合资企业都实行扶植发展的优惠政策，面对国营企业特别是其中的大中型企业放活的步伐则相当缓慢。导致在企业竞争和职工收入上"国营不如集体，集体不如个人"和"落后技术挤先进技术，小企业挤大企业"等不合理现象的出现，阻碍了中小型企业经济效益的提高，要扭转目前这种不平等竞争现象，应当给国营企业特别是大中型企业也来一次政策倾斜。① 从中央到省市，应该在认真调查研究的基础上列出一批需要重点扶持的大中型骨干企业。② 实行煤炭、电力、运输、资金和原材料全面倾斜。③ 采取严厉措施，杜绝各种形式、各种名目的摊派。④ 保护企业发展后劲。国家应根据产业政策，调高一些企业的固定资产折旧率，增强企业自身扩大再生产的能力。⑤ 国家应制定相应政策，鼓励人才向大中型企业流动。

四、企业独自发展与组建企业集团的关系

前几年，我们比较强调企业的独自发展，认为这样才能赋予企业活力。但是，实际上我们忽视了企业独自发展有可能对市场需求盲目判断和对资源利用的随意浪费。经济生活中重复引进、重复建设、条块分割、地区封锁的现象比比皆是，反而抑制了企业的活力。许多企业虽然拥有一流的名牌优质产品，国内称王，独霸一方，却无力迅速扩大经济规模，提高技术水平。实践证明，在市场不够完善的条件下，不加区别地鼓励企业独自发展，背离了经济活动的客观规律，不利于企业搞活。正确的方法应当使实力较强的大中型企业更多地联合或兼并其他企业，形成以名牌优质产品为龙头的企业集团，这样可以避免企业独自发展的盲目性，增强企业的活力。那么，在组建企业集团中则应当：① 促进企业集团资产经营一体化，实现紧密型的专业化生产、集约化经营。企业集团的母公司应成为授权经营国有资产的一级经营组织，使国有资产明晰化，分解政府"三合一"的身份和职能，在深层次上着手调整企业经营机制，保证公有财产价值增强和有效使用，使企业具有更大活力。② 发展企业集团必须着眼于规模经济，对尚不具备规模经济的企业集团，促其完善结构，健全功能；对已发育成形的企业集团，应促其充分利用规模经济优势，以获取较高的规模经济效益。③ 建立促进和保护企业集团发展的经济法规。当前应尽快制定集团公司的工商登记条例；组织与管理实施办法，对企业集团性质和行为准则的界定要进行研讨，以形成理论指导。

五、资金不足与技术改造的关系

在当前资金不足的情况下要不要搞技术改造？无论从搞活大中型企业，还是从克服当前我国经济困难来看，技术改造都是一项重要的战略任务。为了适应国内外市场需求和变化，必须在调整产品结构上下功夫。调整产品结构的主要途径就是搞技术改造、充分利用自己的技术和装备优势，生产、开发和经营名、新、优、特产品，严格控制乃至淘汰那些长线产品和效益低下的产品，以自己的硬功夫去攻破目前的软市场。

那么在资金不足的情况下怎么进行技术改造，具体来说有如下几点：1. 国家要正确把握资金的投向。应以"高创汇、高附加值、高技术产品"为重点，优化资金投向。这可从三方面入手：① 补救性改造。对一些市场竞争能力弱、消耗高、效益低的长线产品，推行更新换代改造。集中部分资金用于技术开发，加快更新换代速度。② 配套性改造。对一些产品市场走势好，但因设备不配套，难以发挥最佳效益的企业，以现有设备和工艺为基础，进行关键设备的配套更新改造。③ 淘汰式改造。一些产品技术水平高、经济实力强的企业，可直接采用国际先进技术设备，淘汰旧设备，提高产品质量，将产品打入国际市场。2. 技术改造要围绕产品结构进行，最主要的是精选项目突出重点，确定调整优化的重点产品。3. 企业的技术引进应以软技术引进为重点，立足引进关键设备，而且技术引进应注意消化吸收。更主要的是企业技术引进与消化吸收都要围绕企业的技术改造、技术开发进行，使有限的资金发挥更大的效益。

六、专业化生产和多角化经营的关系

发展专业化生产可以提高劳动生产率，降低产品成本，提高生产水平。多角化经营能为大中型企业提供更广阔的回旋余地，能增强企业的应变能力和适应能力，降低企业经营风险，使企业立于不败之地。因而大中型企业应以一种产品为主，发展其他产品即在专业化的基础上实行多角化经营。1. 集中力量经营那些最有利可图又有发展前景且市场又相对集中的行业和产品，根据企业实际，有主有次，做到多角化与专业化各得其所，相互促进。2. 多角化经营应当利用现有的经营资源特别要把企业富余的劳动力充分利用起来，使这些劳动力成为创造财富的力量。3. 多角化经营应向企业相关的领域发展并应以开发新产品为主，以老产品的盈利来弥补新产品的研制开发费用和投产初期的亏损，在新产品收益成长时，以自己的盈利支持老产品改型或换型。4.多角化经营战略是作为一种产品市场战略，在一定时期内应具有相对的稳定性，即在确定企业的发展方向和趋势，解决企业一定时期基本方针问题上大体不变，在实施多角化战略过程中，则必须根据企业外部环境的变化而作相应调整。

七、开拓国际市场和占领国内市场的关系

搞活大中型企业一个重要的问题就是要处理好开拓国际市场和占领国内市场的关系，即在开拓国际市场的前提下有效地占领国内市场：1.政府部门要支持企业，当前最迫切要抓两项工作：一要扶持民族工业的发展，凡是已进入国际市场的产品，能够替代进口的产品或是经过努力能够生产的产品，坚决不再进口；二要着眼于未来，要给出口企业更多的自主权和优惠政策。2.工贸结合，选择一些有条件的大中型企业，给予它们外贸权，让它们直接进入国际市场。3.企业要集中各方面的人才，组成一支强有力的市场研究和开发队伍，研究国内外市场，用科学的方法收集信息，预测市场，开发潜在市场，为企业制订规划和计划提供可靠的依据。

八、企业党委政治核心与厂长中心地位的关系

企业实行厂长负责制，确立厂长的中心地位，这是为适应现代化大生产的需要所做出的正确选择。但在贯彻厂长负责制过程中，存在一个很大误区，即党组织的政治核心地位不明确，致使企业党组织的作用被淡化，监督难以有效实施，思想政治工作在一片加强声中被削弱。实际上，党委政治核心地位同厂长的中心地位并不矛盾。厂长的中心地位主要是指厂长对企业的生产经营、行政管理全面负责，厂长也要做政治思想工作，特别是做好生产经营过程中的思想政治工作。党委的政治核心地位主要体现在政治思想工作方面，通过加强党的建设和政治思想工作，依靠党组织和党员的作用，发挥党的政治优势。厂长与党委书记只有职责的不同，没有地位的高低，只有密切配合的义务，不应去计较权力的大小，两者的合作是搞活企业的重要一环。

为此，必须正确处理企业党委政治核心与厂长中心地位的关系：1.既要发挥企业党组织思想政治工作的核心作用，又要有利厂长统一指挥企业的生产经营活动。特别是在当前外有压力，内有困难的情况下，企业党政

领导要讲党性、讲大局、讲风格、讲团结、互相支持、互相配合。2.厂长要按照《企业法》的规定行使职权，党委要发挥保证和监督的作用，使厂长负责制更顺利、更有效地推行。3.明确企业党委发挥政治核心作用所担负的任务，厂长也要积极支持配合。

（本文原载于《企业经济》1991年第5期）

企业集团应向财团发展

在改革中，单个的独立的企业逐步向以实力雄厚的企业为核心，通过周密的组织形式和相应的经济权责，把多个企业联合在一起的企业集团发展。实践证明，这条路子是正确的，那么，随着改革的深化，企业集团如何向更高层次发展呢？对实践中出现的一些迹象进行理论分析后，笔者认为，企业集团应向更高形式的财团发展。

一

所谓财团是指银行以资金为媒介参与企业集团，使银行资金与企业集团资产融为一体，形成财团。这种财团具有以下几个特征：

1. 公有制。这种财团在本质上是公有制。银行本身是国有的，企业集团不管是由多少个企业组成，也不管其组成企业的所有制有几种形式，必须有公有制企业参与，并起核心主导作用，因而，企业集团的所有制性质是公有制，是社会主义的财团。它与资本主义的财团有着本质区别。

2. 实体性。这种财团是一种实体经济组织，是具有一定实力和义务的法人，独立开展经营活动。但这种法人结构是"混合型"的。在财团内部，财团法人和成员企业法人并存。在财团内部，一部分企业由财团统一经营、统一对外活动，企业对内只是财团的成员单位，对外无法人资格，其财产归财团所有。另一部分企业财产也归财团所有，但财团不实行直接经营，而实行分级管理，分级核算，在财团统一领导、统一决策下，企业具有一定的独立性，仍保留其法人地位。再一部分企业就是纯粹通过资金、技术、劳动力、市场等方面的契约联合形式组织起来的，它们在法律上具有独立的法人地位，但在联合经营的业务范围内，承担连带责任。

3. 参与性。这种财团正是由于银行参与企业集团而形成的，参与是财团形成的起点。财团形成后因为有较强的经济实力，它们除了应用这些实力发展自己所从事的生产、流通活动外，还会不断地向外扩张，例如兼并其他企业、购买其他企业的股票、参与国外投资、购买国外债券股票等。即通过参与，实现自己的扩张。

4. 垄断性。这种财团通常包括少数的银行和相当数量的工矿企业、商业企业和交通运输企业，有的还扩展到文化、教育、科学等事业单位，往往在某一行业或某一区域处于垄断地位。因为，银行本身就是一种垄断组织，再加上企业集团的核心企业都是大企业或控股公司，这些大企业和控股公司在尚未组成企业集团时，就已经有一定的实力，拥有一定的生产或流通的垄断地位，通过组成企业集团后，又有许多企业、事业单位为其配套，更增强了垄断地位。银行参与后，又进一步增强了这一垄断地位，但这些形式的垄断都没有消除竞争，而是不断把竞争升级为垄断竞争。因而，这种垄断可以充分获取规模经济效益。

二

银行参与企业集团，从而形成财团，这种财团是企业集团发展的更高形式，它比企业集团具有更强的实力和更大的活力，其具有以下优点：

1. 形成资产一体化格局，产生内在的利益制约。企业集团的发展，在促进经济体制改革和企业经营管理、推进企业技术进步、扩大产品出口等方面起着积极的作用。但是，由于企业集团缺乏一种内在的利益制约，再加上外部环境的种种制约，致使企业集团内部的联合相对来说还比较松散，不利于统一规划，统一发展。企业集团的进一步发展需要有一种内在的利益制约，为此就要形成资产一体化格局。而银行参与企业集团就可以发挥其资金实力和信用优势，从而促使企业集团内部产生聚合力，形成以资金为联结枢纽，以参股控股为管理形式，实现利益均等、风险共担的资产一体化格局。因而，只有银行参与企业集团，才能真正形成资产一体化格局，产生一种内在的利益制约，推进财团发展。

2. 促进资金集聚，在内部形成发展动力。资金一直是制约我国经济发展的瓶颈，也是制约企业集团发展的根本问题。企业集团财力不足，缺乏向上力和凝聚力。占我国企业集团多数的地方性企业集团往往资金结合度低或缺乏资金，在复杂多变的市场面前，这些企业集团由于"龙头产品"优势转移或"龙头企业"地位变化而不稳定，有的依靠国家给予的优惠条件甚至借助于原行政隶属关系维持集团生命。因而，内部缺乏发展动力。银行参与企业集团，进行直接投资，使银行资金与企业集团资产融为一体，可以促进资金集聚，这实际上是生产要素的集中，在内部形成发展动力。所以，我国的企业集团只有以金融机构作为后盾，发展成为财团，才有力量摆脱条块的羁绊，改变原有的企业集团内部"可以共安乐，不可以共患难"的不稳定合作关系。

3. 具有多元化的综合功能。财团在生产科研、技术开发、资金运用、内外贸易等方面具有多元化的综合功能，可以在人、财、物及产、供、销诸方面进行优化组合，以较长期的稳定组织形式及章程，在生产、科研、销售上扬长避短，有效地组织所属成员单位的经济技术合作，促使生产要素使用效率的全面提高。这种生产要素的优化组合是单个企业很难实现的，也是一般企业集团力所不及的。只有在企业集团发展成为财团后，以资金为纽带把内部各单位更紧密地组织起来后，才有力量成功推进这种优化组合。因此，与一般企业集团相比，财团具有更高层次、更大范围、更多要素有机结合的特点，更加适应现代化大生产的要求，适合高技术的大型综合系统工程建设项目的总体承包。

4. 有利于国际化经营。国际化经营现已成为全球性的经济现象。我国目前4 000多家企业集团中有不少已向国际市场发展，但仍处于国际化经营的初级阶段，即单一的贸易型，缺乏应变和进一步发展战略目标。究其原因，主要是由于既缺乏内在的外向发展的动因，又缺乏雄厚的经济实力和专业人才，无法建立融生产、销售和服务于一体的国际化经营体系。企业集团发展成为财团后，内部聚合力、经济实力等都大大增强，既可以进一步优化内部的资源组合，又可以取得规模经济效益，有利于进入国际市场，实行国际化经营。

三

财团既然比企业集团具有更强的实力和更大的活力，那企业集团应当如何向更高层次的财团发展呢？

　　首先，企业集团必须发展到臻于成熟，有了进一步发展的要求时，才可能向财团发展。那么，企业集团应发展到什么程度才是成熟呢？主要有以下五个方面：① 有一个实力强大，具有投资中心功能的集团核心。这个核心可以是一个大型企业，也可以是一个资金较为雄厚的控股公司。② 有多层次的组织结构。除核心企业外，还要有一定数量的紧密层企业，最好还有半紧密层和松散层企业。③ 核心企业与成员企业之间，要通过强化资产连接纽带组成一个有机的整体。④ 每个成员都是独立的企业法人，企业集团是这些法人的联合体。⑤ 生产经营能够得到拓展，具有较好的经济效益。企业集团只有在这样的基础上，才能接受银行的参与向更高形式发展。

　　其次，银行必须有参与企业集团的实力和意愿，才可能产生财团。相对于企业集团成熟的条件而言，银行参与的实力和意愿比较容易具备。我国的银行基本上都是国营的，都有十分强大的实力，参与企业集团后，将大大提高后者的资金使用度，使之形成强大的融资手段和投资能力。因而，参与企业集团的意愿是存在的，只要企业集团具备了上述五个成熟条件，银行会愿意参与的。

　　再次，银行对企业集团必须有一定的参与度，才能形成财团。银行参与企业集团的方式主要有三种：① 参与股票认购，企业集团的资产股份化，银行以购买企业集团股票形成直接投资，并以股东成员身份参与经营管理。② 参与组建新的股份企业，银行与企业集团共同出资认股，组建新的分支机构，从而扩大生产规模。③ 参与兼并企业，对有银行贷款的破产企业可采取同集团共同兼并的方式。银行通过这三种方式参与企业集团，但如果只是一般的参与，如认购少量股票，参与组建一些小机构或参与兼并一些企业，银行资金在整个企业集团资产中所占比重不大，分量较少，还不足以组成财团。只有当银行资金在整个企业集团的资产中所占比重比较大，一般至少应在20％以上时，才能形成财团。

　　当然，参与度的提高有一个过程，因而，财团的形成也有一个过程，并非银行一参与企业集团就成为财团，而是随着参与度不断增加到一定程度后才形成财团。

四

　　财团既然是企业集团发展的更高形式，具有比企业集团更强的实力和更大的活力，那么，有关部门应当如何推动财团的形成呢？

　　首先，要创造条件推动企业集团趋于成熟：① 制定相应的政策，帮助紧密层企业"联姻"。在组建企业集团公司紧密层过程中，政府有关部门应在信贷、税收物资供应、能源分配等方面给予优惠。激励主体企业对紧密层企业的扶持与帮助，以促进企业集团健康发展。② 减少对企业集团运行的行政干预，完善和扩大企业集团的自主权。③ 完善企业集团内部的组织形式、领导制度与管理制度。④ 在产业政策指导下，实行必要的政策倾斜，促进部分企业集团率先走上自我积累、自我改造、自我发展的良性循环的轨道。

　　其次，要适时地推动企业集团接受银行的有一定参与度的渗入。当企业集团发展比较成熟，有了进一步发展的要求时，政府有关部门应当适时地推动企业集团接受银行的参与，组成财团。但这应当建立在双方自愿、互利互惠的基础上，组成一个见效一个，不能操之过急。

　　最后，组成财团后，推动财团向正常的轨道运转。财团建成后只有正常运转，才是有效的，否则就会萎缩。要使财团正常运转就要给它们比企业集团更大的自主权，更少的行政干预，更多的外贸经营权，把它们推向国际市场。

（本文原载于《当代财经》1991 年第 8 期）

"公司加农户"：引导农民走向市场的有效形式

在向市场经济转轨的过程中，如何把 9 亿农民引向市场。这不仅关系到我国市场经济发展的后劲，也关系到农村的安定和国家的稳定。因而，实际工作部门和经济理论界都十分关心并正在努力探索这个问题。福建省南平地区在近一二年的实际中创造性地应用"公司加农户"的形式，这是把农民引向市场比较易于操作又行之有效的形式。

——

"公司加农户"是以市场为导向，以公司（指经济实体）为龙头，以特色规模为基础，以社会化服务体系为依托，以千家万户为辐射点，用经济合同的形式或直接的利益机制把公司和农户连接起来，形成生产者、供应者、销售者产供销一条龙（贸工农一体化）的经济利益共同体，由于不同的公司、不同的经营项目以及不同情况的乡村，"公司加农户"就出现了四种不同的形式：

（一）紧密型。由公司负责筹集生产资金，提供生产资料、技术、销售等全过程服务，承担投入、技术、市场风险；农户承担部分生产风险。公司在经营上是决策者、组织者，负责生产计划的制订和组织实施，同时还负责生产资料的供应和产品的销售；农户是生产的主体，负责按照公司制订的生产计划、技术规程和要求进行生产，并按照合同价格交售产品给公司，获取劳务工资。

（二）半紧密型。由公司和农户共同建立生产基地，公司负责种苗、技术、销售，农户负责生产管理，产品由公司以保护价收购，公司与农户风险共担，利益共享。

（三）松散型。由公司有偿提供技术、种苗，负责产品收购，与农户建立挂钩关系，农户要承担生产、技术等大部分风险，公司承担市场风险。

（四）协作型。由公司借贷生产资金（由乡、村政府统一发放，统一回收），用以解决购买种苗和原材料的启动资金，公司派技术人员实地指导，产品按照市场价格统收统销。

二

"公司加农户"这种形式，对广大的农民有很强的吸引力。由于受传统小农观念的束缚和生产力发展的限制，我国农民的市场参与意识不强：一是市场观念淡薄。由于自然经济影响，农民对市场还不十分熟悉，市场观念淡薄，商品意识、竞争意识不强。二是市场信息不灵。多数农民尚处在比较分散的小生产状态，市场信息不灵，生产带有很大的随意性和盲目性。三是参与和驾驭市场的能力弱。一家一户生产经营势单力薄，竞争能力十分有限。同时，由于我国农村经济的长期落后，仍处于初级现货市场阶段，地方尚未构成完整的市场体系，距形成全国统一市场的标准更远，又没有有效的社会化服务体系，流通不畅问题仍很严重，买难卖难问题仍未解决。在这些因素制约下，农民走向市场步履艰难。"公司加农户"以其独特的形式，通过农工贸有机结合、互补互惠的利益机制，在一定程度上抵消了上述因素的制约，把广大农民直接导向市场。

（一）"公司加农户"以共同利益为农民走向市场提供了新的选择。长期以来形成的农民以土地为本的观念，使得分散的家庭生产经营形式在发展生产中最担心的是市场问题。"公司加农户"适应这种生产形式和心态，一头连着市场，一头连着千家万户，它不改变千家万户搞生产的格局，又把分散的家庭农业生产以共同利益凝聚起来，导入市场。公司与农户互为依存，公司要以农户生产发展作为自己发展的基础，而农户也要借公司使自己的产品进入市场，公司成为农户进入市场的桥梁。"公司加农户"在某种意义上成了"市场加生产"。双方受共同利益目标的驱使，结成稳固的利益共同体。这种新的生产关系不但有很强的凝聚力，也为农民走向市场提供了新的选择。

（二）"公司加农户"以社会化服务，为农民走向市场提供有力保证。农业社会化服务是发展农业生产专业化、商品化的重要手段。但是，原有的农业社会化服务从总体看服务体系不健全、服务功能不完善、服务机制不配套，已远不能适应市场经济的需要。"公司加农户"是以社会化服务为依托的，公司为了促使农户提供数量更多、质量更优的农产品，必然要把开展对农户的服务作为自身的职责，自觉热忱地开展专业化系列服务。这在客观上推动了农村社会化服务体系的建设，也在一定程度上缓解了农村流通不畅、买难卖难的问题。由于公司对农户开展的服务有针对性，服务完善周到，为把农民吸引到市场提供了有效的保证。

（三）"公司加农户"以科技兴农，为农民走向市场提供技术支撑。科学技术是第一生产力。农民要在市场上实现高效益，就必须提高农产品的科技含量，变单纯依靠资源为着力依靠科技。那么，如何使科技成果和农用技术源源不断地流向农村，为千家万户所掌握，"公司加农户"做出了示范。为了开辟市场，占有市场，公司所选择的经营项目普遍具有起点高的特点，从而要求加快新技术的引进、试验和推广。公司可使用最有效的方法迅速地、多层次地、大规模地把新技术植入农户，为农民开辟了新的致富门路。农民学到新技术后，便提高了自己产品的档次，为进入市场获得了技术支撑。

（四）"公司加农户"以调整结构，为农民走向市场增强竞争能力。由于产业结构、产品结构的不合理，农民往往只能徘徊在市场门外，难以为市场所接受。即使接受也缺乏竞争能力。只有对原有的产业结构，产品结构进行适应性、开发性的调整，才能把农民引向市场。"公司加农户"所选择的经营项目，一般都比较注重从本地的资源优势出发，建立各具特色的区域支柱产业，发展一批生产基地和专业乡村、专业大户，搞一村一品、一乡一品、一县一品。这样不仅使产业、产品具有特色，为市场所欢迎，增强其竞争能力，同时，由于把分散的农户组成一个整体，生产同一产品，又可实现规模效益。因而"公司加农户"所形成的这种结构调整，为农户走向市场增强了竞争能力。

三

"公司加农户"引导农民走向市场，实质上推动了传统农业与市场经济转轨。原因如下：

（一）一定程度上解决了小生产与大市场、家庭经营与社会化大生产的矛盾。农村改革使农民获得了较大的经营自主权，家庭成为利益单元和决策主体。农民在"利益最大化"的价值取向驱动下，做"无规则运动"。久而久之，就形成这样一种局面：一方面以家庭为载体的微观组织超强发展，家庭内部高度组织化；另一方面农村社区组织却日益萎缩，社区群体缺乏宏观的"共振"。这样，以家庭为主体的小生产往往游离于社会大市场之外，家庭经营与社会化大生产难以耦合。"公司加农户"形式的出现完善了农村社会化服务体系，解决了买难卖难的问题，为大规模生产创造了条件。农民变员工，家庭变车间，乡村变企业，单家独户的小农生产转换为社会化大生产的有机组成部分。这种自我发展的机制再造，能够有效地解决小生产与大市场、家庭经营与社会化大生产的矛盾，推动农村向市场经济的转轨。

（二）提高了农民和农村经济的组织化程度。农村改革推动了农村经济的发展，也使农村社会处于日益分化之中。活动领域不断拓展，社会角色不断增加，社会异质性日益增强，农民这一群体也处在日益裂变之中。经济的发展，群体的分化，利益的冲突，价值观念的转变及农民参与期望的提高，使统分结合的两个经营层次出现非均衡发展。一方面，农村在某种意义和程度上向小农经济复归，传统农民所固有的心理习惯也随之复苏、滋生和蔓延；另一方面，集体经济的薄弱，不仅使农村基层组织失去了吸引农民的凝聚力，而且也失去了组织和管理农民及农村经济的物质基础和物质手段。"旧辙已破，新轨未立"。这种新旧体交替的不同步，就形成了农村能动性组织的真空地带。这就要求建立一种能疏导、解释、表达、调动公共意志的组织机制，推动农村向市场经济转轨。"公司加农户"以市场经济所特有的契约关系把分散的农户聚集在可控性很强的体制之中，农民从小农经济的自然人转变为商品社会的经济人，严格按照公司确定的项目布点、品种安排、生产期去操作，便于规范管理，从而提高了农民和农村经济的组织程度，有利于向市场经济的转轨。

（三）推动了城乡生产要素的相互流动，加速农业现代化。要实现农业现代化，必须使农业从传统落后的状态下走出来，为此必须有两个前提：一是实现土地规模经营，提高农业生产的专业化、商品化和社会化程度；二是对传统农业进行技术改造，提高农业生产率。农村改革为创造这两个前提提供了契机。但在目前，我国农业仍因土地分散化而难以形成规模经营，在城市工业对农业积累的不断抽吸下，农业难以形成自我积累能力。由于资金不能自由流动，农业因缺乏资金投入而只能维持简单再生产；同时，由于农村缺乏科技人才，传统农业因得不到科技投入而难以得到改造。这些原因均制约农业的现代化。这就迫切要求构建一种城乡生产要素在市场调节下正常流动的机制，推动土地的规模经营和对传统农业的技术改造，从而推动农业现代化。"公司加农户"以公司的经济效益为中心，组织千家万户进行专业化生产，通过种植业、养殖业、加工业等多种经营形式，促进了资源—商品—效益的转化。农户由于有了可靠的信息和市场，有了配套的服务措施，并且生产中的资金、技术、销路等困难也可由公司帮助解决，能够大胆地调整产业、产品结构，做到单体成规模，总体成区域，形成规模经济的商品生产基地。同时，"公司加农户"还为科技人员进入农业经济主战场创造了有利条件，也推动对传统农业的技术改造。这样，"公司加农户"便推动了农业向市场经济转轨中的现代化进程。

四

"公司加农户"在引导农民走向市场，从而实质上推动传统农业向市场经济转轨的积极效应，使这种形式很快走出以农业为主的南平地区。最近一段时间，正为各地区所推广。这说明了"公司加农户"的活力和生命力；但是，要使这种新的形式得以顺利推广，必须注意以下几个问题：

（一）不加干预。"公司加农户"是一种经济形式，它是在政府机关逐步从行政型过渡到服务型，从直接管理经济、组织生产转变为间接管理，通过调控市场引导生产中产生的。它把原来由党政机关代包代办的"行政行为"转为企业运用经济规律和手段组织生产经营活动的经济行为。而政府机关对本地区是否推广，如何推广"公司加农户"这种形式，可以引导，但不应加以行政干预，切不可搞"拉郎配"。

（二）因地制宜。各地的情况不同，要根据不同地方、不同企业、不同项目分别采取不同的形式进行公司与农户的联结，不可搞一刀切。任何经验在推广中，都要根据各自的条件，因地制宜。

（三）抓好龙头。龙头企业是"公司加农户"一体化经营赖以生存和发展的核心，抓好龙头企业就等于抓住核心。在市场经济条件下，龙头企业的产品能否顺利进入市场，取决于自身竞争力、应变力和辐射力的大小。因而，龙头企业应把着力点放在市场营销、树立名牌形象，提高产品质量和完善服务上，寻求在某个方面确立自己的独特优势，在千变万化的市场上开拓自己生存和发展的空间。

（四）选准项目。特色项目是实现效益的关键。有特色、有规模的产品，在市场中就有竞争力和占有率。因而，要推广"公司加农户"的形式，一定要根据本地区的优势，选准经营项目，并形成一定的规模，这样才能取得效益。

（本文原载于《农业经济问题》1994 年第 5 期）

我国企业集团发展的四次热潮及其特点

一

企业集团是我国改革开放中出现的新事物。十多年来，我国企业集团发展出现了四次热潮。

第一次热潮出现于 1980 年。当时，国务院发布了《关于推动经济联合的暂行规定》，大大推动了企业的横向联合，掀起了横向经济联合的高潮，出现了许多横向经济联合体，这是我国企业集团的雏形。这时的企业集团具有以下一些特点：一是坚持"三不变原则"。即隶属关系不变，所有制关系不变，上缴税利渠道不变，这不符合市场经济发展的原则。二是松散而不规范。由于没有产权纽带，企业集团的组合松散而不规范，实质上只是企业联合协会，有的名义上设了办事处，实际上起不了多大作用。三是规模小，且分散经营，各自为政。

第二次热潮出现于 1987 年。当时，国务院发布了《关于大型工业联营企业在国家计划中实行单列的暂行规定》和《关于组建和发展企业集团的几点意见》，全国掀起了组建企业集团的热潮，到 1988 年底，全国有一定规模的企业集团发展到 1 500 家。这时的企业集团具有以下一些特点：一是"三不变原则"仍未打破。企业集团的发展很难摆脱地域、所有制和部门的制约。二是联结纽带不紧密。产权纽带不能形成，集团企业的联系基本上是半紧密型和松散型。组合时多以优质名牌产品为龙头，形成生产、设计、科研、销售四位一体的企业联合。三是多角经营。企业集团组建时，多选择与自己业务有关的企业作为联合成员，选择多种相关与不相关的产品进行经营，目的在于最大限度地减少集团的经营风险。四是"成活率"低。企业集团成立后能运转 5 年以上者只占 12%，大多数企业集团因为组建后效益不理想、利益分配不均和其他种种制约而自动散伙。

第三次热潮出现于 1991 年。当时，国务院下达了 71 号文件，在国务院各有关部门、地方政府的推动下，再一次掀起了企业集团发展的热潮。在这一次热潮中形成和发展的企业集团具有以下特点。正面的有：一是"三不变原则"开始松动，大部分企业集团积极进行了以产权为纽带联结的探索，联结趋于紧密和半紧密，增强了集团内部的凝聚力；二是扩展了企业集团的功能，壮大了集团的实力；三是深化集团内部改革，提高了经营管理水平；四是开始注重运用市场经济的方法和手段进行结构调整和资源配置，推动了产品结构、企业组织结构的调整。五是规模扩大，国务院确定组建 56 家试点企业集团，这些企业集团都是国家级大企业集团，形成了一定的规模经济。负面的有：一是产权纽带还不够突出，集团内企业间尚缺乏"利益共同体"的基础，还缺乏凝聚力；二是集团内部的管理体制尚不规范，一部分集团公司虽名为公司，实则工厂制的领导体制并未改变；三是集团的经济实力还不强，国际竞争力较弱；四是规模还不够大，产业集中度还比较低。

第四次热潮出现于 1994 年。党的十四届三中全会决定指出："发展一批以公有制为主体，以产权联结为主要纽带的跨地区、跨行业的大型企业集团，发挥其在促进结构调整，提高规模效益，加快新技术、新产品开发，增强国际竞争能力等方面的重要作用。"指明了企业集团发展的方向。与此同时，1994 年财税、金融、投资、外汇、外贸五大宏观体制改革顺利进行，《中华人民共和国公司法》公布并开始实施。紧接着从 1995 年起，国有企业改革成为整个经济体制改革的重点，企业集团试点工作被列为国务院确定的四大试点之一。国家提出实施大公司、大集团战略，选择一批大企业进行企业集团试点，是搞好国有企业的一项重大措施。抓住了这些大公司、大集团，就可以抓住经济的关键，就会带动一大批中小企业的发展。各地区都在这种思想的指导下，纷纷抓本地区的大公司、大集团，又迅速掀起集团热。这时形成和发展的企业集团具有以下一些特点：正面的有：一是开始突破"三不变原则"，打破条块分割的界限，产权纽带逐步显现出来；二是主动进行现代企业制度改革，积极探索公司化改革，按《中华人民共和国公司法》的规定理顺集团内部关系，科学界定和协调母子公司之间的权利责任，按照集权和分权相结合的原则，注意发挥集团整体优势；三是进行了国有资产授权管理的探索，使授权的核心企业成为拥有集团成员企业全部国有资产产权的母公司，成员企业则成为子公司，从而强化了核心企业与成员企业的产权关系；四是注意建立集团的治理结构，使集团公司逐步成为资产经营中心、投资中心、财务中心、监督服务中心。负面的有：一是集团内部的联结纽带还比较弱，产权纽带虽然逐步显现，但还没有成为强有力的联结纽带，为此，集团的管理制度没有按资产关系确定，基本上仍是实行行政级别管理，层层有级别；二是集团的规模和实力还不够大，包括国家试点的56家企业集团在内，比较大一点的企业集团，净资产不过几十个亿，紧密层成员企业不过十多个，而且局限在一个省、一个地区范围内的比较多，产品在国内市场占有率不高，许多集团还是劳动密集型经营模式，金融与产业之间的结合不紧密，参与国际市场的竞争力不强。

二

就我国企业集团发展的四次热潮而言，总体上有以下几个特点：

1. 集团发展借助于行政推动。企业集团发展的四次热潮基本上都是在国务院下发了有关横向经济联合和企业集团发展的文件后出现的，行政推动是我国企业集团发展的主导力量。很多是政府做出决定，将一些企业划并到一个大的优势企业，或者为了形成成套生产和经营，将几个大的企业撮合成一个企业集团。依靠行政力量组建的企业集团，好处是建得快，运行快，但弊端也是明显的，集团发展受到行政区划的严格限制，与经济发展的内在要求相悖，联结纽带不牢。

2. 集团公司缺乏调控能力。由于集团内部联结纽带不牢，核心企业缺乏控制其他企业的支配性资本，难以形成维系各企业的凝聚力，往往成为一种服务性的经营体，只能借助于行政隶属关系来维持企业集团的发展，集团公司无力调控企业经营，更无法进行产业结构的调整。

3. 企业集团与国家的关系不顺。我国的企业集团大多数与政府部门是某种承包关系或经济责任关系，集团与行政之间存在契约纽带。这样，在现行体制下，形成不了自我发展、自主经营的机制，企业集团对上级主管部门的依赖性大，又得服从于地方政府的利益，集团自身无力也不想从政府的行政保护下解脱出来。

4. 热潮维持的时间比较短。企业集团每一次发展热潮维持的时间都比较短。往往是国务院下发文件后，各地政府、各有关部门加以推动，很快就形成热潮。但随后可能由于其他的工作重心出现，工作中心转移，热潮便逐步消退，没有达到原有的预期目的。于是又进行新的发动，形成新的热潮。尽管每一次新的热潮比前一次热潮都有进步，但由于热潮维持的时间太短，难以形成企业集团发展的有利空间。

三

根据我国企业集团发展的四次热潮的总体特点，为了使第四次热潮维持的时间长一点，笔者认为，第四次热潮的预期目标和要求应当是：全国要形成一批国家级、省级、地区级的大公司、大集团，这些大公司、大集团要以产权纽带为主要联结纽带，内部建立科学的调控，有序的治理结构，有较大的规模、较强的实力，有一定的国内市场占有率，并能积极参与国际市场的竞争。为此，这次热潮至少要维持到 2000 年，这期间应采取以下一些措施：

1. 按经济规律发展企业集团。企业集团的发展不是政府行为，在我国这样特定的条件下，企业集团的发展固然不能缺少政府的引导、支持和帮助，但企业集团的发展毕竟是企业行为，政府的引导必须按照企业自身发展的内在要求来进行，要按经济规律办事。脱离经济规律，脱离企业自身发展的内在要求，以行政力量加以撮合的企业集团缺乏生命力，成活率比较低。按经济规律发展企业集团，一方面要尊重企业发展的要求，企业的事让企业自己办，企业什么时候要形成企业集团，怎么形成企业集团，要企业自己根据需要、条件来进行；另一方面要创造企业集团发展的外部环境，加以引导，并提供政策、资金、信息等方面的服务。

2. 按股份制改组建现有企业集团。经过股份制改组的企业，不再隶属于一定的行政机构。国家控股的企业，国家股权也是通过股权代表到企业内部，按股份制的机制以民主方式体现，企业间通过参股、控股等形式建立市场联系，促进企业集团成员之间建立资产纽带，形成资产、利益、决策的制约机制，从而使企业集团成为以资金为联结纽带的资产经营共同体。

3. 按《中华人民共和国公司法》的要求建立母子公司体制。公司制度的基础是现代产权制度，产权主体明确，产权关系清晰。目前，我国企业集团的核心企业有的仍然是行政化管理，其成员企业依然是工厂模式，难以适应社会化大生产的要求，必须按《中华人民共和国公司法》的要求进行公司制改造。首先，要清产核资，界定产权，清理债权债务，评估资产。核实母、子公司法人财产实际占有量，核定资本金，然后确定这些资产的出资人代表，即投资主体。其次，在企业集团内部建立规范的控股、参股关系，以此来逐步淡化原有的行政纽带，强化产权联结纽带。

4. 按实际情况建立科学合理的管理结构。母公司对子公司的管理，国际上没有固定模式，有的强调集权，有的强调分权。我国企业集团情况差异很大，具体如何管理，不能采用一个模式，要根据企业集团的实际情况，确定各自的管理结构，并在企业集团的章程或其他内部规则中加以明确，使之制度化、程序化。一般而言，核心企业和成员企业都应建立股东会、董事会、监事会和经理班子。核心企业只能通过派遣到子公司的董事会代表、监事会代表对子公司进行监督，不能干预子公司的日常经营管理。

（本文原载于《当代财经》1996 年第 9 期）

防范金融风险应建立和强化十大机制

在全球经济一体化进程日益加快和各国改革开放力度不断加大的今天，如何防范灾难性、传染性的金融风险，成了各国和地区在对外开放中亟待思索和研究的重点课题。亚洲一些国家的金融危机，使这个思索和研究更具有必要性和紧迫性。

我国当前国际收支形势良好，在短期内不会发生泰国式的金融危机。但在我国进一步开放和金融体制改革不断深化过程中，也还存在一些特殊矛盾和经济、金融风险，研究如何防范金融风险，也是十分必要和紧迫的。根据亚洲一些国家金融危机的启示和部分国家、地区的经验及我国的具体情况，我国防范金融风险应建立和强化十大机制。

一、开放机制。对外开放是我们的基本国策，我们要坚定不移地实施对外开放，同时，还要不断提高对外开放的质量和水平。而提高对外开放的质量和水平关键是提高防范和化解各种风险的能力，特别是提高防范金融风险的能力，因为金融是现代经济的核心，金融体系的正常运转是经济稳定增长的关键。提高防范金融风险的能力，首先要建立和强化金融开放机制。我们知道，金融开放是从发展中国家过渡到发达国家的必由之路，但是，金融开放利益与风险并存，任何政策上的失误都将给本国经济带来严重的后果。特别是目前国际金融市场有相当大数量的资本活跃在股票、债券、外汇市场上追逐投机利益，加大了金融风险的防范难度。因而，金融开放度要掌握适宜，要依据我国的经济实力、金融监管体系的完善情况和风险的市场消化程度等建立起适度开放与严格监管相结合的金融开放机制。

二、增长机制。经济增长是金融危机的根本抵御器，适当的增长速度有利于根除金融危机。我国经济增长根本上应依靠国内市场需求带动，我们强调利用两个市场，但中国的市场大，国内市场的巨大潜力是我们的优势，我们没有理由不利用这个优势。为此，应以国内储蓄为主要动力，将经济增长速度维持在与之相适应的水平；在利用外资发展本国经济过程中应保持主动性，既要根据国家总体战略，合理确定外资利用规模，又要合理引导外资投向，优化在区域结构和产业结构上的外资构成。与此同时，在保持经济长期高速增长进程中，应适时调整增长方式，从主要依靠投入实现经济增长转向主要依靠提高生产要素的效率，缓解高速增长后的压力，实现经济适度增长条件下的长期可持续发展。这样，有助于消除形成金融危机的潜在可能性。

三、调整机制。经济长期高速发展后积累的大量结构性问题，如果不能及时通过产业升级换代消除，有可能引发金融危机。这次亚洲一些国家金融危机表明，在经历长期持续高速增长之后，不但推动经济高速增长的增长方式需要及时转换，而且长期高速增长后积累的大量结构性问题，也迫切需要通过产业升级换代进行调整。亚洲一些国家和地区经济结构不够合理，以股市和房地产为代表的资产价格膨胀，使这些国家和地区形成了具有相同基础的经济泡沫；部分国家即使对产业结构进行了一些调整，也存在过于迎合外资流向的现象。这些结构性问题导致金融危机的全面爆发。这就告诉我们，建立和强化有效的结构调整机制是防范金融风险的重要环节。为此，我们必须继续贯彻调整和优化经济结构的方针，形成特色经济、规模经济、效益经济，提高国民经济的整体素质，从根本上提高抵御金融风险的能力。

四、监管机制。严格的金融监管，才会使国民经济具有较强的抵御系统性金融风险的能力。亚洲一些国家发生金融危机的一个重要原因就是疏于建立和健全金融监管机制，金融法规不健全，金融行为缺乏规范，在金融监管制度不健全的基础上实行金融过度开放，直接导致了金融危机。我国金融体制改革取得了显著的成就，但也应当看到，金融监管还比较薄弱，为了防范金融投机，建立和强化金融监管机制势在必行。为此，一方面要尽快建立和完善有关外汇在境内外流动的监控体系。目前，许多大型的外资银行、保险公司已在我国开展业务。我国一些国有独资商业银行和非银行金融机构利用中国香港、经济特区与外国银行建立了密切的业务关系。特别是人民币经常项目下的可自由兑换更是增加了国际金融市场与我国金融市场的联系，这就要求必须尽快建立和健全有关外汇在境内外流动的监控体系。另一方面要加强对衍生金融工具、离岸金融业务等新的银行业务的监管力度，抑制可能由此产生的金融投机行为。再一方面要不断地改进证券市场的交易制度和完善监管体系。我国证券交易的监管不完善，理性投资者不够成熟，具有较高的风险，加强监管是不可松懈的任务。

五、汇率机制。亚洲一些国家发生的金融危机对发展中国家的重要启示之一，就是要审时度势，采取灵活的汇率制度，防止汇率固定化引起本币升值，导致成为投机商的攻击目标，这是防范金融风险的重要措施。随着我国经济国际化速度的加快，汇率已成为极其重要的经济信号和调节手段。我国中央银行通过货币干预实施稳定币值的功能，但这不应只局限于名义汇率。名义汇率主要决定于各种关系及市场预期。真实汇率从中长期看则主要取决于经济发展内在变量的变化。我国经济的快速增长，技术不断进步，国内价格绝对水平上升，都导致真实汇率变化。因而，对汇率的宏观调控必须以真实的均衡汇率为基础进行适当的调控。稳定人民币币值不是固定人民币名义汇率，而是适应均衡的真实汇率变动趋势。

六、收支机制。分配是再生产的中介，财政是分配的中心，财政收支在宏观调控体系中占有极其重要的地位。亚洲一些国家发生金融危机后，东盟各国在接受国际货币基金组织援助的同时，都在不同程度上做出了改革财税体制、保证健康的财政收支的承诺。这应引起我们的重视。保证中央财政收支在国民生产总值占有适当的比例，降低财政赤字水平对一个国家保持国民经济的稳定，对于中央政府进行有效的宏观调控都具有重要意义。事实上，强有力的财政也是有效地实施货币政策的重要条件。为此，强化财政收支机制可以从两个方面着手：一方面，中央财政集中的资金比例要提高，目前可以做两项工作：一是继续推进税制改革，依法治税，把该收的税都收上来；二是规范政策分配行为，尽量创造条件，尽可能把较多的预算外资金纳入预算内管理。另一方面，对财政赤字及准财政赤字，不仅要从中长期考虑规模适度，而且要考虑财政赤字及不同弥补方式的影响。特别是控制外债规模主要应以还债能力为依据，同时要考虑国家的综合风险承受能力。

七、经营机制。防范金融风险必须要防范银行的经营风险。亚洲一些国家金融危机表明，银行不良资产过多的直接危害是降低银行资产的安全性、流动性和营利性，还会影响银行的信用，不良资产过多造成的对银行贷款的清偿危机就会引发金融危机。因而，建立和强化银行的经营机制是防范金融风险的必要措施。为此，首先要进一步推进银行机构的机制创新，强化其自我约束和风险防范机制，建立一种以明确界定银行机构所有者、经营管理者、业务操作者的责、权、利、险为核心的统一授权、严格考核的法人治理机构，可考虑推行现代商业银行制度模式。其次必须重视扩大银行的经营规模，形成垄断竞争的金融市场格局。再次，要进一步完善商业银行的资产负债比例管理制度。

八、消化机制。不能任由金融风险过分积累，要把可以预见的金融风险化解在调控过程中，化解在市场预期的自我消化中。从各国金融发展的经验和教训看，建立和强化金融风险的市场消化机制是我国防范金融风险、推进金融发展的长期战略。为此，一方面，对金融机构的不良资产要及早研究对策，提出分步解决的方案。我国目前金融业最明显的风险是银行不良资产比例较大，要把解决银行呆坏账作为防范金融风险的头等大事来对待。既要通过加快国有企业改革，减少新增呆坏账；又要通过加快财政与银行有效合作，对实行拨改贷造成的国有企业的负担，进行合理的、必要的减息、减债、免债处理。另一方面，要尽快建立起以充足资本率和适当提高呆坏账准备金的提取比例为核心的金融自我防范机制；建立起由国家、中介机构、金融组织、企业、保险机构等共同承担的金融风险以及分层次防范和化解风险的机制。

九、信息机制。现代社会是信息社会，金融信息的公开、透明是现代金融正常有效运转的基本前提之一。亚洲一些国家发生金融危机后，各国面临的最大问题是信心危机，一些国家的政府公布一部分数据之后，民众却认为实际情况可能更糟。而造成信心危机的原因，却是金融市场长期缺乏透明的信息，使得投资人对于政府的信心不足；同时，由于信息不明，公众对金融危机也缺乏应有的风险意识，对于突然到来的金融危机，难以适应，信心崩溃，从而加剧了金融危机。因此作为一个深刻的教训，就是应当要建立和强化金融市场的信息机制。我国国有商业银行目前没有出现公众信任危机，这是我国公众在计划经济时代形成的对国家银行的充分信任和对我国政府绝不会让国有商业银行倒闭的信念支撑。公众对银行的信任无疑不是坏事，但这种信任应当建立在信息公开、透明的基础上。政府对一些基本的经济、金融信息，要尽量公开、透明，要保障信息渠道畅通，这样不仅可以增强公众的信任感、风险感，还可以为宏观金融调控创造更大的弹性或活动余地。这是防止市场预测突发性冲击的最好选择。

十、合作机制。金融的国际化和信息化，以及经济的全球一体化，使得各个国家与地区之间的合作日益重要。亚洲一些国家发生金融危机后，东盟各国纷纷认识到加强合作的重要性。日本则从日元战略地位出发强调加强对亚太地区的货币合作。为了共同防范金融风险，加强各国与地区之间的合作是有基础的。今后，我国应着眼于提高人民币在资本项目下可兑换后的国际竞争力，积极主动地参与亚太乃至整个世界经济、金融的合作。香港是国际金融中心，内地与香港的合作，是内地与香港持续快速发展的保证。在经历这次亚洲金融危机后，应当特别注意加强内地与香港的深层次合作，形成面向 21 世纪的成长空间。

（本文原载于《福建金融》1998 年第 5 期）

中国正面临"经理革命"

所谓"经理革命"，是指专职的经理队伍逐步登上企业舞台，凭借着自己的知识、智慧和经营才能，参与企业的决策，而传统意义上的"老板"却退居幕后，更多的只是关心收益而不干涉经营。即在一定意义和程度上"经理"取代了"老板"，这便被称为"经理革命"。"经理革命"是市场经济发展的必然过程，随着我国市场经济的发展，中国目前也正面临着这场"经理革命"。这场"经理革命"将推动我国现代企业制度的建立。

一、"经理革命"的两个客观要求

改革开放以来，我国经济迅速发展，客观上要求"经理革命"，主要表现在两个方面：

1. 公司制企业的崛起客观上要求"经理革命"。在企业产生的初期，其形态主要是业主创企业，其后又出现了合伙创企业。这两个时期大多数企业的规模都很小，业主身兼所有者和经营者双重职能，所有权与经营权合一。随着科学技术的进步和世界市场的扩大，公司制企业迅速发展，企业规模越来越大，市场竞争也越来越激烈，风险也越来越大。所有者不再经营自己的财产，而将其委托给经营专家代为经营管理，而经营专家凭借自己的知识、智慧和经营管理才能，参与企业的决策，所有者反而逐步退居幕后，更多地关心收益，不干涉经营，在一定意义和程度上"经理"取代了"老板"，这就是"经理革命"。在改革开放中，我国企业改革不断深入，目前工厂制企业正逐步向公司制企业过渡，企业的规模迅速扩大。特别是实施大公司、大集团战略以来，有些企业进行内部扩张，通过资本积累，凭借自己的技术优势、资金优势和管理优势，向相关产品、相关产业发展；有些企业进行外部扩张，通过资产购并、重组，将别的企业并入，有些企业则同时进行内部扩张和外部扩张。由于企业规模的迅速扩大，投资者出现多元化、分散化趋向，企业经营管理工作更加复杂化和专门化，一个独立于投资者的管理阶层——经理阶层应运而生。经理阶层是协调企业中各方经济利益的中介，它既要维护投资者利益，又要兼顾政府、社会、债权人、职工、协作者等方面利益，还要谋取自身相应的权益，因而成为企业兴衰的核心力量和关键人物。

2. 买方市场的出现客观上要求"经理革命"。在改革开放前，我国经济落后最突出的市场表现，就是商品短缺，在供不应求的市场形势下，企业只要将产品生产出来就不愁卖，厂长（经理）只要略懂管理，组织职工把产品生产出来就可以。现在不同了，我国已经摆脱了短缺经济状态，大部分商品的供给已满足或超过市场要求，由卖方市场变成买方市场。买方市场是有利于买主的市场，买主成了市场的主导；作为卖方的企业则处于相对被动地位，除了千方百计通过提高质量、降低价格和改善服务等办法吸引消费者外，企业之间还要展开激烈的竞争。这就在客观上要求企业必须以市场需求为导向，更新营销方式，建立营销网络和新型工商关系，抓好新产品开发，技术开发。从而就在客观上要求要有专门从事经营管理的专家担任经理。我们知道，企业不可能自发地进入市场，也不可能依靠行政力量拉进市场，在市场中也不可能盲目或无序地行动。而组织和推动企业进入市场、参与市场、占有市场，并在市场竞争中获得生存和发展的合适人选不是所有者，也不是一般劳动者，而是经理人员。因为，较之其他人选只有企业的经理才能依靠自身的素质和能力，科学运用各种有效信息，制定正确的发展战略，从而实现各类生产要素在企业内部合理组合和有效利用，并运用由此产生的推动力和市场竞争力顺利进入市场，使企业在市场竞争中获得活力。

二、"经理革命"的两个基本条件

只有经济发展特别是企业发展客观上的要求还不可能实现"经理革命"，还必须具备"经理革命"的两个基本条件。目前，这两个基本条件正在逐步生成。

1. 两权分离正在逐步到位。所有权和经营权的分离是"经理革命"的基本条件之一。由于所有权和经营权的分离，所有者不直接参与企业的日常决策，而把经营权交给经理人员，从而使管理企业成了这些高薪经理的专门职业，才有可能实现"经理革命"。我国的企业改革是建立在所有权与经营权分离理论基础上，随着改革的深入，两权分离逐步到位。现在，建立现代企业制度已成为国有企业改革的目标，现代企业制度是适应市场经济而产生的，具有以下特点：① 企业是市场活动的主体，一切活动以市场为中心，围绕市场转；② 企业是真正的自主经营者而不是政府附属物；③ 企业一切活动围绕利润进行，实现自负盈亏、自我约束；④ 企业在市场机制中进行平等竞争，实现自我发展和优胜劣汰。而这些特点是以法人财产制度为基础的。企业在法律上具有独立的法人地位，其产权基础是它所拥有的法人财产。企业的法人财产由股东所投入的股本形成，企业则是能够独立享有民事权利，承担民事责任的经济实体。因而，建立现代企业制度从某种意义上说是对所有权与经营权分离的具体化和深化，是两权分离的进一步到位，从而为"经理革命"提供了一个必备的基本条件。

2. 经理更换机制正在逐步生成。经营权对企业至关重要，决定着企业的生死存亡。如果企业经营权掌握在不负责任或能力低下的经营者手中，企业的破产就难以避免。同时，经营者有着与所有者不同的利益，他有可能为了自己的利益而损害所有者的利益，也就是存在着委托人与代理人的关系问题。因而，所有者必须利用各种手段和监督机制来确保经营者不损害自己的利益。在某种意义上，企业的兴衰成败取决于所有者对经营者的选择是否正确，监督是否有力。也可以说，经理阶层能否登上企业的舞台，发挥主导作用，在一定意义和一定程度上取代"老板"还有一个基本条件，那就是是否建立起有效运转的经理更换机制。如果尚未建立经理更换机制，"老板"自然就不会放心让经理取代自己，"经理革命"自然也不可能实现。目前，由政府主管部门任命经理的传统行政性办法正在纠正，我国经理更换机制正在逐步生成，主要表现在两个层次上：第一个层次是专门监督、制约、更换经理人员的层次正在生成。即用股投票机制、主要股东机制、所有者代表机制正在生成，并正在发挥作用：一是督导经营者努力工作；二是将不能达到规定的利润率指标的经理人员撤换下来；三是尽可能挑选最优秀的经营专家担任经理。但是，限于知识、经验和识别能力，一些主要股东和持股机构领导人往往选不出理想的经理人员。这就需要第二个层次来加以扭转和纠正。第二个层次是专门制约、更换主要股东（包括企业董事会）和所有者代表（持股机构领导人）的层次也正在生成，并正在发挥作用：一方面通过破产机制淘汰不能识别和选用优秀经理人员的主要股东所有者代表；另一方面通过兼并机制确保效益差的企业的经营权从能力低的经理手中转向能力高的经理手中。这样，经理更换机制的逐步形成，为我国的"经理革命"提供了另一个必备的基本条件。

三、"经理革命"的两个重要支柱

仅有客观要求和基本条件还不可能出现"经理革命"，"经理革命"还需要有两个重要支柱。目前，在我国这两个重要支柱正在逐步建立。

1. 经理人员队伍正在逐步职业化。经理人员队伍的职业化是"经理革命"的队伍支柱。经理人员队伍的职业化包括两层含义：一是经理人员形成一个群体；二是这个群体的人员专门从事企业的经理工作。因而，如果没有经理人员的职业化，就没有高素质的经理，也不可能有经理人员的更换，从而，也不可能有"经理革命"。经理人员队伍的职业化需要具备三个条件。目前，我国这三个条件正在逐步形成：一是存在人才竞争机制。经理人员只有在竞争市场中才能职业化，才能被社会公众广泛认识，最终被企业挑选为经理。经理市场正在取代传统的落后的任用企业领导机制，而经理市场的竞争性，又推动了经理人员队伍的形成和职业化，使更多的优秀的经理人员脱颖而出。二是存在培养高素质经理人员的环境。经理人员的职业化实质是培养高素质的经理人才。长时期的企业改革实践，使我们悟出一个简单的道理，就是一个企业的好坏成败，很大程度上取决于企业经理人员的素质高低。旧体制在相当长的时间里之所以成为掣肘企业发展的关键，就在于它限制了经理人员的正常的经营行为。企业改革调整了所有制结构，建立起企业运行的新机制，也创造了一个便于经理人员个人才能得以充分发挥的环境。同时，社会也通过大力发展教育和普及经营管理知识，培养了一批懂经营、善管理的人才。这些都为经理人员队伍的职业化提供了条件。三是存在自由企业制度。自由企业制度就是自主决策的企业制度，其根本要求是产权必须明晰。在自由企业制度下，企业的权力表现为财产权力，谁拥有这种权力谁就享有相应的利益并承担相应的责任。为了实现资本收益的最大化，就需要起用"能人"经营。这就为经理人员队伍的职业化提供了内在的动力。我国现代企业制度的逐步建立，使企业自主决策的程度不断加大，这就逐步推进了经理人员队伍的职业化。

2. 经理年薪制正在逐步启动。经理年薪制是"经理革命"的利益支柱。承认经理个人行为结果的价值，那么他们的劳动就必须有相应的价格，这种价格标准应与企业最终效益挂钩，其价格的数量应当由所有者根据经理市场行情和本身企业效益结果两方面的因素决定，这就是年薪制的经理基础。而年薪制又是经理人员发挥自身知识、智慧和管理才能的利益支柱，因为，只有实行年薪制，承认经理人员的经济利益，才能真正调动经理人员的积极性，才能导入优胜劣汰的竞争机制，不断提高经理人员队伍的素质，使其在努力追求个人收入的同时，也自觉地完成企业利润最大化目标。近几年，伴随企业特别是国有企业改革的深入，一些传统的分配方式和僵化的利益格局开始得到调整，企业经营者"年薪制"被列入改革话题，初步展示出它强大的生命力和吸引力。一些企业推行经营者年薪制后，上级机关或政府主管部门（投资者）将经营者的工资收入分为基础工资和风险工资，把经营者的年薪与国有资产保值增值和实现利润等相挂钩，表面上经营者可以拿本企业职工人均工资的几倍，实际上这种较为丰厚的收入必须以真实的贡献和业绩为基础，当经营者不能完成规定的指标基数时，不仅无法计提效益工资，还要同比例扣减经营者的年薪。这一分配变革，将经营者责、权、利全面公开，打破了法人代表（经理人员）吃"大锅饭"的弊端，制约了经理人员的短期行为，使企业有了搞好搞活的希望，为"经理革命"提供了利益支柱。

（本文原载于《中国经济时报》1999 年 1 月 27 日）

经济全球化与工商行政管理的规范化

经济全球化是当代整个世界面向未来的客观变化。21 世纪我国改革的一个重要目标，就是要建立"统一、开放、竞争、有序的大市场"。它也是社会主义市场经济体制基本形成的重要标志。工商行政部门的职能就是管理大市场，经济全球化为建立统一、开放、竞争、有序的大市场创造良好的国际环境，从而为工商行政管理拓展了空间。与此同时，也对工商行政管理如何规范化管理大市场，以适应经济全球化的发展提出新的要求。

一、经济全球化中必须要加强工商行政管理

各国政府对本国经济贸易管理的权力是其国家主权的重要表现。经济全球化虽然使国家主权受到一定程度的约束。但是，经济全球化不要求各个国家出让自己的主权，仅仅要求各个国家按共同议定的协议、规则对国际经济贸易进行协调处理，减少贸易政策、法规的冲突，避免贸易摩擦、对抗。考虑到各成员经济发展水平的差异，作为经济全球化推动者的世贸组织允许各成员按照经济发展的要求，对本国某些产业、部门或地区实行援助或保护政策，甚至对某些产品或服务进口实行限制。其中对发展中国家的优惠安排更体现了政府在经济发展中的突出作用。

无论发达国家还是发展中国家成员，其经济贸易发展的事实证明，政府从未放弃过对经济的宏观调控或管理。何况，当今世界已经不存在没有国家调控的自由的市场经济。各国对经济的调控方法、程度、效果不一样，世贸组织仅按本身的规则对其成员提出义务要求，不会强制性要求其成员只能干什么或不能干什么。

融入经济全球化，一方面，我们可以与更多的国家和地区进行经贸合作，其中既有发达国家也有转型经济国家、广大的发展中国家，真正实现中国向世界所有国家和地区开放。这不仅将加快沿海、沿边和沿江地区的对外开放，也将大大加快中西部及内陆城市、地区的对外开放，形成一个整体的开放格局。从而在加快经济贸易方面对外开放的同时，积极努力加强国际科技、教育、文化等领域的对外开放，吸收一切文明成果为我所用，使我国的各项事业得到迅速发展。这样可以进一步开拓国际市场，利用其他国家的资源、资金、技术、人力等，在更广泛的范围内获取更大的经贸利益，实行国际化、全球化经营。另一方面，融入经济全球化后，国外经济成分快速进入，市场竞争更加激烈，与国际交往更加频繁。在这种情况下，不能放弃管理。总之，经济全球化对发展中国家来说，既提供了引进国外资本、技术、管理经验从而促进自我快速发展机遇，也面对更为复杂激烈的国际竞争，能否把握机会，充分利用一切能够利用的条件发展自己并巧妙地避开潜在的危机，关键在政府如何管理。工商行政管理作为国家进行市场监督管理和行政执法的手段，必须加强。这是体现国家主权的重要方面，也是能否充分利用机遇同时又避开风险的重要环节。

二、工商行政管理必须要规范化

经济全球化为建立统一、开放、竞争、有序的大市场创造良好的国际环境。但也对我国的工商行政管理提出规范化的要求。经济全球化的不断深化，使国际经济活动的内容日益丰富，推动多边贸易体系调节的内容与范围不断扩大。要求各个国家和地区在统一的基础上实施对外经贸政策，同时要求实行贸易政策、法规的透明、公平。主张各个国家和地区不分大小都要实行非歧视的贸易待遇原则。给予外国货物、知识产权国民待遇，并努力实现对外国服务及投资的国民待遇。主张公平贸易和公平竞争，制止恶性竞争，并有效地管理贸易自由化带来的风险和压力，使各国的货物、服务、知识产权方面的政策措施逐步规范，并使其更趋于合理化。

当前，中国的经济体制正在由计划经济向市场经济转轨，市场经济体制正在发育过程中，新旧体制尚处在"磨合"中，市场机制很不完善。我国融入经济全球化，实行对外开放，发展对外贸易，都要遵循国际市场规律，按照国际贸易规范积极参与国际交换与国际竞争。同时，当更多的国际企业加入国内市场时，市场竞争将更加激烈，制定适应市场经济竞争的游戏规则，更显得十分必要。我们经常说的与国际市场接轨，最关键的是市场规则的接轨，即国内的市场规则必须与国际的市场规则接轨。为此，必须按照国际通行规则对现行体制做相应的改革，这与建立社会主义市场经济的目标是一致的。这样，国内的市场规则与市场监管不符合国际规范的地方就应当进行调整和完善，直到规范化。当然，这种调整和完善还必须符合我国作为发展中国家的具体情况。

三、工商行政管理规范化的主要内容

目前，我国工商行政管理肩负着依法确认市场主体资格，规范市场交易行为和竞争行为，维护市场经济秩序，保护消费者、经营者合法权益的重要职责。但是，在实际经济运行中，工商行政管理职能并没有完全到位，各种危害市场经济秩序的行为仍不同程度地存在，不适应经济全球化的要求，急需进行规范。规范化中需要调整和完善的主要内容有以下几个方面：

1. 市场准入规则的规范化。我国融入经济全球化后，外商企业的进入将会增加，特别是我国将允许外国资本进入电信业、金融业等服务领域。而从我国目前的有关规定看，不仅不允许外商进入，也不允许国内私人经营。因而，原来采取的抑制性的外商投资政策必须调整和完善。例如，《指导外商投资方向暂行规定》以比较大的篇幅规定限制外商投资项目，明确对这些项目的各种限制，包括经营期限的限制、出资方式的限制、审批权限的限制等。这些都必须修改和调整，使之既符合国民待遇原则，又有利于国民经济的发展。

2. 市场竞争规则的规范化。实行商品经济、市场竞争，就要制定市场竞争规则。规范限制竞争性的协议是世界各国反垄断法的重要内容。我国目前有关竞争的法律、法规还很不完善，只有一部《反不正当竞争法》，虽然其中有两条有关限制行政性垄断及禁止限制竞争行为的规定，但是至今尚未出台能在更广泛的领域，并且力度更大的限制垄断的反垄断法。这不适应于维护融入经济全球化后在更大的范围内展开竞争的要求。因而，必须对市场竞争秩序规则进行调整和完善。

3. 市场保护规则的规范化。在经济全球化和知识经济发展的进程中，知识产权的保护（包括专利、商标、版权等）是市场保护的重要内容。当前，在国际贸易中专利和技术贸易的增长速度是最快的业务之一，与此相适应，电子商务已成为发展最快的交易方式之一。我国有关市场保护规则对这方面的规定都不够完善。侵犯知识产权的事常有发生，需要对市场保护规则进行调整和完善，使之规范化。

4. 市场监管方式的规范化。工商行政管理的内容本质是市场监督管理。目前，我国市场监督管理方面的问题比较多，例如市场执法机构多、职能重叠、监管方式单一、方法落后等。以外商投资企业来说，涉及的部门众多，而各个部门根据各自的目的分别对外商投资企业进行管理，这种多头管理不适应经济全球化的发展。同时，就工商行政管理而言，在市场主体资格认定、市场行为监督管理、市场体系监督管理等方面也都不完善。因而，需要对市场监管方式规范化。

四、工商行政管理规范化的基本要求

在经济全球化的进程中，工商行政管理肩负的职能更加重要。在与国际市场的游戏规则接轨中，客观上对工商行政管理规范化提出了以下基本要求：

1. 观念应转到规范化的要求上。经济全球化就像海上的波涛，铺天盖地而来，让你无处躲藏。它虽然不能保证给未来世界各国都带来新的繁荣，但谁也不能否认，如果不主动融入这潮流，将来会被历史抛得更远。我国既要融入经济全球化的潮流，又要认真防范风险。为此，必须保持三个平衡：一是变革与保持稳定性之间的平衡；二是满足全球化的要求与保持国内传统之间的平衡；三是推动企业的竞争与推动企业的联合之间的平衡。如何保持这三个平衡，是一场严峻的挑战，需要更新观念。工商行政管理作为国家监督管理市场的重要手段，应该在这三个平衡中发挥作用。那就要更新观念，用新的发展的思维方式，来观察、分析和处理当前面临的问题。工商行政管理部门依法行政的取向早已向基层和纵深发展，但在运作中始终有一些陈旧的观念和不良习惯，例如，单凭老经验办事、认为权大于法、沉溺于旧式的烦琐的管理等，这些都起着消极的作用，应当更新，把观念转到规范化的要求上。工商行政管理在市场执法上应从适应社会发展的眼光，以超前的魄力，调整工作重点，努力建立维护社会主义市场经济秩序的监控体系和监管体系，有所为有所不为，把主要精力转到行政执法和市场监管上，真正把原来监管集贸市场和小商小贩的旧观念转到监管社会主义大市场上来，从侧重监管转到从服务入手，通过增强服务规范管理上来，树立起寓服务于市场监管之中的市场执法的权威形象。

2. 法制应转到规范化的要求上。经济全球化推进中要求各个国家和地区要在其境内公正和合理地实施各项法律、法规、行政规章等。工商行政管理部门应当清理和审查有关法律法规，修订和补充新的内容，制定配套的管理办法和实施细则，解决有些法律法规难操作和操作不规范及执法依据不统一的问题。同时，加强市场体系监管立法，解决各类监管无法运用工商行政管理综合性职能发挥职能合力作用的问题。并且，以《反不正当竞争法》《消费者权益保护法》《合同法》为重点，加强基本法实施细则或单项配套法规的制定，解决基本法操作性不强的问题。强化工商行政管理组织法建设，解决工商行政管理机关内设部门及派出机构职能、职责、职权分工模糊不清、执法行为不规范的问题。与此同时，还应规范行政执法的程序：一方面，应在法定权限范围内履行职责；另一方面，应当依法定程序履行职责。在以往的工商行政执法中，偏重实体、轻视程序的倾向十分严重，行政执法程序的公正没有得到应有的重视。在新形势下，要充分认识行政执法程序对保证执法公正、提高依法行政水平的重要性，严格按照法定程序进行执法，推行行政执法责任制、行政执法公示制、过错责任追究制、评议考核制，促进行政执法的规范化。

3. 职能应转到规范化的要求上。在经济全球化中，高科技、多媒体在我国商品流通领域大量出现，现代经营方式层出不穷。这向工商行政管理的职能提出了新的要求。工商行政管理的根本职责就是维护市场经济秩序，各项工作都必须围绕这个中心目标来展开。目前，工商行政管理仍在沿用"六管一打一制止"的传统分工，自我封闭，自我分割，无法形成市场执法的合力，削弱执法效能。同时，多数地方工商行政管理仍然摆脱不了集贸市场监督管理模式的束缚，侧重于有形市场的监管，无法全面介入各类市场特别是无形市场的监管，并且对各类市场的监管侧重于微观事务性管理，缺乏从全局性的高度来对市场秩序进行分析和评价，在此基础上实现市场体系管理的科学化。为此，工商行政管理职能应当转到符合国际市场游戏规则的规范化要求上：第一，必须站在时代的高度，以高度的责任感，认真履行新时期党和国家赋予工商行政管理监管社会主义大市场的各项职能，逐步建立起对市场主体行为和市场交易进行全方位、全过程监管的新模式，努力实现工商行政管理职能的全面到位。第二，必须把监管市场的重点逐步从商品市场转向要素市场。在现代市场经济下，要素市场是最重要的市场，特别是资本和劳动力市场已成为现代市场经济的神经中枢，培育和开拓要素市场能够提高资源的配置效率。工商行政管理要逐步以监管要素市场为重点。第三，必须实现基层工商所职能的"四个转变"：一是管理方式由驻场监管"小市场"转变为巡查监管"大市场"；二是管理对象由以个体私营经济为主转变为所有生产经营企业和个人；三是管理内容从收费和市场物业管理转变为全面监管各类经济交易行为；四是管理人员由单一的市场专管员转变为综合的行政执法员。

4. 素质应转到规范化的要求上。经济全球化的推进，从总体上要求人们素质的提高。我国融入经济全球化后，工商行政管理部门肩负的市场监管和行政执法的任务，较之过去更加繁重，更加艰巨，责任也更加重大，从而对队伍的素质建设、知识结构及专业化提出更高、更全面的要求。工商行政管理部门队伍的整体素质应当适应国际市场规范化管理的要求。为此，一方面，必须加强队伍的教育培训，针对薄弱环节，采取一切行之有效的措施，不断提高队伍的思想素质和业务素质。要在全系统内营造一种自觉学习的良好氛围。根据"干什么，精什么；缺什么，补什么"的原则，强化职工的法律观念、廉政观念、纪律观念。通过学习、培训，使工商行政管理的职工对建设规范的大市场所需要的有关经济、法律、科技、信息等知识有一定的了解和掌握。另一方面，必须引入优胜劣汰的竞争机制，应以法律的形式规定执法人员的学历和专业要求，并通过严格的考试淘汰制度，择优录取优秀人才，淘汰不合格的人员。

（本文原载于《中国工商管理研究》2000 年第 9 期）

信誉：民营企业发展亟须解决的问题

改革开放以来，我国民营企业取得了长足发展，日益成为带动我国经济增长和发展的重要力量。20 世纪 90 年代中期以后，我国民营企业的发展迎来更为有利的政策环境，国家对民营企业更为重视，但民营企业却普遍陷入进一步发展的困境之中。这里有许多具体问题，但突出的问题是信誉问题。信誉问题是困扰民营企业发展的最大障碍。在整顿和规范市场经济秩序中亟须解决民营企业的信誉问题，促进民营经济进一步发展。

一

我国民营经济"一次创业"是在国民经济处于短缺经济和数量扩张为主的发展阶段上展开的。在这一阶段中，由于商品短缺，生产与消费并无太大的隔阂，生产的产品一般都可以销售出去，"一次创业"进展顺利。以 1995 年社会消费出现增长－0.5％为标志，中国经济进入相对过剩经济时期。在这种背景条件下，民营经济继续生产和经营传统产品已无路可走。广招人才，寻求新技术，开拓新产品、新市场，转变经济增长方式，使企业上规模、上档次、上水平，已成为众多民营经济唯一选择。"一次创业"时，民营经济还只是社会主义经济的有益补充，其活动范围和发展数量都受到极大限制。党的十五大在总结改革开放以来历史经验的基础上，第一次比较系统地阐述了社会主义初级阶段所有制结构理论，把有关非公有制经济的理论和政策推向了一个新的阶段，使非公有制经济由社会主义的有益补充转变为重要组成部分，由限制其发展转变为共同发展，由"制度外"进入到"制度内"，明确肯定了非公有制经济在社会主义社会的合法和应有的地位，为民营经济进一步发展提供了重要的政策依据。同时，民营经济"一次创业"大都是白手起家，而当前发展则是在"一次创业"成果的基础上展开的。"一次创业"过程中，民营经济积累的丰富的经营管理经验和一定规模的资金、技术力量，以及民营经济适应市场的天然优势和灵活的经营机制，形成了民营经济进一步发展的重要保证力量。并且，国有企业的深入改革大大拓宽了民营经济活动的地域、行业和产业范围；同时，对国有企业实施的"抓大放小"和战略性改组，更为民营经济直接参与国有企业改革提供了可能和难得的历史机遇。民营经济的发展虽然遇到了许多有利条件和因素，但也遇到了许多困难和问题。这些困难和问题从浅层看主要表现在市场、融资、人才，而从深层看这三个问题都同信誉分不开。信誉问题是困扰民营企业发展的最大障碍。因为：

第一，信誉问题困扰民营企业对市场的开拓。目前，国内市场消费仍然趋淡，新的消费热点还没有形成。民营经济能不能开拓新市场及怎样开拓新市场、开拓什么样的新市场，是民营企业当前发展面临的首要问题。在"一次创业"时，由于社会主义市场经济还处于萌芽阶段，规范市场和竞争秩序的法规政策不成熟、不完善，民营企业不正当竞争问题十分突出。如生产和销售假冒伪劣商品，进行商业贿赂、商业欺诈、低价倾销、转移、隐匿、销毁违法财物等，造成严重不良的社会后果。这使人民群众对民营企业不信任、不认可甚至产生抵触情绪；民营企业的信誉度一直比较差。而市场的开拓是同信誉连在一起的，有信誉就有市场，没有信誉就没有市场。

第二，信誉问题困扰民营企业对资金的融通。民营经济"一次创业"时，多数企业可自行解决资金投入与周转问题。但当民营经济进一步发展时，多数企业则无法自行解决资金投入与周转问题。因为进一步发展要转变经济增长方式。实现可持续发展，需要采用新工艺、新技术和新设备，需要大额投资，而"一次创业"积累的资金数量有限，不能满足民营经济对资金量的需求，若不及时吸纳社会资金，进一步发展将无从谈起。因此民营经济能不能进行社会融资和如何进行社会融资及社会融资量的多少将成为民营经济继续发展必须解决的问题。但由于受自身的实力业绩，特别是信誉的制约，民营企业通过银行贷款进行融资非常困难，通过股份制改制发行股票进行直接融资也非常困难。

第三，信誉问题困扰民营企业对人才的聚集。民营经济"一次创业"

时企业规模较小，档次偏低，对技术和人才素质的要求不高。但随着知识经济的到来，随着我国对外开放的深入，国际和国内市场竞争的日趋激烈，民营企业的生存及进一步发展的关键因素越来越集中在技术和人才问题上。而"一次创业"积累的技术和人才力量远不能满足继续发展的需求，技术更新开发缓慢和人才短缺与断层，严重阻碍民营企业进一步的发展。因此能不能开发和使用新技术、开发和使用什么样的新技术，会不会爱惜使用人才、使用什么样的人才将成为民营经济所面临的核心问题。但由于民营企业在"一次创业"时普遍存在忽视技术创新和掠夺式使用人才、不爱惜人才的现象，信誉比较低，导致难以吸引人才。

二

市场经济是信用经济，市场竞争是公平竞争，是在规范的经济秩序中进行，它拒绝欺诈，排斥投机取巧，鄙视一切不讲信誉的行为。企业是市场竞争的主体，在我国由计划经济体制向市场经济体制转变的过程中，影响企业经济效益的因素呈现多元化，企业信誉在市场竞争中的地位及其对经济效益的影响日渐突出，成为一个企业是否成功、成熟的重要标志。

企业信誉是指企业在从事生产经营活动中给内部职工及社会公众留下的印象和获得的评价。这种印象和评价是综合性的，它取决于企业活动的方方面面。对内部职工来讲，信誉的好坏取决于企业经济效益、社会福利、内部机制、工作环境、对未来的信心及外界的评价等。而对社会及公众来讲，企业信誉则取决于企业的产品质量和提供的服务、企业的规模与实力、资质与资信、产品品牌及其知名度、企业人文状况等。一个企业的信誉是由内部职工及社会公众对其与社会同类型群体就上述因素进行比较而得出的。市场最青睐有信誉的企业，有信誉才会有市场亲和力、凝聚力和号召力，信誉是利益之本。由此可见，信誉不是装饰品，而是企业发展的必需品。信誉是一种资本，而且是一种"金不换"的资本。有了这个资本企业可以聚合队伍，可以取信于银行，也可以取信于用户。在很多时候，办企业和做人一样，实际上是一个永无止境积累信誉的过程。但信誉是不能靠技巧获得的，要靠内在的品质与自觉。创名牌的过程其实就是一个积累信誉的过程。产品靠信誉销售，企业靠信誉生存，总经理靠信誉带领队伍。"信用就是生命"。企业的良好的信誉是赢得市场的重要保证。市场经济条件下，企业之间的竞争是非常激烈的，甚至可以说是残酷无情的，西方资本主义国家发展市场经济的历史早已证明了这一点。我国在建立社会主义市场经济体制的不长历程中，也充分反映出竞争无处不在、无人可免。但不管时间、条件怎样不同，讲信用、有信誉的企业最终都会击败对手，取得竞争的胜利，从而达到占领市场的目的。这一点，不管是西方的市场经济，还是我们的社会主义市场经济，都是高度一致的。

1. 良好的信誉是企业获得银行信贷信用的基本条件。在银行借贷过程中，企业的信誉即贷款偿还能力是银行首先考虑的因素。只有信誉好、效益好、偿贷能力强的企业，银行才会给予支持。

2. 良好的信誉是企业对外交往协作的重要基础。从原材料的供应商到零部件、标准件的分供方，从科研院所、高等院校等研究开发的合作伙伴到政策主管和行业协会等职能部门，以及工商、税务、物价、政法等管理部门，方方面面无不与企业的生产经营息息相关，要建立起一个和谐协调的外部环境，以诚相见，按章办事，讲求信誉是一个重要基础。

3. 良好的信誉是企业员工价值的重要体现。企业的信誉好，知名度高，这个企业的员工就充满自豪感、荣誉感，对企业的行为容易认同，他的人生价值得到了较好的体现和满足，与企业共命运的意识就越强，能够更好地为企业努力工作，贡献自己的力量。每个职工都以自己的企业为荣。爱厂如家、以厂为家，自觉地为厂分忧，在每次大的困难和重大考验面前，都能团结一心，顽强拼搏，使企业始终充满生机和活力。这一点仅仅靠有限的福利待遇是暂时的，也是不够的，还要靠职工的认同，职工价值实现过程也就是企业树立形象的过程。

总之，企业信誉是一个企业在市场经济中价值取向、所具实力、社会责任等诸多方面在社会公众和法人团体中的综合反映，是企业重要的无形资产，也是企业市场竞争力的一个表现。事实上，企业的每一项工作都有关企业信誉。

三

整顿和规范市场经济秩序，归根结底就是要树立政府、企业、个人的信誉。民营企业要树立良好的企业信誉，主要应做好以下几个方面的工作：

1. 要提高民营企业经营者的素质。一个企业能否在市场经济中搏击风浪，关键是要有一个好的领导班子，有一个好的厂长经理，这已为无数企业正反两个方面的经验所证明。大量事实证明，民营经济在市场、管理、技术、资金和竞争等方面存在的信誉问题，最终都可追溯到民营企业经营者自身素质较低的问题上，民营经济信誉问题的解决最终都有赖于民营企业经营者素质的提高。改革开放20年来，我国涌现出了一批优秀的民营企业经营者。他们以自己独有的眼光、胆量和毅力，成为"一次创业"的开拓者和成功者，为社会做出了巨大贡献。但从民营企业整体看，高素质的经营者还只是少数，大多数经营者在信誉方面都存在许多问题，因此必须建立民营企业经营者定期培训制度。建议由民营企业管理机构具体组织，依托全国各大专院校、科研院所的教学研究条件，利用民营企业生产和销售的淡季，把民营企业经营者分批分类集中组织培训。通过培训，使民营企业经营者了解国家政策，拓宽知识面，增强法律意识，提高管理水平、技术水平和道德水平，了解国内和国际市场信息，更新观念，解放思想，把民营企业经营者的素质提高到新水平。同时通过评选、宣传和表彰优秀民营企业家活动，带动更多的民营企业经营者自觉提高自身素质，使民营企业经营者充分认识到，企业在市场经济中必须坚持诚信为本，合法经营，要通过强化内部管理，练好内功，提升企业竞争能力，树立良好信誉来促进企业占领市场，在竞争中取胜。

2. 要破除只重经济效益而轻视信誉的思想。在信誉的创立、保护、提高上下功夫。由于企业的一切活动都是以经济效益为中心的，而经济效益的取得又依赖于信誉的好坏，所以说信誉是一个企业的生命，是企业的重要的无形资产和战略资源。因此，任何一个企业要想取得良好的经济效益及长远发展，就要对企业信誉予以足够的重视。一是要牢固树立"信誉第一"的思想，确立信誉的地位。多年来，企业界一直强调"安全第一""质量第一"，现在要树立"信誉第一"的思想，将信誉的创立放在各项工作的首位。这与强调安全、质量并不矛盾。因为一个企业的信誉组成包含了安全、质量及更多的方面，是对一个企业在生产、经营及管理方面提出的更高的要求。那么，如何树立"信誉第一"的思想呢？首先是企业的各级管理者要对信誉的内涵、重要性及其与经济效益的关系有充分的认识。许多教训表明，正是由于各级管理者对信誉的认识不足，才导致"信誉丧失"。其次是要对企业的全体员工进行教育，使他们树立"信誉第一"的意识，进而在行动上自觉维护企业信誉。再次要准确把握"单个信誉体"与"信誉整体"的关系，防止信誉的丧失。单个信誉体是指影响企业信誉的某一方面或某一具体产品，比如对施工企业来讲就是指具体的工程项目。单个信誉体对信誉整体的影响有两方面：其一是单个信誉体的成功可以使整个企业的信誉得以大幅度提高；其二是单个信誉体的失败会大幅度降低企业整体信誉，使企业蒙受比单个信誉体更大的经济损失。因此，对施工企业来讲，应努力通过精品工程、名牌效应来提高企业整体信誉，同时又要充分重视每一项工程，对可能出现的任何有损企业信誉的苗头要及时予以消灭。最后，要积极开展宣传报道，促进信誉的提高。宣传是一个企业走向市场、树立形象、扩大知名度的重要手段，每一个企业都应正确地运用宣传武器，借助媒体力量促进企业信誉的提高。市场经济是开放的经济，市场经济中的企业社会化越来越明显，企业为了更有效地占领市场，就要不断地进行自我宣传。但在宣传报道中应注意如下几点：第一，指导思想要明确，要围绕树立和提高企业信誉这个中心；第二，宣传要有针对性，要根据市场的阶段性需求；第三，宣传要有重点，要围绕企业的拳头产品、精品工程、企业人文建设等方面开展；第四，宣传不能急功近利，要正确策划，分阶段实施，并要以事实为根据，实事求是。

3. 要从源头开始树立良好企业信誉。实施战略经营从源头开始树立良好企业信誉，是关系到企业发展甚至决定企业生存的大事。战略经营是对企业的发展战略进行决策的经营管理方法，是近年来对企业管理提出的新要求。要树立名牌战略，创出名牌产品。这也是构筑企业良好信誉的基石，是树立信誉的"硬件"。如果一个企业的产品质量低劣，性能落后，得不到顾客的青睐，企业信誉就是无本之木，无源之水。因此，要从产品的开发设计抓起，大力推进技术进步，开发高技术含量、高附加值、适应市场要求的新产品，抢夺市场主动权，引导市场需求。要建立完整的质量保证体系，强化质量管理，严格质量控制，使企业的产品成为顾客喜爱、市场需要的名牌。要着重抓三个环节：一是要抓好以企业精神为核心的环节，培养企业精神，调节企业与人、人与社会、企业与公共关系之间的矛盾，较好地形成一种外树形象、内强素质，充满生机和活力的良好企业氛围。二是抓好以群体行为为基础的环节，最大限度地调动职工群体的积极性、主动性和创造性，展现全新的企业形象。三是要抓好以用户服务为窗口的环节，为顾客排忧解难。让顾客任何时候都能感觉到企业值得信赖，使顾客最终满意。要狠抓队伍建设，提高职工素质，要在职工队伍中形成与企业荣辱与共的观念，自觉视企业信誉为生命，像爱护个人的形象一样维护企业的信誉。要坚持从严管理，强化培训，大力提高职工队伍的思想道德素质和业务技术素质，使职工敬业爱岗，勤奋工作，展现良好的精神风貌和队伍作风，创造一流的工作业绩，把自己的企业建成竞争力强、信誉好、不断发展壮大的好企业。

4. 要正确处理各方面关系，全方位提高信誉。现代企业社会化程度越来越高，与企业相关的利益群体也逐渐增多，企业在追求自身经济利益的同时，要注意满足社会各方面期望，照顾各方面利益关系。这就要求企业在发展的过程中，决不能忽略任何一个细节，要准确分析各利益群体的特点，开展适当的公关活动。这些活动既要照顾眼前利益，又要有充分的前瞻性，既要安内又要抚外，要着眼于企业整体信誉的巩固和远景市场的开拓。例如对施工企业来讲，关系群体包括内部职工、业主（顾客）、分供方（分承包方）、政府部门、同行、媒体、社会大众等。这其中的每一个方面企业都必须协调好。否则可能使企业信誉的创立努力在一夜之间付诸东流。对任何一个企业来讲，妥善处理各方面关系是企业信誉巩固的重要措施。

5. 要充分重视企业人文建设，扩大信誉的内涵基础。现代企业制度及社会的福利保障制度要求企业越来越重视人文建设，这包括一个企业的企业精神的形成、经营理念的确定、企业文化的发展等。企业的人文状况正逐渐成为企业信誉建立及扩大的内涵基础。我国的海尔集团以其独到的经营理念和企业文化在短短几年内征服了数亿消费者，从而使该企业的信誉得到空前提高，市场占有率和销售量迅速增长，在目前竞争激烈的家电行业中独树一帜，被誉为"中国家电第一品牌"。这就告诉我们应着力抓好企业精神的塑造、企业理念的建立及企业文化的建设，以此来扩大企业信誉的内涵基础。

6. 要完善法规建设，健全监督制约机制。要扼制民营企业的不正当竞争行为，从社会环境上推动民营企业建立良好的信誉。除靠民营企业的自我约束外，还必须完善法规建设。尽快出台完备的反不正当竞争法，做到有法可依、执法必严、违法严惩。加大管理力度，工商、技监和卫生防疫等政府职能部门定期和不定期对民营企业生产经营行为进行全面检查和抽查，促使民营企业进行合法的生产经营活动，开展公平竞争。完善居民举报制度，充分利用新闻媒体的力量宣传报道优秀的民营企业，公开批评不正当竞争行为，在全社会营造出一种反不正当竞争的氛围，用社会舆论的力量约束民营企业竞争行为。只要严肃法纪，加强管理，政府、群众和新闻媒体监督有力，民营企业的不正当竞争行为一定能得到有效扼制。

总之，民营企业的发展是极其艰难的过程，但只要有政府的引导、支持和帮助，只要民营企业充分发挥自身优势，利用有利条件，抓住有利时机，克服自身不足，战胜困难，民营企业信誉的树立必定能取得成功。

（本文原载于《贵州财经学院学报》2001 年第 4 期）

规则和信用：市场经济两大基石的缺损与重构

市场经济是按规则运作的经济，因而市场经济是法制经济。市场经济又是讲信用的经济，因而市场经济又是德治经济。统而言之，市场经济实质上是法制与德治统一的经济。规则和信用是市场经济的两大基石。规则是市场经济的法制基石，信用是市场经济的道德基石，我国已基本上形成了市场经济框架，但是，规则和信用还是十分薄弱的环节，难免出现缺损，造成市场秩序的混乱。因而，在整顿和规范市场经济秩序中，应该强化市场规则并逐步建立信用制度。

一、规则和信用是市场经济的两大基石

市场经济是法制经济，也是信用经济。规则和信用是管束市场行为的一系列规定和约束。具体包括由政府规定的正式制度和社会认可的非正式制度。

规则是指人们有意识创建的一系列政策法规，从宪法到成文法和不成文法，到特殊的细则，直至个别契约。它是保证市场有效运作的基本原则，它决定着市场内部的结构和安排是否适当，市场交易和企业内部交易是否协调，从而保证社会分工、合作不断发展和扩大，市场经济制度得以正常运转要有一个好的市场规则，如果市场难以发挥它在资源配置中的基础作用，社会主义市场经济体制也不可能真正建立起来。"十五"是完善社会主义市场经济体制的重要时期，其中的一项重要任务是进一步开放市场，发展全国统一、公平竞争、规范有序的市场体系，不断提高国民经济市场化程度。市场规则的建立和市场秩序的逐步完善，是发展经济、深化改革的一个重要前提。

正式制度的确立是市场经济的必要选择和前提条件，但现实经济生活中仅有这些是不够的。国家的法制也有其不可避免的缺陷，即难以适应市

场经济的多样性，无法完全容纳市场经济社会利益要求的多样性和利益结果的复杂性，仅靠法制还难以形成人们之间的社会合作力和聚合力。在这种情况下，非正式制度安排就成为一种必然的选择，在现实的经济生活中，道德约束的力量是十分必要和十分重要的。信用是道德约束的核心，信用原则要求具有独立经济利益行为的主体之间的经济往来讲信用，杜绝欺诈行为，要求以信用为核心来构造道德秩序。市场竞争是公平竞争，应在规范的经济秩序中进行，它拒绝欺诈，排斥投机取巧，鄙视一切不讲信用的行为。企业是市场竞争的主体，在我国由计划经济体制向市场经济体制转变的过程中，影响企业经济效益的因素呈现多元化，企业信用在市场竞争中的地位及其对经济效益的影响日渐突出，成为企业是否成功、成熟的重要标志。信用是一种资本，有了这个资本企业可以聚合队伍，可以取信银行，也可以取信于用户。在很多时候，办企业和做人一样，实际上是一个永无止境积累信用的过程。市场规则是保证市场有效运作的基本原则，市场规则的确立，离不开完备的法律规范，也离不开有效的道德支撑和约束，它们共同规范着人们的行为和价值取向，在潜移默化中成为一种社会秩序和为社会大多数人认同的自律准则，二者共同作用，相互促进，对保证市场的正常运行起到重要作用，比如，市场交易要通过契约来完成。因此，必然要制定实施有利于契约履行的各种游戏规则，这就是法制的表现。然而，仅止于此还是不够的。任何契约的履行，无不建立在诚信的交易理念上。如果其中一方不讲信用、不守信义，再好的契约也会是一张废纸，即使诉诸法律解决，也会损失市场效率；而且从整体上说也会加大整个社会的运行成本。市场经济讲法制，也要讲道德，法制是外在的约束，道德是内在的自律，二者必须双管齐下，缺一不可。

健全的法律体系，是正常的信用关系得以维系的保障。仅靠良心、道德，不可能有效约束经济行为，必须依靠法律力量，把一切信用活动纳入法制的轨道，才能维护和培育良好的信用秩序，形成有法可依、有法必依、执法必严、违法必究的法制环境，为市场经济建立必要的法制基础。从完善、强化法制入手，构建有效的信用制度，是关乎当前改革与发展全局的问题。市场经济条件下，企业之间的竞争是非常激烈的，甚至可以说是残酷无情的。西方资本主义国家发展市场经济的历史已证明了这一点。我国在建立社会主义市场经济体制的不长历程中，也充分反映了竞争无处不在，不可避免。但不管时间、条件怎样不同，守规则、讲信用的企业最终都会击败对手取得竞争的胜利，从而达到占领市场的目的。这点不论是西方的市场经济，还是我们的社会主义市场经济都是高度一致的。

二、规则和信用两大基石的缺损与修复的必要

在我国社会主义市场经济建设过程中，一方面，我们可以自豪地说，经过 20 多年的改革尤其是"九五"期间的努力，我国社会主义市场经济体制的基本框架已初步形成，对解放和发展社会生产力起到巨大的推动作用。另一方面，一些领域市场经济秩序相当混乱的现状，又不能不让人忧心忡忡：假冒伪劣商品横行，而且品种多、数量大、范围广，泛滥成灾；偷税、骗税、骗汇和走私活动猖獗；社会信用紊乱，欠债不还、逃废债务现象十分普遍；财务失真，明目张胆编造假账假数据，违反财经纪律的行为屡禁不止；建筑领域招投标弄虚作假，工程质量低劣的问题相当严重；重大特大安全生产恶性事故不断发生。所有这些，归根结底无不是不守规则、不讲信用所致。

从这些年我们的实际工作来看，一些地区出现了只重视市场发展不重视市场规则的现象，对于到底什么是市场和市场经济，市场和市场经济的发展需要什么样的条件，政府、企业、市场三者之间应当是什么样的关系这些问题不甚了解，对于规范市场更无从谈起。这些地区从各自的行为目标出发，有的即使是抱着发展社会主义市场经济的良好愿望，但由于疏于管理，不重规则，反而造成了市场秩序的混乱。经过多年的法制建设，我国已经不缺少成文的法律，而是缺乏尊重法律的意识和态度。仅就关于打击假冒的法律，从《民法通则》到《消费者权益保护法》，从《商标法》《专利法》一直到明确规定了"生产、销售伪劣商品罪"和"侵犯知识产权罪"的《刑法》，涉及制假贩假行为的法律条文少说也有数十条，可谓法网密布，相关的民事、刑事惩罚也规定得既严厉又明确，但是还会出现市场秩序的混乱。可见，这不是没有法律，而是有法不依、执法不严，就是不守规则。

与此同时，对信用更缺乏重视。实际上信用是人们在长期交往过程中的重要纽带，在现代企业市场运行中，信用是一项最重要的资源。无信不立。据统计，在发达国家，企业间的信用支付方式已占到 80% 以上。令人痛惜的是，在我国目前的企业的运行中，信用的价值却被严重地忽视，企业既不会有目的地利用信用手段增强经营实力，也不会注重自身信用形象和地位，不守信用成为企业经营的一种选择。在人类商品经济发展的初期，交换的手段是以物换物，而现在有些时候，交换的手段又退化到从前的"以物换物"了，这就是信用危机造成的。目前，由于缺乏信用所引发的抽逃资金、拖欠账款、逃废银行债务、恶意偷税欠税、产品质量低劣等问题已经成为一种普遍的"流行病"，不但影响企业的整体信用，成为困扰和制约企业发展的重大障碍，而且打乱了市场经济的秩序。与此同时，由于惧怕贸易风险，不敢采用灵活的贸易结算方式，严重影响了企业国际国内市场的竞争力。

我国正处在经济发展、经济结构战略性大调整的关键时期，处在深化改革、健全社会主义市场经济体制的攻坚阶段，一个重要而又现实的课题摆在我们面前：当前我国一些领域不规范的市场经济秩序，正吞噬着原本就弱小的市场机体，如不给予足够重视，不仅会直接给国家和人民利益造成重大损失，严重影响我国真正实现社会主义市场经济的进程，严重影响经济的健康运行乃至现代化建设目标的实现，而且严重败坏国家信誉和改革开放形象，也会使我国在国际竞争中处于被动的地位。市场经济秩序被破坏，影响到整个国民经济发展的速度和质量。现在已经到了非下大决心进行治理不可的时候了。

社会主义市场经济框架的构建是一个不断改革创新、不断积累经验、不断修正失误的探索过程。在这一过程中，高增长的 GDP 和市场经济秩序的建设，就像是在一条公路上拥挤着无数满载货物的车辆，由于有一部分司机不遵守交通规则，导致整条公路行驶不畅。市场经济秩序被称为巩固和繁荣市场经济的基础设施，即使在市场经济发达的国家，建立良好的市场秩序也是一个苦苦探求、一百多年来从未停止过的奋斗目标。对我们这样的经济转型国家来说，更是一个亟待解决的新的课题、新的难题。如果说1992年提出建立市场经济的时候，中国经济正处在一个何去何从的十字路口。那么，现在我们又到了另一个十字路口，就是建立什么样的市场经济：是建立一个高质量、完善有序的市场经济，还是一个混乱的、无秩序的市场经济。

我国已经加入世界贸易组织，国民经济将在更高程度和更大范围内融入世界经济体系。但是相比之下，我国国内市场与国际市场的竞争规则还存在不少差异，比如，WTO 允许各成员保留和建立国有企业，但各成员要保证其平等地参与国内国际市场的竞争；WTO 要求各成员不分大小实行非歧视的贸易待遇原则，法制和良好的市场秩序是吸引国际投资特别是跨国公司的正常做法，依靠优惠政策和地区特殊待遇吸引外资的做法将失去效力；大多数长期以来由计划控制或国有企业垄断的行业和部门，以及有形商品贸易和服务贸易的市场准则要基本达到或接近国际惯例，各种不同所有制的企业可以在更为公平的环境内展开竞争。我们的"内部规则"能否与WTO 的通行规则兼容，将成为下一个十年我国发展战略成败的关键之一。如果说我国加入 WTO 在许多方面都需要加强管理和补课。那么，规则管理和信用管理就是两个主要着力点。它不仅关系到当前的经济运行和经济发展，更关系到社会主义市场经济体制的建立这一根本性的问题。同时，也关系到加入 WTO 之后能否获得更大利益的问题。因而，要从战略高度和全局角度看待这一问题，给予足够重视。

三、规则和信用两大基石的重构

规范和整顿市场经济秩序，是人们心中潜在的良好愿望，但还远远没有成为市场参与者们的普遍意识，我们对现代市场经济的意识、观念、理论及其行为规范还缺乏透彻的了解。这表现在市场主体的法制观念淡薄和奸商行为常常不是个别的，也常常不是个体或私营经济才有的现象。即使在现代市场经济发达的国家里，尽管市场主体已经普遍认识到有秩序的竞争活动才是可能赢利的最佳条件，而且其商业道德水准较高，但市场秩序的有效维护，也绝不能仅仅依靠市场主体的自觉、自律。这是由于市场主体的人格特征及其表现出来的行为偏好是非常复杂的。既有合法经商的偏好，也有随时准备进行违规投机牟利的冲动。加之市场竞争各方所依据的买卖信息条件常常是不对称的，这就更增加了违规投机的冲动变为现实的可能性。由此，市场秩序的建立、健全和有效维护，除了需要商业道德的教化作用之外，更重要的是必须依靠政府利用超经济的强制的力量来主持操作。这应该是政府的职责。当前，整顿和规范市场经济秩序归根结底就是要按照市场规则办事，并树立政府、企业、个人的信用。为此，我们需要按照价值规律、供求规律、竞争规律的要求推动规范、有序的市场体系的形成，制定有利于提高竞争效率并与国际接轨的市场规则，并且遵守市场规则，形成信用机制。其中特别需要做好以下几个方面的工作：

1. 政府在规则和信用管理体系的建设中要发挥积极的作用。要从多方面建立一套规则和信用管理体系。首先，要营造公平竞争的市场环境给每个参与竞争的主体以公平竞争的机会，才能实现优胜劣汰，确立市场规则和信用，真正建立起统一、开放、竞争、有序的市场体系。但是，我们目前还不同程度地存在着行业垄断、地区封锁、强制交易、歧视待遇等问题，既割裂了市场，限制了公平竞争，也破坏了市场秩序。因而，必须在立法、执法和政府职能转换上有大的动作，下决心拆除各种分割市场的"篱笆墙"，充分体现公平竞争的原则，让各种商品和要素在全国统一的市场内真正形成自由流动。其次，提高市场主体的组织程度，加强行业自律，建立、加强、规范商会和行业协会也十分重要。在政府机构精简，认真转换政府职能的同时，要把那些政府不该管、管不好、管不了的事交给有关商会、行业协会，发挥他们协商、协调、评审、仲裁、公证、培训、上下沟通的作用。特别是要发挥他们规范行业行为、监督执行行规行约的行业自律作用。再次，在谋求权利法律化的同时，提高社会伦理道德在弥补、增进信任及约束交易关系方面的作用，以使传统的信任与形式理性的信任有机结合。

2. 要破除只重经济利益而轻视规则和信用的思想，在规则和信用的创立、保护、提高上下功夫。社会信用已经涉及千家万户，渗透到国民经济的各个领域，但很多人仍然把信用看作是金融等信用行业的事，这种狭隘的看法严重限制了对信用资源的开发、利用和管理。我们必须改变这种狭隘的认识，从社会经济健康、稳定运行的高度来认识信用问题，从国家社会经济发展的战略高度来重新认识信用问题。由于企业的一切活动都是以经济效益为中心的，而经济效益的取得又依赖于规则的执行和信用的好坏，所以说遵守规则和重视信用是一个企业的生命。因此，任何一个企业要想取得良好的经济效益及长远发展，就要对规则和信用予以足够的重视。一是要牢固树立"按章办事""信用第一"的思想，确立规则和信用的地位。特别是多年来，企业界一直强调"安全第一""质量第一"，现在要树立"规则第一""信用第一"的思想。这与强调安全、质量并不矛盾。因为一个企业的信用组成包含了安全、质量及更多的方面，是对一个企业在生产、经营及管理方面提出的更高的要求。那么，如何树立"按章办事""信用第一"的思想呢？首先是企业的各级管理者要对规则和信用的内涵、重要性及其与经济效益的关系有充分的认识。许多教训表明，正是由于各级管理者对规则和信用的认识不足，才导致"违规作业、信用丧失"。其次，是要对企业的全体员工进行教育，使他们树立"按章办事""信用第一"的意识，进而在行动上自觉维护规则和信用。

3. 要建立起一套系统、完善的企业信用管理制度。对企业自身来说，要树立名牌战略，创出名牌产品。这是构筑企业良好信用的基石，是树立企业信用的硬件。如果一个企业的产品质量低劣，性能落后，得不到顾客的青睐，企业信用就是无本之木、无源之水。因此，要从产品的开发设计抓起，大力推进技术进步，开发高技术含量、高附加值、适应市场要求的新产品，抢夺市场主动权，引导市场需求。要建立完整的质量保证体系，强化质量管理，严格质量控制，使企业的产品成为顾客喜爱、市场需要的名牌。与此同时，企业要建立信用管理制度和组织机构，包括设立企业内部的信用部门，并设定信用部门的管理权限；另一方面，要完善交易前期的信用管理，包括信用资料收集和评估，最终决定是否给予客户信用及信用额度和交易方式。其次，要完善交易中期的信用管理，包括制定严密的贸易合约、采用各种信用保障手段和服务；再次，要完善交易后期信用管理，即当信用销售发生后，企业应严格合同执行情况并按规范程序管理各项应收账款。要狠抓队伍建设，提高职工素质，在职工队伍中形成与企业荣辱与共的观念，自觉视企业信用为生命，像爱护个人的形象一样维护企业的信用。要坚持从严管理，强化培训，大力提高职工队伍的思想道德素质和业务技术素质，使职工敬业爱岗，勤奋工作，展现良好的精神风貌和队伍作风，创造一流的工作业绩，把自己的企业建成竞争力强、信用好、不断发展壮大的好企业。

4. 要完善法规建设，健全监督机制。要想扼制企业的不正当竞争行为，从社会环境推动企业建立良好的信用，除了依靠企业的自我约束外，还必须完善法规建设。法律可促进企业遵纪守法和信用机制的建立。当企业违法乱纪、不讲信誉损害到消费者权益的时候，消费者可以用法律讨回自己的权益，让违法乱纪、不讲信誉的企业付出代价。当这一切形成制度的时候，违法乱纪、不讲信誉的企业就无法立足。从信用机制的角度来讲，对生产假冒伪劣产品企业的处罚应该是惩罚性的，而不应该是补偿性的，也就是说，惩罚应该达到事前就能产生遏制企业生产假冒伪劣产品的动机的力量，而不是事后补偿消费者的损失。为此，应尽快出台完善反不正当竞争法，做到有法可依、有法必依、执法必严、违法严惩。加大管理力度，工商、技监和卫生防疫等政府职能部门定期和不定期对企业生产经营行为进行全面检查和抽查，促使企业进行合法的生产经营活动，开展公平竞争。完善居民举报制度，充分利用新闻媒体的力量宣传报道优秀的企业，公开批评不正当竞争行为，在全社会营造出一种反不正当竞争的氛围，用社会舆论的力量约束企业竞争行为。只要严肃法纪，加强管理，政府、群众和新闻媒体监督有力，企业的不正当竞争行为一定能得到有效遏制。

5. 要建立起有效的信息传输手段。在当今市场经济的环境中，交易往往发生在互不相识的人群中间，骗子在这个地方行骗一次，下次换个地方就行了，这就要求建立起有效的信息传输手段。市场经济造就了很好的信息传输手段和组织，更好地服务于市场，特别是 IT 技术信息的传输起了了不起的作用。当然，仅有技术是不够的，人们必须积极利用这些技术，建立起专业化的信息机构和系统，为参与交易的企业和个人提供信息服务。市场经济发达国家的中介机构主要功能是为市场服务提供信息，它们是市场成熟和壮大的重要一环。要想改变我国目前信用环境差的局面，加强资信评估和建立资信信息的传输机制成为当务之急，资信评估机构如果能够客观、公正、独立地为企业和个人传导信息，整个信用体系的建立就有了一定的信息保障。与此同时，政府管理市场经济也要改进工作方法。现在许多企业特别是民营企业，看不到文件，参加不了会议，靠红头文件管不住。今后制定文件要面向各种所有制企业，面向全社会，不能只对国有企业。凡是能够公开的、上网的，都要公开、上网。整顿和规范市场经济秩序，要建立档案，建立网上企业资信数据，并逐步开展企业信用评级，让银行、工商等部门能够清楚谁有信用，谁没有信用，该扶持谁，该制约谁。要让违规的没有信用的企业受到多方制约。政府必须进行理性思维，引入法律、法规，出台法律、法规，加强规则管理和信用管理。

6. 要加强规则和信用管理的理论教育。截至目前，我国教育体系中还没有比较完善的规则和信用管理的教育课程，甚至工商管理课程中也没有类似教学。这样就造成研究的人少，学习的人少，真正在企业中实施规则和信用管理的人更少的怪圈。商德教育不能只是职业教育，还要有普通教育和社会教育，要形成一种全社会都按章办事、文明经商的氛围。在当今社会，每个人都进入市场，谁都离不开商品交换。所以人们要求交换是在平等、公平、公正、自由竞争的环境下进行；在法律上，守法经营、按章办事，在人格上，信守诺言、恪守合同，从而保证交易的顺利进行。也就是说，以自由、平等的身份参与交换的双方，是以不侵害对方的利益为前提的，并且双方都能满足对方的需要，从而保证商品交换、商品流通的顺利进行。但是，由于参与交换的主体千差万别，各种各样的人或企业都有，这就要求全社会都应按章办事、文明经商，对不守规矩者或不讲道德者要进行守法守纪和商业道德的教育，要从小学、中学就开始，一直延续到大学，进而在进入工作岗位以后，采取多种形式，长期持久地进行全面的教育，使人们在市场上都能守法守纪，待人以诚、以信，和谐相处，使社会主义精神文明和物质文明相辅相成，促进社会主义市场经济的发展，使市场秩序井然。

[本文原载于《福建论坛（经济社会版）》2002 年第 2 期]

解决"三农"问题的根本出路在农外

　　农业、农村、农民问题，关系到我国改革开放和现代化建设全局。中国全面实现小康的重点和难点都在农村。"三农"问题解决不好，中国就很难持续、快速、协调发展，就很难建成社会主义现代化强国。为此，必须从战略高度来认识"三农"问题，从中国国情出发来寻找解决"三农"问题的办法，坚持把加强农业，发展农村经济，增加农民收入作为经济工作的重中之重。那么，解决"三农"问题的根本出路在哪里？我认为，应当跳出农业、农村、农民的范围来考虑解决"三农"问题的根本出路。

———

　　为什么中国会出现"三农"问题？如何解决？

　　具体的答案很多。如有人认为，"三农"问题的出现，主要是农民素质低、苛捐杂税多、负担重等引发的。解决出路在于提高农民素质，降低税赋，减轻负担。有人认为，"三农"问题的出现，主要是由于农村地区的基础设施十分落后，大大限制了农民对现代消费品的需求。不是收入水平，而是基础设施不足限制了广大农村地区的居民实现其消费意愿。为此，要以积极的财政政策来加快农村基础设施建设，启动国内需求、消除过剩生产能力。这是当前实现农村劳动力就业和农村产业结构调整，增加农民收入，解决"三农"问题的首要政策。有人认为，解决"三农"问题的关键是发展农产品加工业，发展中介组织，发展农村教育。只有采取这些举措，才抓住了解决"三农"问题的"牛鼻子"，"三农"问题就可以迎刃而解。有人认为，现阶段中国农村发展滞后、影响解决"三农"问题的根本原因是制度问题、体制问题，是口头上重视、实际上没有落实的问题,是放任自流、无政府状态的问题。为此,解决"三农"问题关键是创新体制。有人认为,"三农"问题主要是农民就业不充分而引起的。解决"三农"问题关键是消除农民进城的人为障碍,建立城乡统筹的劳动力市场,搞好就业信息服务,清理农民进城的不合理限制,促进农村劳动力流动等。这些解决"三农"问题的对策,大多数是从"三农"的内部来寻找解决问题的办法,有的是从体制上来寻找解决问题的办法,都有一定的道理,也可以在一定的程度上解决一些"三农"问题。但是这些举措都不是解决"三农"问题的关键。我认为,应当跳出农业、农村、农民的范围来考虑解决"三农"问题的根本出路。

二

为什么应当跳出农业、农村、农民的范围来考虑解决"三农"问题的根本出路?

十六大报告的一个重要特点是既论述农业发展的方针政策,又跳出农业寻找解决"三农问题"的出路,明确提出要统筹城乡经济社会发展。农村发展的过程实质上是一个结构变革的过程。它包括农村经济结构变革与农村社会结构变革两方面的内容。一方面,从农村经济结构变革来看。农村经济结构变革的结果主要表现为,农业产出及农业就业在全社会总产出及总就业中所占份额呈现不断下降与减少的趋势。相应地,非农产出与非农就业所占份额表现出逐步提高与上升的趋势。另一方面,从农村社会结构变革来看。农村社会结构变革的总体趋势则表现出非农村化,特别是城镇化的特征。在这种情况下,伴随国家工业化以及目前正在兴起的信息化过程的深入发展,加上农业技术变革的不断推进,农村中的劳动力将逐渐地从农业部门向非农业部门转移、从农村地区向城镇地区转移。发展中国家在其资本积累的扩张过程中将传统农业部门中丰富廉价的劳动力不断转移到现代工业、服务业部门,从而促进经济发展。同时,伴随着农村产业结构与就业结构的变化,农村社会也逐渐发生转型。大量农村劳动力进入城市,从而使整个社会城市化水平得以提高,以农村为主的社会转向城市主导的社会。这是农村经济发展的必然规律。与此同时,改革开放以来,城市的失业率明显提高,尽管随着信息化、工业化、城市化的快速发展,就业岗位在不断增加，但是城市居民的就业压力仍然很大。城市的就业岗位是有限的。农民想进城，但是城市现有的条件没有这么大的容纳能力，即使取消了现行的户籍制度，客观上还存在着制约农民进城的诸多因素。由于农村劳动力进入城市的渠道一直不畅，大量劳动力滞留在农村，影响了农业组织化程度的提高。以家庭为单位进行生产，经营分散，无法开展大面积耕作，田间管理极其粗放，短期行为严重，既没有规模效益，也没有长期效益。同时，部分农民缺少科学文化知识，信息闭塞，远离城市和市场，只有依靠经验和农时安排生产，所以生产活动具有很大的盲目性。有的地方无场无市，或有场无市，或有市无场，商品流通不畅，丰收时大量瓜果蔬菜积压，甚至腐烂在地里，歉收时外地的农产品又运不进来，形不成市场，更谈不上发挥市场优势。小生产与大市场很难衔接。农业劳动生产率和农产品土地产出率很低，农产品成本很高，质量很差，价格呈下降趋势，不仅在国际市场上没有竞争力，而且农民面临着增产不增收的尴尬处境。

可以看出，"三农"问题，实质上是封建小农经济社会向现代社会发展的必然结果，准确而言是必经环节。传统的小农经济社会已经不能容纳现代生产力。要解决这个问题，必须从根本上转换中国社会经济结构，整个社会经济从农村向城市化转换。因而，不能仅从"三农"内部来寻找解决"三农"问题的办法。中国农村发展的根本出路在工业化、城市化和信息化。以乡镇为依托，加快中小城市建设，走工业化、城市化和信息化的路子，才是中国农村发展模式的战略抉择。

三

为什么解决"三农"问题要走工业化、城市化和信息化的路子？

党的十六大首次提出"农村富余劳动力向非农产业和城镇转移，是工业化和现代化的必然趋势"。走中国特色的工业化、城市化和信息化道路是解决我国"三农"问题的根本出路。

1. 城镇化实质是变农民为市民。

城镇化的本质是将大量的农村人口转化为城市人口。由于人多地少，农村的劳动生产率无法提高，农民收入上不去，城乡差距越来越大，在这种情况下，建设全面小康社会的目标是难以实现的。因此，只有大量转移农村剩余劳动力，化农民为市民，依赖土地的人少了，土地的使用和农业的经营才能更有效率。留在农业中的劳动力得以专门化，通过专业化的农业规模经营，由此获得更高的收入。由于农民的非农产业化，农产品集约经营、规模经营。再加上土地资源有限，农产品的价格也能够根据市场的供求关系发生相应的变化。农业和工业的劳动生产率及人均收入提高了，农业才能真正实现现代化。我国在过去 20 年间的战略缺陷之一就在于在城市化问题上摇摆不定，例如一度限制大城市发展，要求乡镇企业"离土不离乡"等。现在看，城市发展不足已经成为解决"三农"问题过程中的最大制约因素。

2. 城镇化离不开工业化。

工业化过程也是减少农民的城市化过程，是由农业提供原始积累支持工业化，待工业化得到发展之后，工业要转为反哺农业，从而实现农业现代化的过程；也是由城乡分割的二元结构转为城乡一体化的过程。城镇化是工业化的必然产物，现代化是城镇化的必然结果。离开了城镇化，工业化的效率就会降低，而离开了工业化，城镇化就会无的放矢，最后失去发展动力，现代化也无从谈起。城镇化既然是要让农村人口转移为城市人口，就要让他们进得来，住得下，不只是他们自己进来，而且他们的家人都要进来。实现这个目标的关键是要把产业聚集到城市来，只有把产业聚集到城镇来，或者是聚集到大中小城市来，大量的农村人口才能随之进入城市。

3. 工业化离不开信息化。

信息化目前被公认为是当代最先进的生产力，它无论是对经济的发展还是对社会的进步都产生了前所未有的深刻影响。信息化不是简单地用计算机代替打字机、用电脑代替算盘。信息化水平的高低，也并非只看有多少商业网站和政府网站，关键是要看网络技术和信息技术融入传统经济的程度有多深。信息化要求我们在工作方式、思想观念等方面都必须进行深刻的变革。工业化进程和传统产业的发展不可逾越，但在技术进步条件下特别是在新经济时代，信息化可以加速发展进程，带动工业化实现跨越式发展。同时，信息化也有助于引导农民向城市和非农产业的转移，有利于引导农业生产。

改革开放以来，我国与发达国家经济发展质量的差距有所拉大的原因是信息化程度低。因此，以信息化带动工业化，用现代信息技术、网络技术改造、提升传统产业，是实现我国经济结构战略性调整的必由之路，也是农村富余劳动力向非农产业和城镇转移的必然要求。

四

如何加快工业化、城市化和信息化的步伐，从根本上解决"三农"问题？

农业富余劳动力向非农产业和城镇转移，是工业化和现代化的必然趋势。各种要素不断向城市集中是工业化阶段的普遍规律之一。我们必须遵循这一规律，加大工业化、城市化和信息化的步伐，从根本上解决"三农"问题。

1. 要逐步提高城市化水平，坚持大中小城市和小城镇协调发展，走中国特色的城市化道路。

发展小城镇要以现有的县城和有条件的建制镇为基础，科学规划，合理布局，同发展乡镇企业和农村服务业结合起来。要消除不利于城镇化发展的体制和政策障碍，引导农村劳动力合理有序流动。只有走出二元经济结构状态，将成亿的农村富余劳动力向城市转移，才能使农民的收入水平有较大幅度的提高，才能从根本上解决"三农"问题。改革开放以来，我国城市化率不断提高，至 2001 年已达 37%，但是还不够快，至今仍有占63% 的人口在农村，有占近 50% 的劳动力从事农业，而创造的国内生产总值只占 15%。所以，今后在加强农业基础地位，推进农业和农村经济结构调整，保护和提高粮食综合生产能力，增强农业的市场竞争力的同时，要更有力地推进城市化的进程，促进城乡经济的协调发展。

我国城市化道路不应该拘泥于哪一种模式，而应根据各地的实际情况因地制宜地走出一条合适的道路来。在珠江三角洲、长江三角洲、环渤海地区，农村劳动力已经大量转移到城镇，可以考虑以大城市来带动农村搞城乡一体化。要重视小城镇在城镇化道路中的重要作用。小城镇的技术含量和资本有机构成要低于大中城市，大城市安排一个劳动力，需要投资1.5 万元，小城镇只需要 4 000 元，而且小城镇靠近农村，可以降低农村剩余劳动力转移的机会成本和就业风险。当然，在大力发展小城镇的同时，也不能忽视大城市的发展。过去我国城市建设的方针是控制大城市、大力发展中等城市、合理发展小城市，导致很多大城市的发展受到抑制，影响了大城市对小城镇的拉动作用。

2. 对工业化道路的选择应有正确的把握。

与传统工业化进程相比，在以信息化为主线的新经济时代，工业化进程具有更为复杂的环境和性质，信息化和新技术革命使工业化的跨越式发展成为可能。在正确判断工业化阶段的同时，要认真分析现代工业化进程与传统工业化进程的差异，充分认识工业化进程的多样性、复杂性和经济结构战略性调整与产业升级任务的多重性。在这个基础上，才能对工业化道路的选择有正确的把握。既要追赶世界工业发展的先进潮流，又要满足充分就业的要求。为此，一要发展制造业。发达国家工业化的历史表明，制造业是实现工业化的主力军。因此，制造业也应是我国今后实现工业化的源头和主力军。如果在世界市场上进行调查，并与国内情况进行对比，就会发现，还有大量的社会需求的工业产品我们没有人做或不会做。重大的技术装备，自动化、机械化的工业设备，高档微电子芯片，精密仪器、仪表，移动通信设备，电视摄像机，高档纺织品等，或者是空白，全靠引进，或者是开发能力极弱，国产供应很少。提高制造业的水平，对实现农业机械化和现代化，实现更多的就业，都具有现实意义。二要推动产业结构及工业内部结构的加速转换。在工业化过程中，必须重视加大结构调整和转换力度，促进产业结构优化和产业重组，提高经济整体素质和生产要素配置效率。对于困难企业的破产、转产、兼并给予必要的政策引导和资金支持，从而实现规模经济效益和科技进步。要从宏观上引导企业加快组织结构和产品结构优化，加快生产集中和产业重组过程，尽量缩短转变过程的时间，最大限度地减轻对社会稳定形成的压力。三要进一步促进乡镇企业发展。我国正处在加快向工业化过渡的阶段，农村人口这么多，完全靠国家投资和城市吸纳是不现实的，必须走发展乡镇企业这条路，这是有中国特色的工业化道路。为此，要切实抓住体制创新和科技创新两个关键环节，进一步促进乡镇企业成为推进工业化进程和实现更多就业的强大动力。

3. 要加速推进信息化，以信息化带动工业化。

"要加速推进信息化，积极利用信息技术，大力改造传统产业，以信息化带动工业化"是我国"十五"计划所提出的实现我国经济结构战略性调整的战略方针，也是在 21 世纪实现社会主义现代化跨越式发展的一个极为重要的战略方针。在现代经济技术与传统生产手段融合发展的条件下，我们的工业化进程呈现出与信息化和知识化相融合的新格局。信息经济对国民经济有强大的支撑效应、渗透效应和带动效应。与传统经济相比，信息经济不仅劳动生产率高，而且创造财富快。因此，在工业化过程中，一方面，要根据工业化规律和我国国情特点，继续大力发展劳动密集型的工业，重视用高新技术改造传统产业。另一方面，也要积极推动国民经济的信息化，它不仅有利于加快对传统产业的改造，也将促使我们在某些领域获得"后发性优势"，在工业化中级阶段就获得工业化高级阶段和后工业化时代的某些特征。

在推进我国信息化带动工业化的进程中，政府主要应负责体制创新和提供高效率的公共产品，组织实施好国家级信息化的重大工程。一是有步骤地实施政府信息化工程和企业信息化工程，建设国家重点企业信息专网，积极协助地方推进跨部门、跨行业、跨领域的信息化重大工程。二是积极探索政府管理决策信息化的政策，发展电子政务和企业上网工程，并从政策上为企业投资、经营、技术创新等方面创造条件。三是建立健全企业信息化推广网络体系，逐步形成一个覆盖全国、面向企业的信息化研究、开发和推广应用体系，更有效地指导、帮助企业开展信息化工作。四是信息化要多考虑农村的需要，逐步推进农村的信息化，改变农村信息闭塞的落后状态。

［本文原载于《福建论坛（经济社会版）》2003 年第 11 期］

信用一体化：经济一体化必然要求

国内的区域经济一体化是中国经济发展到一定阶段的必然结果，是打破地区经济壁垒、构建全国统一大市场的必然要求，而信用一体化则是区域经济一体化的必然要求。

一、信用是软实力

"软实力"包括意识形态的吸引力、政治价值的亲和力、文化的感召力、制度的凝聚力、在国际政治中的影响力等。在发展的前期，人们可能更多地侧重于硬实力的提升。而当经济、科技、军事等硬实力发展到一定程度时，软实力的提升就应放到应有的高度。因为，没有软实力的相应提升，硬实力发展到一定程度就可能受到观念、意识的限制。没有了软实力的包容性和吸纳力，硬实力将失去必要的支撑。信用既是文化、制度，也是政治经济的影响力，是重要的软实力。

1. 信用已经成为企业的无形资产和重要的竞争力，并对企业的经营活动产生重要影响。当年邓小平在视察上海时就指出，只要守信用，按照国际惯例办事，人家首先要会把资金投到上海，竞争就要靠这个来竞争。作为市场主体的企业之间的竞争，最终是信用与品牌的竞争，而品牌由信用凝聚而成，没有信用的企业是没有客户的企业，它必将失去所有未来发展的可能。经济全球化的背景下，一个地区、一个国家其实也是一个市场主体，信用决定着一个地区、一个国家的竞争力和可持续发展。可以说，在市场经济条件下，信用就是生命，没有信用，就没有市场；没有信用，就没有交换；没有信用，就没有秩序；没有信用，竞争者终究会被市场无情地淘汰。正由于诚实守信具有强烈的主观认同性和高效的整合力，符合人类共同的审美目标，所以它才成为古今中外人心向往的大规则。成为与市场经济法规制度相适应的经济道德基石，成为我们的一种行为方式，成为建立在信息充分披露基础上的一种社会运行体系。只有当我们自觉地将道德和法律制度上的约束化为日常的自觉行动，并且将这种行动转化为社会运行的体系，才能够降低交易的成本，减少城市管理的代价。因而，信用这种独具魅力的无形资产，将成为区域经济新一轮发展的软实力。

2. 信用建设对巩固一个地区的市场基础，树立形象，创造投资环境，促进地区经济的长期、稳定、协调发展来说，都是至关重要的环节，已经成为一个地区的投资软环境之一。在传统观念中，常常把商场比作战场。但商场毕竟不同于战场，战场意味着你死我活，不共戴天，为达到目的不择手段；而商场是建立在诚信与合作基础之上的，追求的是互利互惠，是大家共赢。由于现代市场经济中的大部分交易都是以信用为中介的交易，因此信用是现代市场经济的灵魂。信用是经济生活中对交易双方合法权益的尊重与维护。普遍的守信行为是交易顺利进行、经济健康发展的前提。没有信用，或缺少信用，契约关系就不能维持，社会经济关系的网络和链条就会发生紊乱、失调乃至断裂。要形成良好的市场经济秩序，实现较高的经济运行效率，就必须强化信用，加强信用建设。信用发展到什么程度，契约的可靠性就达到什么程度，经济制度就完善到什么程度，体制的效率就达到什么程度。一个国家、一个地区的投资的软环境就达到什么程度。现在外商投资最关心的是什么呢？软环境。而投资软环境的核心是：法制、诚信、效率、服务。投资软环境建设是提高一个国家、一个地区对外开放水平、扩大利用外资的一项基础性工作。有人说："水往低处流，人往高处走。资本总是向投资环境优良的地方流动和聚集。"这话很有道理。现在有一个陈旧的合作理念，认为只要招待好、政策优惠、土地便宜，外商就一定会来。但这是改革开放初期的做法。现在不同于过去，外商关心的是法制，是诚信，是效率，是服务。有一种说法非常形象，那就是"企业会用脚对环境进行投票。环境不好，企业拔腿就走"。创造良好的投资软环境，是扩大开放领域、提高开放水平的前提条件。利用外资的竞争，实质上是投资软环境的竞争。在现代市场经济条件下，一个国家和地区竞争力、凝聚力、影响力的强与弱，发展形象的好与坏，开放与投资环境的优与劣，不仅取决于经济结构、产品质量、地理环境、交通状况及消费市场等硬件环境，更离不开软环境，社会信用环境作为投资软环境的重要组成部分，作为维系市场各经济主体之间经济关系的重要纽带，将直接影响到投资环境的好坏与投资需求、消费需求的增长与减少，进而影响一个国家和地区的对外开放形象和经济的发展水平。市场经济的经验和教训告诉我们：发展市场经济，必须首先从抓好信用体系建设、优化信用环境做起。济南、青岛等8城市实现信用信息一体化，对于优化招商引资环境，提高城市诚信度都产生了重要作用，还大大提高了政府效率，节约各种社会成本。这些都说明信用是投资的软环境。软环境也是软实力。

二、信用一体化是区域经济一体化的必然要求

信用一体化就是推进区域内的信用联动机制，建立健全信用体系，让信用融入区域内的经济生活之中，成为增进区域软实力、提升区域综合竞争力的基本保障。2004年5月，长三角16城市的市长或代表，在浙江湖州市共同签署了中国第一份区域性政府间的"信用宣言"——《共建信用长三角宣言》（简称"湖州宣言"），2005年4月，上海、江苏、浙江两省一市的政府信用管理部门在浙江宁波签署了一份《沪苏浙信用体系建设区域合作推进方案》（简称"宁波方案"），明确了打造"信用长三角"的工作机构与协调机制和推进三方信用合作的"时间表"。"长三角"是我国经济发展最具活力的地区之一，是世界正在迅速崛起的第六城市群，在国民经济中占有十分重要的地位，表现在总量大、增速快、活力强。他们所签署的"湖州宣言"和"宁波方案"表明：信用一体化是经济一体化向纵深推进的必然要求。

第一，经济一体化在本质上是市场机制作用的过程，经济一体化以市场化为前提。现代市场经济是一种建立在错综复杂的信用关系之上的经济。市场经济越发展，信用关系越复杂，买卖、借贷、租赁、雇佣、信托等经济关系都要靠信用维系，由此产生了一系列每个市场主体必须遵守的信用规则和法律规范，以约束和规范市场主体的行为。信用是市场经济的基本准则。失去了信用，交易的链条就会断裂，市场经济根本无法运转。因此，普遍的守信行为是交易能够进行、经济能够运转的前提，也是每一个企业立足于社会的必要条件。任何现代社会都需要一整套严格的信用管理体系。只有在这一体系的基础上建立起稳定可靠的信用关系，市场经济才能稳定运行。市场经济之所以应当是信用经济，同时也因为市场体制本身就蕴含着对市场主体的信用要求。从商品市场的买卖到资本市场的借贷，从要素市场上的交易到证券市场上的支付等，无不需要因自愿和重复而产生出商业社会所需要的道德即商业信用。首先，市场交易具有自愿性，必然要求只有在双方都觉得有利可图的情况下交易才能进行。其次，市场交易具有重复性，某个交易者在某一时刻可能具有欺诈性，但他不可能在同一地点和同一时刻再欺诈同一对象，所以出于自我利益最大化和长期化，交易者自然要形成一种重信用的习惯。再次，市场主体只有讲信用才可能获得可靠的合作伙伴，才可能有品牌形象的树立，才可能进行规模扩张。

第二，经济行为只能在一体化的信用框架中进行。现代市场经济是一种普遍性的经济体系，统一市场不可能建立在分散的、个别的信用系统之上。商品、服务、资金、信息的全球性流动使得世界市场成为一个不断扩大的统一的整体，信用规则将在全球范围内发挥作用，这意味着参与经济一体化的国家和地区都必须遵循同种信用体系。这种体系一方面与各国各地区的信用传统有若干关联；同时，它要面对统一的市场，所以又不只是某一国家、某一地区信用体系的扩大，而有其全新的规范和制度。从而参与经济一体化的国家和地区，必须也只能按照统一的信用标准进行现代信用建设。纵观世界经济活动，国际市场上经常出现各种经济纠纷或冲突，其中一个很重要的原因，就是它们虽然都接受了国际市场的普遍规则，但因为它们原来就有不同的交易习惯和信用传统，所以在具体实践中就可能对同一规则作出不同理解和解释，相互之间出现分歧和偏差。只有经过长期的磨合，不同国家或地区的经济主体才可能减少矛盾，也只有到那时，一体化的信用体系才真正确立并得到认真实践。长期以来，我国的区域经济发展呈现出"行政区经济"的发展态势，它表现为行政区划对区域经济的刚性约束。行政区经济加剧了不同行政地区经济自成体系的程度，各行政区信用建设也各不相同，各具特色。因而，冲破行政管理体制的界限，以市场为纽带，以企业为主体，并由宏观调控组织引导，建立一体化的信用制度是区域经济一体化的必然要求。

第三，信用一体化对参与区域内竞争的企业和个人是一种公平。现代市场经济要求市场主体在公平的基础上进行竞争。信用一体化对参与区域内竞争的企业和个人是一种公平。一方面，共同遵守信用，不同发展水平的地区才能在同一舞台上合理竞争。经济一体化的直接后果之一，是竞争的空前激烈，市场竞争、商品竞争、技术竞争、人才竞争等都会加剧。这些竞争原则上应当是理性的竞争，对话和谈判是解决矛盾和冲突的主要方法。而对话和谈判的一个重要基础就是一体化的信用。另一方面，遵守信用一定程度上使各地区获得了一个相对平等的机会。只有恪守信用，在市场上才可能赢得较大的发展空间，争取自己合法的利益。在长三角一些地方的政府采购招标中，规定参与竞标的企业必须提交信用报告，最后中标的往往是信用资质优良的企业。

三、信用一体化面临的挑战

中国是大国，地域辽阔，人口众多，地区发展极不平衡。中国要在全球化中立于不败之地，就要进行慎重的战略选择。由于目前的中国经济是由计划经济脱胎而出的，信用建设，特别是信用一体化建设才刚刚开始。中国面临信用一体化的挑战。

1. 无论是参与全球化，还是区域经济一体化，都面临信用问题。

在区域经济合作中许多地区都提出要积极参与全球化和区域经济一体化。但是，无论是参与全球化还是区域经济一体化都面临信用问题。随着改革开放的不断深入发展，传统的计划经济体制逐渐被市场经济体制所代替。在社会经济转轨时期，由于体制原因和人们思想认识上的偏差，在一定程度上造成了个人信用、企业信用乃至政府信用的缺损。假冒伪劣产品冲击市场；偷税、漏税，走私、骗汇、骗税；合同违约，商业欺诈，欠债不还，三角债、多角债，逃废银行债务；财务失真，做假账、搞两本账；假数字、假政绩、报喜不报忧等等。凡此种种，正侵蚀着经济肌体，成为妨碍我国经济正常运转的严重障碍，它不但影响社会的投资需求和消费需求，而且增加企业的交易成本、破坏企业的正常经营，导致政府的宏观调控政策难以发挥应有的作用，甚至严重影响我国的国际竞争力，影响我国对外开放的整体形象。世贸组织总干事穆尔尖锐地指出，中国加入世贸组织后，从长远看，最缺乏的不是资金、技术和人才，而是信用，以及建立和完善信用体系的机制。诚实守信，是中华民族源远流长的传统美德，"人而无信，不知其可也"。而重视信誉与诚实，同样也是为全人类所共同推崇的一种为人处世的优秀准则，无论东方或者西方，在现代市场经济社会中，"信用"二字，是整个社会经济得以良好运行的不可或缺的游戏规则。正因为如此，当今世界，几乎每一个国家都把"信用"作为对企业和个人的基本要求，从伦理上加以引导，从法律上加以规范。但是不可否认，一段时期以来，在我国的某一些地方，"信用"原则已被不少企业甚至一些政府部门抛到了脑后，不讲诚信的事例屡见不鲜。震惊全国的安徽阜阳毒奶粉案、陕西西安宝马体彩案等，便是典型的例子。这类事件的出现，不仅严重损坏了地区政府部门的公信力和企业的形象，也给地区经济发展带来了极其严重的负面影响，导致市场失序。这表明无论参与全球化还是区域经济一体化，我们都面临着信用的挑战。

2. 无论是跨越式发展，还是常规发展，都面临信用问题。

在区域经济合作中许多地区都提出要实施跨越式发展。这自然是无可厚非的。每个地区都有自己的优势，只要扬长避短，在某些领域和某些产业尽快提高国际竞争力，争取在经济全球化中占据较为有利的地位，是完全可能的。现代技术的发展弱化了经济领域自然资源的优势垄断，非物化的信息资源成为新的优势资源。与自然资源不同，信息资源的高流动性和跨时空性特点，改变了自然资源的地域指定性特征。这就意味着，发展高新技术没有地域垄断，也没有不变的"先行者"，高新技术与产业的有机结合，可以创造出后来居上、实现跨越式发展的奇迹。因而，必须寻找、挖掘现有的优势以争取获得信息资源和高新技术。全球化竞争是综合性竞争，在自然资源、金融资本的竞争外，还有社会资本竞争。社会资本说到底，就是社会信用。为此，必须发挥包括信用在内的商业道德、人文优势，避免自然资源相对贫乏的弱势，占有和掌握跨越式发展过程中非常重要的非物化信息资源。所以如果没有良好的信用，跨越式发展的战略是不可能实现的。当然，我们也要看到，真正能实现超常规发展的只能是少数地区，多数地区经济发展仍要走常规发展的道路。这不仅仅是经济条件的制约，还包括人力资源条件、社会文化条件等多方面环境的制约。经济发展应当正确把握常规发展与跨越式发展的关系，着眼于从常规发展中寻求跨越的机会。但是，跨越式发展也好，走常规发展的道路也好，都有一个学习、借鉴外国经济体制和技术的问题，如果我们没有信用或信用不够，学习借鉴就成了一句空话。由于我们保护知识产权的力度不够，致使一些国家对我国实行技术封锁，就是一个教训。因而，无论是跨越式发展，还是常规发展都面临信用问题。这必须引起我们高度重视。

四、信用一体化的基本思路

随着经济和社会的发展，尤其是现在到了转型的关键阶段，软实力就变得愈加重要。我国提出的建设"物质文明、政治文明和精神文明"的三大目标和排序，也说明了发展国家软实力已经提到了国家战略的层面上。毫无疑问，我国地区间的经济一体化，面临着信用建设的挑战。这不仅是因为我们必须用一体化的眼光审视区域性合作，而且在于经济一体化必然要求信用一体化。鉴于目前中国社会信用体系相对不完善的现实情况，信用建设应当成为建立一体化发展战略的当务之急。我们应当把国内区域性的信用一体化作为全国信用一体化的重要起点。作为参与全球化和世界区域信用一体化的重要起点。那么，应当如何建设国内区域性的信用一体化？

在信用一体化的过程中，政府信用是关键，企业信用是重点，个人信用是基础。参与区域经济合作的各地区政府要形成五大共识：一是在建立各自区域企业信用信息系统的基础上，统筹规划、分工协作，探索建立区域性信用体系建设合作机制和信用信息共享模式；二是采用基本信用无偿查询、增量数据定制访问、技术实现互通共享的方式，最大限度实现信用信息的互通共享，形成一处失信、处处制约的区域联动机制；三是确定信用信息交换的元素、格式标准、流程、周期、技术实现方式、安全保障、运行制度等，推动信用产品的互认交换；四是提供真实可靠的信息，依法合理使用共享信息，按照法律法规的规定承担相应责任，履行保密等义务；五是建立区域信用信息共享和交换工作协商机制，共同培育和发展信用市场，统筹推进社会信用体系建设步伐，使信用真正成为区域内共享的社会优质资源（参考《长三角地区"信用一体化"一处失信处处受制约》，新华网，2005年4月14日）。具体来说有以下几点：

1. 政府要高度重视。

政府信用是社会诚信体系建设的重心，政府信用是社会信用的基础。在经济体制转型、信用体系尚未建立的时期，应以政府公信力为突破口，以政府信用为骨干支撑起市场经济信用大厦，带动社会信用状况尽快好转。因此，当务之急要大力提高政府信用程度，着力打造信用政府。在信用体系建设中，各地政府都必须高度重视，积极支持。一要各级权力机关、职能部门要"言必信，行必果"，做信用的示范者，给民间信用做出榜样。保持政策上的连续性和稳定性，力戒为所欲为、朝令夕改、失信于民。二要积极推进各地区间信用体系建设与合作，促进区域间的信息共享，努力建设信用政府。三要大力推进政府职能转变，规范行政行为，严格依法行政，树立诚信政府的良好形象。履行好引导、建设、监督、管理的职能，推进社会信用环境建设。四要进一步开放市场，打破地区封锁，消除地方保护，努力建设与国际接轨的大市场。促进各种要素在区域内合理流动，优化配置。形成"一处守信、处处得益，一处失信、处处制约"的区域信用联动机制。

2. 加强区域性信用制度建设。

制度建设首先是减少遵从诚信道德行为的代价和成本，不能使诚信者总是成为事实上的吃亏者，不能让违反诚信道德者有利可图，这就需要社会制度安排能够保障最起码的公平与正义。要有严格的惩罚和激励机制，要在制度和法规上保证诚信者能够得到应有的回报，失信者必须承担其相应的责任，社会不仅要对其予以舆论谴责，更要其付出经济上的代价，甚至刑事上的惩罚。完善的机制与严格科学的管理相辅相成。近期国内外一些大公司失信的案例表明，若企业内部管理没有建立良好的"防火墙"机制，没有严格科学的管理制度，对经营权力没有约束机制，在问题发生时不能及时纠错，再大的企业也很难在利益面前始终保持清醒。为此，一要出台区域性的关于征信数据开放和规范使用征信数据的法律法规。首先，应该建立界定数据开放范围的法律或法规，其中包括必须开放哪些数据，以及对不依法开放数据的机构如何惩罚；其次，应尽快出台关于界定数据保密范围的法律或法规，即在强制性公开大部分征信数据源的同时，确定必须保密的部分，以及确定征信数据经营和传播的方式。二要加快建立关于公民和企事业单位信用的激励和约束机制，尽快建立和完善有关信用的区域性法规，逐步形成统一的社会信用制度。对偷逃税款、恶意违约、拖欠债务、商业欺诈和假冒伪劣等行为，形成制约体系。对守信用的企业、单位和个人，给予最大授信，使诚实守信逐步成为市场规范和社会规范。三要培育和发展行业协会、中介机构及专业征信机构，建立和完善企业和个人征信体系。

3. 积极营造诚信社会。

在市场信用体系还不健全的情况下，强化社会和舆论监督，有利于催生社会诚信意识和长效需求。为此，一要采取有效措施运用多种形式，大力宣传普及信用知识，着力解决信用观念淡漠的问题，在公民中牢固树立诚实守信的价值观念，在企事业单位中建立良好的信用文化，在全社会形成崇尚诚信的良好氛围。相互借鉴信用建设的经验和教训，统筹推进信用建设的步伐，使信用真正成为区域内共享的最优质的社会资源。二要发挥道德舆论的监督作用。公开并传播特别是恶意失信者的记录，形成社会联防，使失信者受道德良心的谴责、审判，名誉扫地，为社会经济交往对象所不容、鄙弃，以纠正失信行为，使失信成本大于守信成本。使诚信为荣、失信为耻的观念在社会生活和经济交往中为绝大多数公民所自觉恪守。

4. 成立区域性的信用管理协调部门。

建立一个区域性的设置科学、机制灵活、管理规范的社会信用管理机构，是建设信用一体化的必要条件。信用体系建设是一个庞大的社会系统工程，需要有必要的法律保障和科学的行业标准，需要有数据基础设施及配套建设，需要有独立、公正、客观的第三方征信机构，还需要有完善的教育、科研和推广体系，这些都亟须政府成立区域性的信用管理协调部门，对区域内信用体系建设加紧进行统一规划、管理和协调，以避免条块分割、地区保护等体制性因素带来的重复建设、资源浪费等问题。这样有利于协调各部门各地区的关系，进一步整合信用数据资源，避免重复建设和资源浪费，也便于各地的工作开展，从而有效推进信用体系建设。

（本文原载于《江西社会科学》2006 年第 2 期）

六、经济学科篇■

进入决策层：经济研究成果
转化为生产力的中介环节

一

科学技术是生产力，这无疑是正确的论断。但同自然科学可以直接转化为生产力不一样，是作为社会科学的经济学，无法直接转化为生产力，而必须通过一个中介环节——进入决策层，经过决策层的决策，把成果转化为政策、措施，调动人的积极性，强化对经济活动的管理，才能最终转化为生产力。

经济研究成果转化为生产力必须通过决策层这一中介环节，这是由经济研究成果自身的特点决定的。经济研究成果，从性质上可以分为两大类，一类是属于基础理论方面的研究成果，主要指探索社会经济活动的基本运动形式（生产力与生产关系的运动形式）和一般的经济原理，探索某一学科领域内的发展规律，以及其研究的规范和思维方法方面的研究成果，它注重理论深度与思辨性。这类经济研究成果进入决策层是通过把经济基础理论转化为决策者们的思想体系（如思想、观念、理论等）来实现的，它是以潜在的形式长期发生作用，它的作用方式是看不见、摸不着、潜移默化的。而另一类经济研究是应用研究方面的成果，它主要是对现实中存在的经济问题做出理论分析和概括，并提出相应的对策或为制定政策提供理论依据，注重现实性。后一类是本文所要讨论的经济应用方面的问题，具有自己的特点。首先，成果的表现形式是理论、观点、政策建议等观念形态的东西，不能直接应用于生产，这就必须通过决策层转化为政策、法规，才能应用于社会实践，从而转化为生产力。其次，从成果作用看，对有些问题的对策可以为决策者采纳或部分采纳，更多地则是作为综合的知识体系和思维工具，影响决策或启发决策者的思路，表现为对决策起参谋、咨询的作用。再次，从成果应用的影响看，经济研究成果应用范围很广，小则一个经济组织，大则一个地区乃至全国，成果见效的周期长，短则几年，长则几十年，才能由社会实践验证成果的确切价值。立竿见影，吹糠见米，不是它的特点。经济研究成果的上述特点表明，经济研究成果不可能直接转化为生产力，它要转化为生产力需要通过一个中介——决策层，而其能否顺利通过这个中介，研究者却不能自主。因为，经济研究者大都是没有行政权力的普通一兵，他们的研究成果不可能离开行政领导自主推广应用。经济研究成果作用方式是非自主，决定了它要进入决策层，转化为政策、措施，这是一个相当复杂的过程。它是决策与成果双向交流的过程，也是需求与供给交流的过程。因而，这个过程能否顺利进行，取决于交流的双方。

二

经济研究成果要进入决策层。首先取决于决策者的需求。如果没有决策者的需求，决策与成果的交流就无法进行。因而，刺激决策者对经济研究成果的需求，是交流的前提。

1. 增强对经济研究成果使用价值的认识。

社会化大生产给社会经济生活带来了一系列根本性的变化，使管理、规划、预测、控制、协调等问题越来越突出，同时，各种需要决策的问题也更错综复杂，千变万化。这样，任何个别的卓越的领导人单凭个人智慧和知识难以掌握和处理，而需要借助经济学研究成果，从对策建议上、思维方法上、知识体系上给决策者以智力支持，以弥补领导者个人才智、经验和精力不足，这是更广泛意义上的群众决策。但是现在有相当一部分领导者，特别是中下层的领导者，由于自身的素质和偏见，对经济学作为一种潜在的生产力，对经济研究成果在决策中的作用，认识不足。他们重视技术科学和自然科学的重要作用，却看不见经济学研究成果的使用价值。有的领导者和工作部门，没有真正把经济学当作科学，而仅仅把它当作一般的宣传舆论工具来对待，在拨款、定编、制定发展规划时，常常出现不应有的政策倾斜，有的认为经济学研究解决不了实际问题，他们宁可遭受经济上的重大损失，而不愿向有关研究机构咨询。这些认识和行为，妨碍了经济研究成果进入决策层。因而，要使经济研究成果进入决策层。首先应当提高领导者对经济学研究成果的认识，使他们认识到经济研究成果的自身特点及其与决策的关系。经济研究成果是沟通决策者的主观愿望与经济发展客观实践的桥梁，只有通过这个桥梁，人的主观愿望才能更好地与客观规律相结合，减少盲目性，使决策规范、科学化。传统的经济决策往往是封闭的、独断的，缺乏民主与科学。现代的经济决策方式是开放的，是按"从群众中来，到群众中去"的群众路线进行的。这就需要经济研究成果的支持。为此，决策要民主化、科学化。这就是说，它是由一个密切合作的、组织有序的、各种各样人才构成的决策机构做出的，而且在进行决策时，充分听取各个成员的正确意见并进行分析归纳。同时明确规定没有经过调查研究的不决策，没有提出两个或两个以上方案比较的不决策，没有经过咨询和可行性研究的不决策。这样的民主与科学的决策，自然需要引入经济的研究成果，可以加大决策层对经济研究成果的需求量。

三

经济研究成果进入决策层除了必须刺激决策者对经济研究成果的需求外，还必须发挥经济研究工作者的创造性和积极性。一般来说，经济研究工作者都希望自己研究的成果能够通过决策层的选择，付诸实施，在经济实践中实现其价值。但这只是愿望，要实现这个愿望需要艰苦的努力。

1. 提高质量——成果进入决策层的关键。

经济研究就是产品的生产。要使产品占有市场，首先是产品的质量。经济研究成果要进入决策层除了决策者是否需求外，那就是研究成果自身的质量了。因而，提高研究成果的质量至关重要，为此，应注意三点：① 注重面向实际，解决经济实践提出的迫切需要解决的问题。长期以来，我们没有一套能促使经济理论与经济实践相结合的行之有效的措施。一方面，我们提倡决策者要尊重专家、学者，而实际工作又往往绕道而行；另一方面，我们提倡经济研究要面对现实，而实际工作却往往不看其成果是否具有实际价值，只看其是否有论文、论著发表，是否获奖。试想，离开了改革开放过程中各种现实经济问题的研究，闭门造车，凭空推导，这样的研究成果，如何指导改革开放。所以，质量问题首先是面向实际，注重研究成果的实用价值。在寻求解决问题的方案、设计要达到的目标模式时，都要考虑到初始条件和各种限制条件的变化，可能产生的影响，不能离开条件去追求最优化、理想化，而要寻求在这些条件约束下可能实现的方案，设计目标模式。同时，要研究因条件变化而采取不同的步骤和途径，使这种研究成果具有很强的现实采用价值。② 注重搞好综合开发。现实生活中的经济问题总是处于有机联系的整体之中，与各个方面有着固有的联系，要对这些问题做出理论概括，提出解决方案，往往是单一学科难以胜任的，而需要多学科协同研究，或跨学科进行交叉研究，这就要求我们加强横向联系，相互协作，在不妨碍本学科相对独立性的前提下，做好与相关学科的研究衔接工作，对所要研究的经济问题进行综合开发，采用多维视野和整体考虑的研究方法，使经济研究成果更具有可行性。③ 注重定性分析与定量分析相结合。经验决策是以定性为主，而现代科技特别是电脑和近代数学的发展，加快了决策由定性向定量发展。提高经济研究成果的质量，使之能有更多的机会进入决策层，就应当顺应这种决策的发展趋势，要注重把主观的创造和逻辑思维的定性分析和定量分析相结合，把现代科学中的系统工程学、电子计算机理论、当代新数学等引入经济研究，使经济研究成果具有可靠性。

2. 制定选题——成果进入决策层的导向。

经济研究成果能否进入决策层。选题也很重要。选题是决策层所需要的，成果就容易进入决策层；如果选题脱离现实，不为决策层所需要，就不可能进入决策层。选题是决定经济研究成果能否进入决策层的导向，就像产品生产者必须根据市场的需要和自身的生产条件来决定生产什么产品一样，经济研究者也应当根据决策层的需求和自身所具备的条件来决定选题。在选择课题时，要从领导决策和实际部门的需要，自下而上地选定一些重大问题。此外，对于自下而上的选题，实行研究机构和有关决策部门双重审定选题和检验成果的制度。通过这种方式，促进研究者与决策者的联系，既可以使决策层从选题开始就了解课题研究的情况，以便在成果形成时作出判断，又可以使研究者及时了解决策者的需要，减少研究的盲目性。

3. 宣传推广——成果进入决策层的手段。

就像产品需要广告，需要推销一样，经济研究成果要更多地进入决策层，经济研究工作者也要像产品生产者和经营者那样，善于宣传自己的产品，推销自己的产品。过去经济研究工作者对这项工作注意不够，没有想方设法通过各种传播媒介，把经济研究成果转化为人们一定的知识素质，转化为一定的对策措施，以致有些优秀成果生产出来以后，便被弃置一旁，成了废纸一堆。为此，经济研究者应当加强对其产品的宣传推广。① 通过各类报刊、座谈会、研讨会发布研究成果，并进行鉴定、评论。② 建立经济研究成果推广专业机构，负责经济研究成果的推广工作。这种机构可以是官办的，也可以是民办的，吸收有组织才能和管理能力、懂经济知识和方针政策的人才参加成果的推广工作。③ 广泛开展经济咨询活动。经济研究机构或组织应当利用自身的人才和研究成果，开展经济咨询活动，如协助经济部门、地区制定发展规划，帮助企业诊断，为经济部门提供专项对策等，扩大研究成果的推广。

四

经济研究成果要更多地进入决策层，仅靠决策者和研究者各自的单方面的工作还不够，还必须沟通双方的联系从而拓宽经济研究成果进入决策层的渠道。长期以来，可以说在成果和决策之间还没有形成稳定的交流渠道。因而，成果进入决策层迟缓且无序，并有许多优秀成果流失或沉淀。这种状况必须改变。为此，应当在保持原有联系的基础上，供需双方相互配合，拓宽以下几个方面的渠道：

1. 下达课题。由决策层以解决某个问题为目的，提出一个明确的课题，委托经济研究机构研究，获取研究成果，并根据成果做出决策。这种形式的长处在于，决策层主动寻求成果，课题明确，程序固定。

2. 上报课题。由研究单位就其课题的有关内容，向同课题内容有关的相应的决策层提出课题研究的目标、动态、所需经费、完成日期等。如果该决策层认为需要这项研究成果，则可经过协商，以合同形式固定。成果出来后，直接交该决策层采用。这种形式的长处在于，供求直接见面，在展开课题研究之前，先落实需求单位，可避免研究的盲目性。

3. 协同研究。决策层所属单位的研究组织，或有关部门，因自身人力不足，就某有关课题邀请专业研究机构协同研究，研究成果供该决策层采用。这种形式的长处在于：专业研究机构与实际部门相结合，取长补短，成果质量较高，实用价值大。

4. 对话制度。决策者同经济研究者定期或不定期举行对话，沟通双边的信息，经济研究成果可以在对话中进入决策层。这种方式的长处在于：互相启迪，不需增加其他环节，研究成果就可以直接进入决策层。

5. 成果通报。专业研究机构把研究成果定期汇编供决策层选用。各决策层可以根据自己的需要选取其中对己有用的部分，如还需要更进一步的了解，可直接同研究者对话。这种形式下，有的一项成果可供几个方面的决策层采用，充分发挥成果的功效。

6. 招标承包。由决策层就某个问题同时向几家经济研究机构发出课题，并提出有关要求，进行招标，专业研究机构可根据自身的条件，进行投标。再由决策层根据投标的情况和自身的需求，确定 1 至 2 家中标研究机构来完成课题，而后根据他们的研究成果，进行评估，做出决策。这种形式的长处在于，多家研究机构竞争，可择优选用成果。

（本文原载于《发展研究》1990 年第 8 期）

21 世纪中国可能成为世界的经济学研究中心

经济学的中心总是经济活动的中心。经济学随经济实力的变动而变动。在人类历史发展中，奴隶文明的鼎盛是在罗马；封建文明的巅峰则是在古代中国；近现代，欧美又创造出发达的资本主义文明。现在，中国正成为当今世界的社会主义文明大国。这一历史轨迹表明东西方文明是交替上升发展的。作为人类文明组成部分的经济学研究的繁荣在这种交替上升规律的作用下，将展示出 21 世纪中国经济学研究的辉煌——中国可能成为世界的经济学研究中心。一个国家能否成为经济学研究中心，取决于经济发展的速度、文化的震荡、社会结构的变迁、经济学家的群体流动、经济学新学科群的崛起五个方面。下面我们就从这五个方面对 21 世纪中国能否成为世界的经济学研究中心作出判断。

一是经济的快速增长：经济学发展的基础。

自从我国提出建立社会主义市场经济体制目标以来，中国的市场经济模式问题就成为举世关注的热点。诺贝尔经济学奖获得者科斯曾就此发过议论：现在我们能看到的市场经济的制度基础只有私有制一种，到目前为止的历史尚未能提供公有制基础上的市场经济的先例，如果在公有制度下也能建立市场经济，这才是真正的中国特色。因而，从一定意义上说，走中国式的社会主义市场经济之路是一个向世界挑战的话题。实际上，我国目前新的市场经济体制还只是一种制度选择的目标，其市场体系很不完善，市场运作尚欠规范，市场竞争规则和法律手段仍有待健全和完善。同时，实行了几十年的传统计划经济运行规则及与之相适应的政治、文化、行为道德标准诸多方面还有比较强大的惯性，但即使在这种情况下，社会主义市场经济的运行已经散发出一种强大的力量，使我国经济持续高速发展。在过去 20 年内经济年均增长率高于 10%，大大超过发展中国家年均

4.3％和发达国家年均 3％的增长水平。到 21 世纪，随着改革的深入，市场经济体制将不断完善，公有制基础上的市场经济体制将更加有效地运行，经济增长速度将继续保持高水平，对世界各国都具有吸引力。研究中国增长模式，探索中国增长奥秘，将可能成为世界经济学研究的热门话题。这样，中国经济的持续高速增长，一方面为经济学研究提供了广阔的题材；另一方面探索中国经济增长的内在规律成了经济学研究的核心课题。为此，在中国经济持续高速增长的基础上，中国可能成为世界经济学研究的中心。

二是文化的震荡：经济学发展的支柱。

一个民族，一个国家，一方人群，总是把文化作为生存和发展的重要支柱，这就是文化能量之所在。不同的民族具有各自独特的传统文化，而文化本身又是人类思维的物化。传统文化实际上代表了一个民族在其文化创造过程中，形成的一种较为稳重的思维方式上的惯性。中国式的文化思维是系统性思维，偏重综合性、经验性和跳跃性，强调共性，推崇集体主义；西方式文化思维则倾向于分析性、逻辑性和连续性，强调个性，崇尚个性解放和个人主义。中西文化思维实际上存在着内在的对立统一性，二者在相同的同时又有明显的互补性。在今天乃至 21 世纪，当我们铸造民族文化与民族精神时，面对的是中国传统文化与西方文化的互动关系。早自19 世纪以来，中国学人就将西方文化不断地与我们的民族文化相融合，促进了中国文化的发展。今后，在中西文化的碰撞和震荡中，我们还将坚持以中华民族传统文化为基础，吸收西方文化的优秀成果，形成以综合性、系统性、跳跃性为主，兼具分析性、逻辑性、连续性的思维方式。世界知识的爆炸性增长，新学科交叉和边缘学科的大量涌现，已使西方人对新的文明感到力不从心时，这种新的思维方式将是 21 世纪中国经济学迅速发展的支柱。

三是社会结构的变迁：经济学发展的动力。

社会结构的变迁为经济学的发展打破了无形的桎梏，成为经济学发展的动力。我国目前正处在社会结构转型时期，正由农村社会向工业化社会转化，由封闭或半封闭社会向多样化社会转化，由单一同质社会向多样化社会转化，也就是说正由传统社会向现代化社会转化。这种转化不会一蹴而就，需要一段相当长的时间，在 21 世纪还将延续。

　　社会结构的变迁，一方面旧有的秩序被打破，新的生活空间得以拓展，促进了社会价值观念的急剧而深刻的嬗变，注意现实的价值目标有利于激发出经济学研究者的求真精神和务实作风，使经济学研究更为求真和务实。同时，在这种转变中，社会意识形成的聚焦点不再是政治斗争和思想斗争，而是科学技术和经济的发展，它给求真与务实的经济学者以前所未有的自由度和宽容度。多元的经济利益，多元的需求，以多元的角度探索着经济发展的奥秘，推动着经济学的发展。另一方面，由传统社会向现代化社会转型，并不是社会主义社会发展中特有的现象，经济发达的现代化国家都经历过社会结构转型，比较特殊的是，我国在实现社会转型的同时，要实现体制的转变，首先要进行一系列的体制改革和转变，使得转变过程显得更为复杂，结构冲突、体制摩擦、多重利益、角色转化等矛盾交织在一起。这就给经济学拓展了广阔的研究空间。

　　四是经济学家的群体流动：经济学发展的条件。

　　经济学家是经济学研究的专家，经济学家队伍的壮大和在此基础上的群体流动，是经济学发展的必备条件。

　　我国经济的持续快速增长，文化的强烈震荡，社会结构的变迁，使经济学家的队伍迅速壮大。现在，各类大学的经济学类专业如雨后春笋不断设立，每年以10万计的增长幅度向社会推出经济类专业的毕业生。与此同时，每年还有相当数量的经济学类的本科生、硕士生、博士生和访问学者出国深造。继出国潮之后，大批留学人员已经开始回流国内工作。这样，在经济学家的群体流动中，目前在国内已经形成了相当强大的经济学家队伍，并且形成宝塔式的队伍结构。大批的经济学家既懂得经济的实际业务，又有丰富的理论素养；既精通中国经济学的理论构造，又了解西方经济学的弊病所在，同时还熟悉中西方的文化差异，掌握着高水平的知识、技能和研究方法。到了21世纪，这个队伍将进一步壮大，在世界范围内的群体流动将进一步加强，队伍的素质还将进一步提高。这样，在西方经济学家舍弃了复杂的经济现象，仅以数量计量方法来推导经济发展的公式，从而陷入方法论危机的时候，新生代的中国经济学家将以融合中西的新知识、技能和研究方法，独领经济学研究的风骚，为推动中国成为世界的经济学研究中心做出自己卓越的贡献。

五是经济学学科群的崛起：经济学发展的标志。

经济学科内在的知识积累和经济实践外在的变革的交叉点是经济学新学科产生的起点。这种起点越多，新学科的产生就越多，经济学就越繁荣。因而，经济学学科群的崛起，是经济学发展的标志。

当前，现代经济学无论是西方还是中国，都面临新的挑战。经济学家海尔布纳指出："新古典经济学的核心存在着深刻的缺陷，它无法回答大多数基本问题。""经济学如要进步，必须抛弃它的自取灭亡的形式主义。"与此同时，中国经济学在邓小平提出建设和发展社会主义市场经济的理论后，找到了摆脱传统阴影的权威论据，逐步建立起科学的基础结构，到21世纪，这个基础结构将得以完善，从而为中国经济学的发展提供理论和方法论的前提。在这个前提下，由于中国改革开放的深化，一方面，加速了经济学内部知识的继承、进化。另一方面又使经济实践向经济学提出变革、飞跃以适应其发展的要求。在这样广阔的背景下，中国经济学的新学科已经并将进一步应运而生，成为中国经济学发展繁荣的标志。在这种发展和繁荣中，中国将自然而然地成为世界的经济学研究中心。

总而言之，21世纪中国经济学的发展占尽天时、地利、人和。在西方经济学陷入不可自拔的危机时，中国经济学展示了自己光辉的发展前景，中国可能成为21世纪世界的经济学研究中心。这是千载难逢的历史机遇，我们应当给予足够的重视，制定相应的经济学发展战略，把可能变为现实。

（本文原载于《经济学动态》1997年第2期）

中国经济学亟须进行"学科结构"调整

毫无疑问，中国经济学既要研究宏观经济问题，也要研究微观经济问题。但长期以来，中国经济学集中大量人力研究宏观经济问题。宏观研究硕果累累，其最突出和最主要的成就，就是确立了社会主义市场经济论，在破解计划与市场关系这个世界性和世纪性难题方面实现了重大突破，引起世界的瞩目。而在微观研究方面，却冷冷清清，至今进展缓慢，形成了不合理的"学业结构"，既不适应当前经济发展的客观要求，也制约了中国经济学自身的发展。因而，中国经济学亟须进行"学业结构"调整。

一

社会主义市场经济是一个全新的概念，其极为丰富的内涵并没有在它确立时就被大家所了解和掌握。实际上，中国的经济改革虽然从一开始就明确是以市场为取向，对原来的计划经济体制不断进行冲击，一个一个突破其阵线，到现在为止，在我国经济运行机制方面，已初步实现从计划主导型向市场主导型的转变，但是，中国的市场经济体制尚未很好建立。最主要的在于经济运行的主体，特别是其中起主导或骨干作用的国有企业，还不是真正的政企分开的市场主体。经济学家们曾经提出，要转向社会主义市场经济，不但要改革运行机制包括宏观调控体系，而且要重新塑造与市场经济相适应的、产权清晰的微观经济主体。只有这样，社会主义与市场经济的结合、公有制与市场经济的结合才能实现。目前，宏观经济的研究取得很大进展，以这些研究成果为参照制定的经济政策，如财政政策、货币政策、产业政策、区域政策、收入分配政策，在实施中，取得了比较好的效果，推动了宏观经济快速的发展。在这样的发展中，有一个不和谐的音符，那就是微观经济主体的活力不足。随着国有企业改革的全面深入，各种所有制企业的并行发展，宏观管理体制的不断推进，这个问题已经十分突出，严重制约整个经济的发展。这种实践，强烈呼唤微观经济研究的突破，以指导微观经济主体的发展。中国经济学也不是都没有研究微观经济问题，但那更多的是从宏观经济角度来研究微观经济问题。实际上，微观经济问题既受宏观经济背景的影响和制约，更有自身发展的内在要求。因而，仅仅从宏观经济角度研究微观经济问题，已经不能适应当前经济的发展，而必须深入微观经济领域来研究微观经济问题。

二

在当代中国，实业界对经济理论的要求不只是要我们揭示理论联系实际的意义和重要性，而是在向我们呼唤一种全新的实践方法以真正解决理论和实践相结合的起点和出路。现代企业的发展，不只是由技术和资本来决定，更是由人才、管理信息、决策能力、创新意识、领导素质等多方面的综合因素来决定。企业作为一个高度系统化的有机整体，对外需要灵活多变的竞争力量，对内需要协调有序的组织性能。这是相辅相成的两个方面。从长远的观点看，内部机能的协调更具决定性的作用，因为这种协调可以向外扩展，把自身和更大的社会环境当作整体，从而可以使自己立足于更稳固的基地。企业的基本功能是生产，在传统体制下，政府用行政办法直接管理企业，对企业统得过死，使企业成为政府的附属物，在这种体制下，企业只需按照国家计划进行生产，按时完成生产指标即可，企业无须有自己的决策。而在市场经济条件下，企业是市场的主体，市场在一定意义上决定企业能否获得自身的利益和实现自己的目标。企业生产经营的决策就成了企业成败的关键。这就需要经济学深入企业这个有机整体里进行研究，将经济学原理转化为具体实践方法。为企业的决策提供理论、思路、建议。经济学一开始就是以问题为导向的，它更依赖于现实问题的广度和深度，更应有问题的基础，问题越尖锐越复杂，就越需要经济学的指导，经济学得到发展的可能就越大。当前，企业如何在国际国内市场中增强竞争力，提高经济效益，已成为影响整个经济发展的尖锐问题，迫切需要经济学的研究，并取得真正的突破和有影响力的成果。

三

经济学是致用的科学，以最少的投入取得最大的效益，是它研究的出发点。而效益既包括宏观效益，也包括微观效益。因而，经济学既要研究宏观效益，也要研究微观效益。宏观效益是由微观效益组成的。这样在经济学的研究人员中，就得有合理的分工，有人研究宏观经济问题，有人研究微观经济问题，形成合理的结构。但从目前情况看，中国经济学的研究人员多集中于宏观研究，从事微观研究的很少。从目前报纸、期刊所发表的大量经济学文章看，绝大多数是研究宏观问题的，而真正有新观点新思路能够影响决策层的为数不多。

这就出现了宏观研究的重复建设，浪费了大量的人力和物力，而微观研究却十分短缺。这是不合理的学业结构。要形成中国经济学的有序的良性发展，必须调整这种不合理的"学业结构"。因为，宏观效益是由微观效益组成，微观效益是宏观效益的基础，没有微观效益就没有宏观效益；同时，微观问题是大量存在的，不仅有千千万万个企业的发展问题需要研究，还有更大量的农户和居民的投资与收益问题需要研究。因而，应当小部分人研究宏观经济问题，而大部分人则研究微观经济问题。中国经济学必须实现这种学业结构的转换。这种转换应该与当前的产业结构转换相适应。我国目前之所以出现结构性过剩，除了重复建设造成的影响外，主要还在于企业对生产经营决策的盲目，这除了企业需要加强对市场了解外，还要经济学理论、思路为其决策提供支持，以推进产业结构的转换。在发达国家经济学发展中，这种学业结构转换早就完成了。中国经济学只有尽快实现这种转换，让更多的人去研究微观经济问题，才有可能取得微观经济问题研究的突破。

四

经济学研究成果具有以下特点：首先，成果的表现形式是观点思路、建议等观念形态的东西，不能直接应用于生产经营，而必须通过决策者的决策，才能转化为生产力；其次，从成果的作用看，某些问题的对策、建议思路可以被决策者采纳或部分采纳，但更多的则是作为综合的知识体系的思维工具影响决策或启发决策者的思路。经济学成果的这些特点决定了中国经济学深入微观经济领域的研究主要有两个方面：一是研究企业的生产经营、农户与居民的投资和收益领域普遍存在的共同性问题，提出解决的理论思路；各经营者通过学习这些理论，将其精华转化为自觉的、系统的实践行为。二是研究企业的生产经营、农户与居民的投资和收益领域个别存在的特殊性问题，提出解决的理论思路；由于每个企业的领导者、每个农户和居民的特点不同，决策的思维和方法各不相同。这就决定经济学理论微观领域在渗入的过程中也会因人因地因事的不同表现出各自的特色。这是任何一种真理转化为成功的实践的普遍规律。在这种理论与实践的结合中，中国经济学将呈现出个性化。中国经济学在微观领域的突破，在很大程度上有赖于经济理论工作者自身素质的提高和研究方法的创新。经济工作者应当注意自身的知识更新，不但要掌握比较扎实的基础理论知识，而且要接收现代科学的一些新知识和社会实践的新经验，不断用各种新鲜的东西充实和丰富自己。同时，还要更多地深入实践，了解微观经济领域存在的问题，力求使自己具备胜任现代经济科学理论研究所需要的知识和才能。

（本文原载于《经济问题》1999 年第 7 期）

经济学：实验的科学

当今世界，没有哪一门学科像经济学那样强有力地指导和推动宏观经济的发展。然而，经济学家们却在无休止地进行经济学是否是科学的争论。笔者无意参加这样的争论，只想根据经济学的自身特点及其对经济发展的贡献，提出一个新的命题：经济学是实验的科学。

一

谈到实验，人们往往会想到物理、化学的实验，如果把经济学的实验等同于这样的实验，那就不可避免地认为，经济学无实验可言。经济学是认识的科学，它的实验具有自己的特点。从认识论的意义上说，经济学是对人类社会各个历史发展阶段的经济现象、经济过程和经济本质及其经济发展规律的系统化和理论化的认识的学说，其认识是否正确是由经济发展的实践来检验的。经济学是以庞大的经济发展实践作为自己的实验室，而且经济实践也是判断经济理论是否正确的唯一标准。经济学来源于实践并接受实践的检验，这个检验的过程就是实验的过程。科学是客观世界及其规律在人脑中的正确反映，科学知识是人类对客观世界及其规律的正确认识。因此，科学的目的和任务是非常清楚的，即正确地认识客观世界及其规律。经济学是一门十分重要的社会科学，作为科学的经济学是经济现象及其规律在人脑中的正确反映，经济学的知识是人类对经济现象及其规律的正确认识。经济学的科学性质，决定了它的直接目的和首要任务是正确地认识经济现象及其规律。这种认识不管如何正确，终归属于意识的范畴，是主观的东西，而主观的东西是不能直接改造世界的，能够直接改造世界的只能是主观见之于客观的行动，即人类的社会实践活动。因此，认为经济学的直接目的和首要任务是改造世界是不恰当的。把经济学的实验等同于物理、化学的实验也是不恰当的。当然，经济学不能直接改造世界，并不意味着它不能为改造客观世界服务。因为认识世界是改造世界的前提。如果没有对客观世界的正确认识，人类改造客观世界的活动就只能是盲目的，就不可能收到预期的效果。而一旦掌握了科学知识，人类改造世界的活动就可在正确思想的指导下进行，也就有了成功的基本保障。经济学作为科学，是人类对经济现象及其规律性的正确认识，是人类改造自然、改造社会的有力武器。掌握了经济学的知识，人类改造自然、改造社会的活动就有了正确思想的指导，也就有了成功的保障。在微观经济领域中，一旦掌握了有关企业经济活动规律性的知识，就可运用这些知识指导企业的生产经营活动，改善企业内部管理，提高企业的经济效益；一旦掌握了有关家庭经济活动规律性的知识，就可运用这些知识指导家庭的消费活动，提高消费活动的效率，增进家庭的经济福利。在宏观经济领域中，一旦掌握了有关国民经济宏观运行规律性的知识，就可运用这些知识指导政府的经济行为，改善政府对国民经济的宏观调控和管理，促进国民经济持续、稳定、协调发展。可见，经济学虽然不能改造世界，但它为改造世界提供了有力的思想武器，因而可以为改造世界服务。与此同时，答案也就在其中，经济学的认识是否正确，也必须在实践中接受检验，这个检验就是实验，并由实践作出判断，判断的结果就是一个实验过程的结束。

我们知道，在历史时间中发生和发展的经济过程就是人类经济的实践活动，也是经济学理论的基础。就客观经济过程同经济学的理论之间的关系来看，客观的经济过程是所有经济学理论的现实基础，正是这一基础决定了经济学作为人类知识的组成部分的必然性和合理性。经济学理论是人类思维相对于客观的动态经济过程所形成的静态的形式化概括。而就客观经济过程同经济学理论之间的关系来看，客观的经济过程是历史上任何时期的经济学理论的合理性的检验基础。当一个新的经济学理论出现时，它对于经济学问题系统的回答或解释就会面临具体的经验检验。如果这些由实际经济过程提供的，并且在历史时间中不断增加的经验事实都同既定回答或解释相符合，则这一经济学理论的合理性就增加。反之，若客观经济过程同回答或解释的内容发生矛盾，并且这种矛盾随着时间过程而不断增加，则这个经济学理论的合理性就要下降，人们就会怀疑甚至于抛弃这个既有的经济学理论。所以，客观的经济过程成了经济学实验的基地。

二

经济学属于社会科学的范畴。在自然科学和社会科学各自独立发展的过程中，长期以来，人们一般认为，这两个科学的领域及其研究对象在许多方面有着质的区别，作为社会科学的经济学的实验与自然科学的实验有很大的区别。① 自然现象是可重复的、可逆的，用牛顿方程既可以从现在推导出未来，也可以从现在追溯到过去。这样，在可重复性和可逆性的前提下，容易通过实验的方法去探索其中内在的规律，实验方法便成为自然科学的主导方法。自然科学因此被认为是一种可以定量研究和严格检验的精密科学。而经济学则不同，许多经济现象稍纵即逝，是不可重复的、不可逆的。即使出现重复的经济现象，也会因为发生的具体情况不同，而全然不同。② 自然现象是确定的，是一种纯客观的问题，遵从必然性规律。经济现象中则存在文化价值因素，是一个主客观纠缠在一起的问题，是不确定的，遵从的是或然性的因果关系规律。③ 自然现象的类属是清晰的，经济现象的类属是难以分清的，或者是模糊的。对于同一个经济现象的结论，不同的人往往有着不同的解释。④ 自然现象的宏观变化是低频的，经济现象的变化则是高频的。自然界在几千几万年，甚至更长的时间内变化一般不大。人类社会的经济发展的变化速度却要快得多。自然科学积累的知识是比较稳定的。而经济学知识的积累常常落后于形势好多年，甚至好几十年。

概括地说，上述区别就是自然科学的简单性与经济学的复杂性的区别。长期以来，自然科学家一般认为：自然界的现象可能是复杂的，但其本质却是十分简单的，如果说生物界还有复杂性的话，无机界则与复杂性无关。与此同时，人们一致认为：社会是复杂的，研究经济现象要防止复杂事情简单化，研究自然现象则要防止简单事情复杂化。这样的区别导致经济学的实验与自然科学的实验根本不同的地方在于：经济学的实验不可能用简单的定量和检验的方法。许多在经济领域中发生的事情具有动态和相互影响的性质。根据丰富的历史事实，我们可以得出这样的结论：经济学家用几种相对来说简单的函数关系式组成的所谓数学模型是不能解释经济现象的。我们还可以进一步得出这样的推论：渗透在全部经济理论中的机械的观点，使得人们没能把握住实际经济过程中的复杂性。然而，这一观点只是反对依靠简单化的模型，这种模型是基于单一因果关系的，甚至没有因果关系。这并不是说更为复杂的模型不能建立，更不是说经济学不能在这方面实验，经济学可以学习生物学的方法。由于控制论革命，生物学已放弃了简单和机械的模型，而采用具有大量反馈系统的复杂模型。当然，由于影响经济现象的因素很多，甚至多到使进行有控制的实验是完全不可能的。即使能够把大量的影响的因素一一列举出来，经济学也不能进行像自然科学那样的实验。这一点是正确的，但不是最重要的。在这方面，适用于经济学的不应是在物理和化学中广泛使用的实验方法，而应当是在气象学、地质学和生物学中使用的实验方法。

三

总体上看，阻碍经济学作为实验科学的主要因素是经济学本身所体现的意识形态特征、经济学学术发展制度的缺陷、经济学的"唯科学主义"倾向和对数学工具的滥用，以及经济学研究对象本身的诸多特征。经济学的实验性有赖于更新经济学科学性的衡量标准，注重公理性假定的检验，输入更多的人文主义及更加贴近现实生活。我们不应当对经济学的科学性表示怀疑。既然科学方法能够使其他科学领域有所发展，就没有理由否认经济学通过使用科学方法而逐渐使自己经过不断的实验而科学化的前途。无论如何，我们没有理由对经济学这门社会科学的"王后"的前途感到悲观。无论从经济学应该具有的功能价值角度出发，还是从经济学曾经有过的辉煌角度出发，我们都应该努力重振经济学的雄风。这就要加强经济学的实验。

首先，经济学家应当更贴近现实生活，特别是贴近对经济生活有影响的文化条件、制度环境，如何基于一个国家特定的历史文化背景和经济制度遗产，进行符合各个国家和各个时期具体情况的经济学实验，如何恢复经济制度研究传统，将所谓的经济分析与制度分析结合起来，无疑也是经济学实验的重大课题。建立一种经济学理论体系，固然需要一定的社会经济条件。但是如果说，要等一种社会经济形态完全成熟后才有可能建立理论体系，则是不符合历史事实的。亚当·斯密生活在产业革命前夕的资本主义工场手工业时期，资本主义生产方式远未发展成熟并占统治地位，但并没有妨碍他写作伟大的《国民财富的性质和原因的研究》，谁能否认他创立了经济学的理论体系？马克思在世的时候，资本主义还未出现1929年那样的大萧条，但我们不也能从马克思对资本主义基本矛盾的深刻分析中，体会到马克思理论的深刻洞察力和惊人的预见力吗？理论是实践的反映，但又高于实践，这就是理论的魅力和指导价值。当社会主义实践还未出现时，不是产生了马克思主义的科学社会主义理论吗？当然，在客观经济过程的矛盾尚未完全暴露之前，作为研究经济运行规律的经济学理论体系，不可能十分完善，但理论发展的逻辑过程，就是随着社会经济形态的不断成熟而不断完善的过程。西方经济学对市场运行机理的研究，也是随着市场经济的不断完善而发展的。中国改革开放的实践为经济理论发展提供了相对成熟的土壤和条件，社会主义市场经济理论的提出，党的十五大对邓小平建设有中国特色的社会主义经济理论的准确概括和总结，实际上已经形成了中国社会主义经济学的理论框架。因此经济学家应当更贴近现实经济生活，这样才能使经济学的实验更好地进行。

其次，不能用"唯科学主义"的观念来套用经济学的实验过程。"唯科学主义"在忽视学科研究对象的本质的同时，实际上也不注意科学形式的适用性。这表现在"唯科学主义"往往是为术语而术语，为科学而科学，为数学而数学，为实验而实验，为公式而公式。所有这些难懂的术语、公式、模型……在"唯科学主义"那里，便是科学，便是真正科学的标志。这正是经济学实验的"祸根"，经济学恰恰不需要这种标志。经济学的实验，首先不是像有些人所理解的，运用进一步的数学手段使之"硬化"，而是将数学分析方法基于科学的理论基础之上。换句话说，至关重要的是对经济学已有的各种公理性假设进行实验。我们可以从经济学家的研究方法中寻找阻碍经济学成为真正科学的原因，这就是对数学方法的滥用。约翰·布拉特曾以"经济学家是怎样滥用数学的"为题对这种数学滥用现象大加讨伐。虽然经济学家们坚信经济学已经是一门科学，但是他们实际上在滥用数学。他在检验了近年来经济学家所热衷的最佳控制理论后发现，经济学家使用的含有数学的大部分方法实际是一种技巧，使用这种技巧的应该是数学家，而不是经济学家。这种方法对于其他领域（如开发外层空间）是适用的，但当用于经济和其他社会问题时，则是危险的。因为结果的"正确"并不足以防止基本模型是错误的这种可能性。也确实有足够的理由相信，经济学家一般使用的模型假如不是与实际背道而驰的话，起码也是不完全符合的。作为模型有机部分的效用函数和生产函数都是不能确定的。之所以如此，是因为它们是否存在还有疑问。布拉特说："所有这些不是数学运用于现实世界的经济问题，相反，是运用高度准确、精密的数学于一种完全是虚构的理想世界。"他把经济学误用数学的现象归咎于人们说的数理经济学中的"圣经"。实际上，更深层的问题在于，经济学家为了迎合自然科学家和科学哲学家对经济学的苛求，不得不过度地使用数学，以至于陷入"唯科学主义"的泥塘难以自拔。因而，在进行经济学实验时，切忌滥用数学。

再次，需要向经济学输入更多的人文主义，也就是对人及人类命运的终极关怀。经济学研究的对象是同经济学认识过程相对立的现实客体，是由人类具体的经济活动所组成的客观历史，经济学研究的对象是一个动态的问题发生系统，人类经济活动所面对的所有经济问题都包含在这个客观的动态系统之中。经济学对象作为问题发生机制，作为"认识的对象"，它本身只是产生问题，而不是回答问题。客观的经济过程是一个复杂的问题发生系统，而人类的认识能力却只能遵循特定的逻辑过程，把纷呈于感性世界的具体经济问题进行思维的加工，从而把客观的动态系统抽象为主观的经济学对象逻辑。同客观的经济学对象系统相一致，主观的经济学对象逻辑也是一个问题系统，只是问题的类型及其相互关系遵循人类思维特有的逻辑结构。现实的经济问题总是具体的、变化的，而经过思维提炼的经济学问题则是静态的、系统的和形式的。经济学认识过程之所以必须将客观的经济学对象转换成主观的经济学对象逻辑，其根本的原因在于只有根据主观对象的经济学问题及其逻辑结构，人们才能够形成系统的、稳定的经济学知识体系，而不只是仅就客观动态的具体经济问题产生一些无序的杂乱无章的意见。经济学最终是研究人类行为的科学，而不是研究物的科学。人的全面发展，人类的终极命运才是经济学的主旨。因此，发展问题、可持续经济发展问题、人的全面发展问题，应该成为经济学更为核心的范畴。

（本文原载于《经济问题》2000 年第 11 期）

对诺贝尔经济学奖的几点疑惑

　　诺贝尔奖以科学和公正作为立足点。一年一度的诺贝尔经济学奖是目前世界经济学领域最高荣誉之一，从获奖的经济理论当中我们可以了解世界经济发展的动态，解读未来的发展方向，它是促进经济学科发展的一种方法，人们需要诺贝尔经济学奖的激励。在中国不断融入经济全球化的大潮中，中国人的诺贝尔奖情结从来没有像今天这样浓重。但在每次评奖之后，总有一种失落感。因此，我们就会不断发出：中国经济学家究竟为什么始终无缘诺贝尔经济学奖呢？中国经济学与诺贝尔经济学奖的差距有多大？中国的经济学家和关心中国经济学发展的人不断在思索这些问题，而这些思索大多都从中国经济学自身来寻找问题。当然，从要努力发展中国经济学，让中国经济学尽快走向世界来说，完全有必要。但得奖与授奖是两个方面的问题，因此，很有必要来探究一下诺贝尔经济学奖自身是否也有一些需要改善的问题。大家知道，诺贝尔经济学奖是1968年由瑞典中央银行宣布在经济学领域设立的一项新的奖项，目的是表彰在这一领域做出重要贡献的经济学家，具有与其他诺贝尔奖项同样的象征意义。虽然这个奖项是由瑞典央行设立的，但使用与其他诺贝尔奖项同样的评选标准和程序。我们并不怀疑它的评选程序的科学性和严密性，目前，我国国内的许多奖项的评选也参考了这个程序。但笔者对其评选标准或价值取向却有一些疑惑。

一、诺贝尔经济学奖为什么独钟于西方的市场经济理论

　　诺贝尔经济学奖基本上都是颁给西方的市场经济理论研究的学者。西方的市场经济理论主要是流行于西方市场经济国家的现代经济理论与经济政策。它既研究家政管理，也研究丰富多彩的企业经营，还为政府的经济调控出谋划策。西方的市场经济理论主要包括微观经济学和宏观经济学。

从方法上看，西方的市场经济理论运用实证分析和规范分析的方法。从1776 年凝聚了亚当·斯密十年心血的《国民财富的性质和原因的研究》问世到现在，西方的市场经济理论已经历了 200 多年，逐步成熟，并已形成自己的理论体系。因而，西方的市场经济理论的研究成果在诺贝尔经济学奖中占主要位置，是可以理解的。但如果诺贝尔经济学奖独钟于西方的市场经济理论，就不能不使人对其科学和公正感到疑惑。

从总体来看，西方的市场经济理论学说，是西方市场经济国家建立和完善市场经济的经验总结和理论概括，既有市场经济理论的一般性，也有市场经济理论的特殊性，既有其适用于市场经济的共性方面，又有其适应西方市场经济的相对特殊性。诺贝尔经济学奖的一些成果适用于部分市场经济国家，也有一些成果实际上就只适用于西方国家，甚至于只适用于西方的某一个国家。同时，西方的市场经济制度已经相当成熟，它在一个相当长的时期内只是修补与完善问题，在这个基础上的西方经济学理论要想出现重大创新和突破是相当困难的。在这种情况下，如果诺贝尔经济学奖不能开拓新的领域，就必然违背它的初衷，即不断开创新的研究领域或者是在原有领域上取得开创性的突破，并极大地推动这一领域的研究。那么，诺贝尔经济学奖将失去光彩。

众所周知，地球上大多国家都属发展中国家，全世界还有三分之二的人口处于转型的市场经济中，转型中的市场经济是市场经济新的领域，有许多问题需要探讨。而中国是世界上最大的发展中国家，中国问题在发展中国家中最为典型。从某种意义上说，中国问题即世界问题，中国问题即人类问题，如果中国经济问题在理论上实现新的突破，那就是对世界最大的贡献。诺贝尔经济学奖得主纷纷来中国，不管是讲学还是学术交流，都明显地表达了一个信号：中国的经济问题早已不是中国人自己的问题，它已成为各国经济学家共同关注和研究的课题。中国面临着世界上最复杂、最有影响的社会经济问题。欧元之父蒙代尔说："谁如果能研究解决好中国的经济发展系列问题，谁将能拿到不止一个诺贝尔经济学奖。"诺贝尔经济学奖获得者弗里德曼说过："谁能成功地解释中国经济改革和发展，谁就能够获得诺贝尔奖。"很多人也都说，中国正在推进的经济体制转型和再造，是人类历史上前所未有的伟大实践。

中国有着与西方市场经济国家不同的政治制度、经济制度、文化传统，既存在与西方市场经济发展的相同或相似的一般规律，又具有本国的特殊性。当然，中国的市场经济发展的时间还比较短，还不是很成熟，但不能因为不成熟，就不能得诺贝尔经济学奖。科学研究是一种接力棒式的研究，不断传递才能不断发展、成熟。诺贝尔经济学奖的颁发不正是在促进经济学理论的成熟吗？每一个诺贝尔奖获得者所做的工作不正是对后人的研究有一种启示吗？西方的市场经济理论不也是从不成熟逐步走向成熟的吗？中国经济的快速增长已经举世瞩目，说明中国的市场经济理论是成功的，是创新的经济理论，或者说是在原有市场经济理论领域上取得的开创性突破。中国的市场经济理论不仅对于发展中国家，而且对于发达国家都具有参考价值。因此，如果诺贝尔经济学奖还坚持科学和公正的话，中国的市场经济理论是没有理由被排斥在诺贝尔经济学奖之外的。从这个意义上说，没有中国经济学家获奖的诺贝尔经济学奖，不是中国经济学家的遗憾，而是诺贝尔经济学奖的遗憾。

二、诺贝尔经济学奖为什么独钟于西方的意识形态

诺贝尔奖明确表示：对所有的人开放，不论其国籍、种族、宗教信仰或意识形态如何。但在现实中却不是这样。诺贝尔经济学奖从未颁给马克思主义经济学者。社会科学既是科学，也是意识形态，评奖者政治上的偏好，必然产生意识形态的偏见。诺贝尔经济学奖获得者弗里德曼讲过："经济学家不仅仅是经济学家，他们同时也是人。他们自己的价值观念，毫无疑问地会影响到他们的经济学观点。"诺贝尔经济学奖的意识形态的偏好已经影响甚至支配了诺贝尔经济学奖。也就是说，诺贝尔经济学奖颁发的对象就是它的意识形态认为"政治正确"的经济学成果；或者是能够体现它的价值观的经济学成果。当然，这也在情理之中，奖项当然体现颁奖者的意志。诺贝尔奖本身就是"冷战"的积极和自觉的参与者。在此意义上，诺贝尔经济学奖在意识形态上必然包含着它的对抗性和偏执性，难免导致意识形态歧视。经济学是社会科学，不是自然科学。自然科学没有意识形态和国界的问题，没有什么资产阶级的物理学与无产阶级的物理学、中国的物理学和美国的物理学之分，因为自然科学主要是分析工具。但社会科学不同，它反映不同社会集团的利益，不可能脱离不同阶级、社会集团对于经济制度、经济模式的看法和观点。西方经济学作为社会科学，事实上也脱离不了意识形态和价值观念。著名经济学家约瑟夫·熊彼

特说："经济学是由于对现实世界的关心并出于对意识形态的热忱和挑战而得到其活力和启发，否则它就会是干巴巴的无效果的研究。"诺贝尔经济学奖获得者诺斯也肯定："意识形态是普遍存在的，不限于哪个阶级。""马克思认为，'意识'依赖于人在生产过程中的地位，这一见解是解释'阶级意识'发展方面的一项重要贡献。"为此，使人疑惑的是这种排斥不同的意识形态的评选标准和价值取向还能体现科学和公正吗？纵观世界发展的历史，国家意识形态的对立，不仅使世界分裂，而且也使民族文化和政治之间产生鸿沟。冷战时期东西方的强烈敌对，使得民族文化和政治的鸿沟在今天仍然存在。

同时，20世纪八九十年代世界巨变以来，西方世界的经济强势加剧了它的政治强势，也推动了它的文化强势对整个世界的影响，诺贝尔奖的权威地位对第三世界国家的文化和心理的影响力更趋显著。尤其是全球化的快速发展，使融入全球化的发展中国家在文化方面的攀比心理更显迫切。这也从另一方面助长了诺贝尔经济学奖在西方价值观中的功利性导向。因此，诺贝尔经济学奖表达的依然是西方的话语，反映的依然是国际利益的版图和意识形态竞争消长的格局。如果诺贝尔经济学奖还坚持它的科学和公正，就应好好地研究和认真对待这个问题，不应当把不同意识形态的经济学研究成果排斥在外。虽然人类社会已进入全球化时代，但社会制度与意识形态的差异、经济制度与经济模式的不同依然存在。实践已经证明，西方社会的发展模式并非是全世界所有国家实现社会发展的唯一道路和模式，西方社会的价值观念也绝非就是唯一的价值取向。在维护人类共同利益的前提下，东方与西方、社会主义与资本主义之间在经济、文化、环保、反恐等诸多领域的合作，说明不同社会制度与意识形态之间也可以共存与共同发展，相互包容。作为社会科学的经济学理论是一种价值观念的体现，也是文化的重要组成部分。不同的价值观念和文化，构筑了世界文化的多样性，而正是由于文化多样性与差异性的存在，构成了人类文化美妙的生态。认同、尊重不同文化存在的合理性与合法性，既是对其他民族文化的充分理解与尊重，也是对其他民族国家文化特色的包容。尊重和承认世界不同国家和地区不同的价值观念和文化的多样性，已成为当今世界大多数国家所普遍接受的国际关系准则。只有科学和公正地看待一个多文明并存和文化互动的世界，才能实现求同存异。诺贝尔经济学奖要实现它的科学和公正，就必须超越民族国家的视野，超越不同社会制度与意识形态的局限，确立一种全球性的科学和文化意识。如果片面强调国家利益的排他性、社会制度的差异性与意识形态的对抗性，不仅有悖于人类文明发展的潮流，对诺贝尔经济学奖的发展也是有害无益的。

三、诺贝尔经济学奖在方法论上为什么独钟于数学

2003 年春，诺贝尔经济学奖委员会宣布："新古典经济学、金融等不是未来的潮流，因为如果没有考虑文化、政治和种族的性质，我们就不能理解个人和团体的人类行为，就不能解释 21 世纪的复杂性。"但是，获得诺贝尔奖的经济学家中，至少有三分之一以上是在经济学的数学化方面做出了重要贡献的。诺贝尔经济学奖把大量的奖项授予计量经济学家们，说明它仍在鼓励经济学的数学形式主义。相对于目前经济学中新思想的层出不穷来说，诺贝尔经济学奖在方法论上是否过于钟情数学？当然，我们并不否认数学在经济学中的应用。经济学借助数学模型至少有三个优势，即清晰、严密、深入。在经济学的研究中引入数学是完全必要的。一方面，是因为数学是表达思想的简洁方式和分析思想的有力工具；另一方面，是因为任何经济决策都有两种可能性，即有利的一面和不利的一面，经过一番计算可以更好地权衡利弊得失。从这个意义上说，诺贝尔经济学奖的成果在方法论上引入数学，无可非议，也是必需的。但如果陶醉于数学，就可能不知不觉中迷失经济学的方向。有人认为，西方经济学近百年来除数学以外的成就，都没有发生过在哲学基础上的突破。这是现代经济学面临危机的本质所在。不管这句话是否完全正确，至少他看到了诺贝尔经济学奖的致命弱点。在固定的经济理论框架内，将现有理论以数学的形式再现出来，并没有实质性的理论创新。数学的应用，除了出于清晰、严密、深入的需要之外，似乎并没有给出多少可供交流的经济思想。如果诺贝尔经济学奖一如既往地继续鼓励经济学家用数学来解释人的选择行为和行为之间的相互影响。那么，就会正如诺贝尔经济学奖获得者杰拉德·德布鲁所说的那样，"经济学沦落到次要地位的危险始终存在"，得奖的将越来越多的是数学家。1996 年的诺贝尔经济学奖获得者詹姆斯·莫里斯 1997 年 3 月在波兰给数学家做学术报告时，主持人以幽默的方式介绍他时说："诺贝尔奖没有数学家的份，不过，数学家已找到了摘取诺贝尔桂冠的途径——那就是把自己变成经济学家！"诺贝尔经济学奖将变成变相的数学

奖。经济学是否要像自然科学那样，从一般假设演绎推论个别具体，需要利用数学工具来帮助才科学呢？众所周知，数学适合处理被稳定条件所约束的事物，比如物理世界，约束物质变化的引力大致是稳定的。物质也没有生命。但在人的世界，决定人选择行为的利益、价格或成本是变动的；同时，人没有物质的齐一性，人们对同样一件时装的价值判断就千差万别，说明人与无生命物质不同，不同的约束条件决定有多少个人就有多少个世界，从而有不同的买与卖的选择。经济现象与自然现象非常不同，它是一种与人的历史进化、人与人关系等一系列复杂的社会因素有关的、比自然现象更加复杂、不稳定的现象。因此，以人与人的利益关系为研究对象的经济学，从一般假设演绎推论个别，这之间的道路要比物理学曲折复杂得多。在经济学的研究中运用数学，常常需要先从一些十分严格的假定条件出发，得到一些结论，再尽量放宽条件，研究原有结论是否继续成立。由于一些假定条件与现实存在相当的距离，再加上所采用的变量的有限性，因此，这些研究结果在实际的运用过程中存在许多问题。经济学中的数学公式，往往是仅适用于描述一个孤立个人以其自身偏好为前提而规定了的一种单纯的个人与物品之间的关系，只代表着建立于人与物之间的价值关系，本质上仅仅反映了人的一种自然属性，反映不了人与人之间的关系。过分强调数学在经济学中的作用，而且数学方法的应用与哲学思想的突破不能有机地结合，将使经济学的学科特性变得模糊不清。因而，我们并不认为数学就是经济学的唯一方法。而且，诺贝尔经济学奖的评选标准和价值取向是一种导向，一旦数学模型成为经济学水平的衡量标准，经济学就可能被低级化。因为，在数学模型至高无上中，经济学中的人文精神更加淡薄，经济学者就可能成为没有思想的"计算机"，经济学与真实世界和现实生活将越离越远。因此，诺贝尔经济学奖亟须扩大视野，在方法论上开拓新的领域，使经济学在科学化的道路上有实质性的进步。

四、诺贝尔经济学奖为什么独钟于美国的经济学家

1969—2006 年，诺贝尔经济学奖共发布 38 次，有 58 人获此殊荣，其中有 43 位是美国人或在美国工作的欧洲人。第一次世界大战后，美国逐渐取代英国成为世界经济中心，经济学的重心在经过了 20 年左右的时间差后也随之从英国转移到了美国。由于美国本土经济学家及一些有着相似历史文化背景的欧洲经济学家在分析美国经济时，有明显的近水楼台先得月的

比较优势，对经济问题的理解相对深刻，因而能够比不在美国工作的经济学家更有可能提出解释美国经济现象背后因果关系的理论。而由于美国经济在世界经济中的地位，他们所提出的理论在世界经济学界的影响自然就比较大。同时，美国的经济学家有着比较充分的想象、选题、设计和实验所需的高度自由的氛围，不受任何行政权力的干扰和限制，以及充足的资金支持等。正因为如此，多数诺贝尔经济学奖被美国本土或是在美国工作的欧洲裔经济学家所获得，这是可以理解的。但如果过分垂青美国的经济学家，就会使人产生诺贝尔经济学奖是否在自觉或不自觉地在实践着经济学家族化的疑惑。按照诺贝尔经济学奖的评选程序，每年的10月，评选委员会将来年诺贝尔经济学奖的名表分别寄给世界各地75所大学经济系的资深教授们，偶尔也会邀请相关科系的教授们提名。尽管这75所大学的名单每年会有所变化，但如果75所大学中有较多的美国大学，则美国的经济学家获得提名的可能性就比较大。除了这些选票以外，根据诺贝尔奖的选举规则，健在的前诺贝尔经济学奖得主们也享有提名权，由于美国诺贝尔经济学奖得主比较多，美国的经济学家获得提名的可能性也就比较大，从而形成良性循环。而各种组织的自发性的提名不会被评选委员会所考虑。当然，可能有人会认为，即使美国的大学在75所大学的名单中所占比例相对比较大，即使美国诺贝尔经济学奖得主比较多，也不见得他们都一定会提名美国的经济学家。的确，我们相信，这些大学或诺贝尔经济学奖得主一定会有一些尊重科学与公正的原则，秉公推荐。但他们也是人，人都会有感情和价值取向。人以群分也是一种自然规律、社会规律。因而，就不能不使人产生经济学家族化的疑惑。鉴于对诺贝尔经济学奖的这些疑惑和认识，笔者认为，如果诺贝尔经济学奖能够随着经济全球化的快速发展，与时俱进，树立全球的文化意识、科学意识，调整自己的评奖规则和意识形态的偏好，那么，中国经济学家对宏观经济的研究成果，就会在不远的将来进入诺贝尔经济学奖的行列。如果诺贝尔经济学奖仍然我行我素，中国经济学家要想获得诺贝尔经济学奖，就只能寄希望在经济学研究的方法论上取得新的突破，从这个意义上至少可以说，中国经济学要想获得诺贝尔经济学奖就只能寄希望于中国的数学家了。

（本文原载于《东南学术》2007 年第 2 期）

一代宗师　两座丰碑

——纪念约翰·肯尼思·加尔布雷斯（1908—2006）与米尔顿·弗里德曼（1912—2006）

2006 年 4 月 29 日，美国著名经济学家约翰·肯尼思·加尔布雷斯教授在马萨诸塞州剑桥市奥本山医院去世，享年 97 岁。同年 11 月 16 日，诺贝尔经济学奖获得者米尔顿·弗里德曼在旧金山逝世，享年 94 岁。这两位经济学家都是美国经济学界的一代宗师，他们为西方经济学树立了两座丰碑。本文拟对这一对论敌的核心经济理论和方法论等经济思想及他们的经济思想在西方世界的地位和对中国的影响进行比较。

一、弗里德曼与加尔布雷斯核心经济理论的比较

核心经济理论是经济思想的重要组成部分，在对待政府与市场的关系上，弗里德曼与加尔布雷斯有着截然不同的经济理论和解决办法。

1912 年 7 月 31 日，米尔顿·弗里德曼出生在美国纽约州的布鲁克林镇一个犹太移民家庭。1946 年获哥伦比亚大学哲学博士学位，随后在芝加哥大学任教至 1976 年，创立了芝加哥学派。1981 年出任里根政府经济政策顾问。他还曾担任多个政府机构顾问。

弗里德曼一生著有 32 本书。1953 年出版了《实证经济学论文集》；1956 年出版了《货币量理论研究》；1957 年发表《消费函数理论》，驳斥凯恩斯经济理论中的边际消费递减规律；1962 年与施瓦茨合著《资本主义与自由》，还与妻子罗斯·弗里德曼合著《价格理论》；1963 年与施瓦茨合著《美国货币史》；1975 年出版《没有免费的午餐》。其中最著名的包括《价格理论》《资本主义与自由》《经济学家的抗议》和《没有免费的午餐》。

弗里德曼的精神导师是亚当·斯密。他的核心经济理论是倡导自由市

场，以提高个人自由度、实现社会有限资源的最佳配置。他认为，市场规则远比政府干预有效率。他的自由市场理论与凯恩斯的理论大相径庭。凯恩斯作为西方乃至全球经济学界最具影响力的经济学家，深信政府在指导和刺激经济增长方面的重要作用，并由此形成了主张政府干预经济的"凯恩斯学派"。与此相反，弗里德曼提出了更为自由放任的"货币学派"理论，主张政府最重要的经济职能就是调节货币供应，除此之外则不应该对经济进行任何干预。他把自己的自由市场思想，贯穿在他的经济理论中，在经济发展方面，他不遗余力地倡导自由私有市场。认为，如果价格不能自由变化，就会出现扭曲、浪费和腐败现象。没有私有权，企业家就不会有创新的动机。市场是唯一能够回馈生产者并满足消费者的机制，同时还有利于双方的自愿合作。在公共服务领域，他认为，政府干预不可能比市场自由调节更有效地生产任何产品或提供任何服务。政府的干预反而常常会加剧经济波动。在货币方面，弗里德曼就一直认为货币不是中性的，而会实实在在地影响真实经济。货币供应量是中央银行货币政策的目标。"通胀在任何时候和任何情况下都是一个货币现象"，如果不控制好货币供应，想要长期同时维持低失业率和低通胀是不可能的。政府通过控制货币供应来管理经济，比通过税收和开支政策要好得多。他还对20世纪70年代美国政府在控制通胀方面的失败多次提出批评。1979年，格林斯潘的前任沃克通过制定货币供应目标和加息等一系列手段有效控制了美国的通胀。

加尔布雷斯，1908年10月15日出生于加拿大一个小镇的农场中，1937年前往剑桥大学师从凯恩斯。他在1941—1943年担任美国物价管理局的副局长，是美国大部分商品价格的主要操控者。20世纪50年代，他40多岁时又回到了哈佛大学教书，是哈佛大学的著名经济学教授。60年代，他出任肯尼迪竞选顾问，还是罗斯福和约翰逊政府的高级顾问，1961—1963年任美国驻印度大使。他是民主党的元老级人物之一。他曾担任《幸福》杂志编辑，并为多家报刊撰写专栏文章。他还在普林斯顿、哈佛、斯坦福、伯克利等大学教授经济学与政治学。

加尔布雷斯一生写了33本书，其中《美国资本主义》（1952）、《丰裕社会》（1958）、《新工业国》（1967）、《经济学和公共目标》（1973）四部著作，引起思想界和大众的普遍关注与争论，并在20世纪中叶的政策制定中起到了关键作用。《丰裕社会》重版无数，影响极大，带动了20世纪60

年代发展经济学的高涨，很多著名的经济学著作如罗斯托《经济增长的阶段》无不受到此书的影响。他的书销量达到数百万册，他的著作在世界各地得到阅读和尊重。

加尔布雷斯的经济学可以归入"罗斯福新政—凯恩斯革命"的大潮。他是凯恩斯革命在美国的前沿人物。但加尔布雷斯经济学并不是简单的凯恩斯理论在美国的翻版。实际上，他和很多早期接受凯恩斯主义的美国经济学家（如保罗·萨缪尔森）之间分歧较大，甚至分道扬镳。他通过著名的《丰裕社会》《新工业国》《经济学和公共目标》三部曲，构筑起了经济学史上一个独特的思想体系。

加尔布雷斯作为制度经济学家，他的核心经济理论继承了凡伯伦开创的制度经济学说，并且在分析范式和分析内容上极大地拓展了以正统经济学的反叛者的角色出现的老制度主义经济学家凡伯伦的传统。老制度主义经济学家从早期的凡伯伦、米切尔、康芒斯、阿里斯开始，突破了正统经济学所关注的经济学主题，开始将目光投向制度、组织、法律、习俗、文化、权力等非经济因素，对新古典主义的范式提出了挑战。在他们看来，经济体系的运作和人类的经济行为，不是制度真空中被决定和演进的，而是必须依赖于一定的制度和社会规则环境，依赖于被社会群体所接受的一般行为规范。像一般老制度主义经济学家一样，加尔布雷斯强调制度或结构问题的重要性，反对用抽象的"纯经济"方法，反对古典经济学和当代西方经济学中的数量分析方法，主张把非经济因素（包括政治权力、社会结构、制度组织因素、人的因素等）都包含在分析框架之中。在他看来，现代工业生产和后工业生产是一个大规模的社会过程，需要谨慎的计划，而计划需要稳定，市场的波动必须得到缓和。

加尔布雷斯经济学思想最突出的特点是关注和分析政治权力的分配及带来的影响。他断定，在现代资本主义经济中和市场体系之外存在着权力体系，而权力体系在很大程度上压制甚至取代了市场体系。在他看来，现代人的经济行为不仅是一种财富的追求，它同时也是一种权力的追求。而权力调控是"隐秘"的，不太被大众轻易地察觉到它的存在，尽管它在社会里的效果与影响日益在扩大。他最大的贡献便在于充分讲述了权力调控与现代社会经济之间繁复而又辩证的关系。

凯恩斯主张政府可以通过刺激和管理对商品和服务的需求，来实现经济平稳增长的目的；而弗里德曼则认为，政府应该放松管制，而仅仅发挥控制货币供应的作用。自 20 世纪 30 年代的罗斯福新政后，美国政府长期奉行凯恩斯主义的经济政策，凯恩斯学派的理论几乎主导了所有经济学教科书，而弗里德曼对于政府管理经济的质疑则被看作是异端邪说。直到 20世纪 70 年代中期，随着美国受困于经济增长停滞和高通胀，尼克松等人改弦更张，部分采纳了弗里德曼主张的政策。凯恩斯理论不攻自破，弗里德曼的自由市场经济观点就不再怪异了。当布什推行减税时，弗里德曼马上在《华尔街日报》上发表文章，称只要政府削减了自己的资源，弱化自己的权力，就是对社会的一个福音。在弗里德曼那里，政府最好越小越好。政府越小，市场就越大，越不受约束，社会就越有效率。

加尔布雷斯则认为，现代大企业组织和垄断的兴起打破了市场经济作为单一竞争体系自我运行、自我制约的假象。经济集中是由现代经济的技术本质所决定的必然现象，并不必然是消极的，而且通过反托拉斯修复自由市场是不可能实现的梦想。但是通过系统地培育抗衡力量（即：大企业和工会形成了两大利益集团，它们在为利润最大化和工资收入最大化的斗争中互相抵消，达成了力量平衡），集中化的破坏性和社会影响可以得到有效抑制，从而在计划体系和市场体系之间达成更大的平衡和平等。这是他的"抗衡力量—二元结构"的理论模式，并提出了社会改良的政策主张：建立"新社会主义"。在这种"新社会主义"的构想中，大公司的权力受到限制，小企业的地位得到改善，真正的公共目标得到重视，公众的福利得到保障，医疗保健和环境问题得以改善。加尔布雷斯的理论比起凯恩斯经济学，更注重平等和公正问题，赋予经济政策和经济生活以更丰富的人文、社会的含义，强调有效的政府管理、教育和社会正义在经济发展中的作用和意义。

简而言之，弗里德曼与加尔布雷斯在政府与市场的关系上，有不同的理论。弗里德曼认为，市场上的自愿交易意味着激励协调与竞争，政府干预则导致利益冲突和垄断，市场与政府的本质区别正在于此。而加尔布雷斯则认为，经济集中是由现代经济的技术本质所决定的必然现象，并不必然是消极的，主张有效的政府管理。

二、弗里德曼与加尔布雷斯方法论的比较

方法论同样是他们经济思想的重要组成部分，弗里德曼与加尔布雷斯有着不同的方法论。

弗里德曼的方法论在他的《实证经济学方法论》一书中表述得很明确。他认为，所有的自然科学和社会科学——包括经济学——的方法论，从整体上看都是实证分析。而实证分析从根本上来说是对某种事实内容所做的描述或解释，即事实是怎么回事，它现在怎样，将来会如何，以及为什么是这样而不是那样，最终目的就是要发展出一种"理论"或假说，"对尚未观察到的现象做出合理的、有意义的预测"。理论或假说合适与否只能通过其预测精确度来评判。相比而言，如果某一假说能够解释的范围更大且针对已观察到的事件而言预测也较精确，"理论应该根据它对其希望'解释'的一系列现象的预测能力来进行检验"。他认为，理论模型的假设是不重要的，可以不符合实际，只要理论模型的结论和预测能力同未来发生的现实高度吻合高度相符就可以。弗里德曼的方法，为许多自由市场主义的学术捍卫者带来新鲜的空气。

弗里德曼注重运用实证经济学的研究方法。他自己身体力行，在经济学世界与世俗社会间搭起了一座沟通的桥梁。弗里德曼有别于许多埋头治学的经济学家，在学术研究之余，他总是不遗余力地通过大众媒体普及经济学知识。在长达20年的时间里，他为《新闻周刊》撰写经济专栏，主持公共电视台，评点社会话题，传播经济知识，树立了以经济学思维分析观察纷繁世事的典范。

加尔布雷斯在方法论上是独树一帜的。他运用历史的和演进的方法研究经济现象。他认为，"行为和感觉要在它们的文化和制度环境的结构中得到理解"，为此，他以相互约束和机能主义的方式建立一种新的综合分析，注重对"总体"和"整体"的研究，而不是循着相反的道路，即先研究各个组成部分，然后再来加总。加尔布雷斯强调，只有把现代经济生活当作一个整体考察，才能更清楚地揭示经济运行的规律。他提出了"整体制度目标"的概念，他把整体制度目标分为经济价值目标和文化价值目标，而社会追求的公共目标就是经济价值和文化价值综合起来的"生活质量"，更加突出地采用了包括伦理学等学科在内的研究方法。他摒弃了正统的经济学家的论述模式，而代之以更有震撼力和说服力从而也更加容易被思想界接纳的方式来阐述他的观点。

加尔布雷斯注重运用规范经济学研究方法。但是，以加尔布雷斯为代表的制度学派对早期的制度学派，在研究方法方面进行的拓展还只是量的发展和扩大，只有科斯对制度经济学研究方法的发展，才具有了革命性和方向性的改变。科斯认为，加尔布雷斯这种整体主义方法论除了对各种经济制度进行了粗糙的描述以外，实际上并没有告诉人们关于制度的详细情况，这些分析仅仅留下了一堆有待证明的猜想而已。

弗里德曼的著名的"只要预测准确，经济学假设的真实性无关紧要"的实证经济学的方法论，是通过假设、分类、选择精度、选择研究体系，做出结论等过程，推测真实世界的未来，强调了事实判断。加尔布雷斯的规范分析方法是根据某种原则来规范人们行为，涉及对经济行为和经济政策对人们福利的影响和评价问题，涉及是非善恶，合理与否问题，强调了价值判断。尽管他们的方法论是不同的，但基本上都重新开辟了一个新的领域，有各自不同的创新内涵。实证分析和规范分析都是经济学的分析方法，都是经济学研究不可缺少甚至是不可分割的方法。任何一个经济学理论都是这两个分析方法结合的结果。实证分析和规范分析不是互斥的，而是互补的，事实判断和价值判断各有其不同的作用。

三、弗里德曼与加尔布雷斯经济思想在西方世界地位的比较

弗里德曼与加尔布雷斯以独特的理论思想和理论特色，在整个西方经济学体系中引人注目，而且他们所运用的研究方法也具有特色。为此，他们的经济思想在西方经济学和现实经济中有着不同的地位和影响。

弗里德曼的观点对美国总统尼克松、福特和里根政府及英国前首相撒切尔夫人的经济政策产生过重要影响，很多诺贝尔经济学奖得主也深受他的影响。1976年，由于在"消费分析、货币理论以及对经济稳定政策复杂性的论证"方面的贡献，他被授予诺贝尔经济学奖。1988年他获美国国家科学奖章及美国总统自由勋章。2002年布什亲自出席弗里德曼的90岁大寿庆典并发表讲话，赞扬他在经济学研究方面的贡献。

在西方经济学中，弗里德曼与英国经济学泰斗约翰·凯恩斯齐名。华人经济学家张五常说："假若我们说20世纪的前三分之二是凯恩斯及马克思的世界，那么我们可以说这世纪的后三分之一是属于弗里德曼的。"这是对弗里德曼地位和影响的精辟评论。

美国联邦储备委员会主席伯南克说："弗里德曼的思想对现代货币经济理论的直接和间接影响无法估量。在经济学家中无人出其右。"

布什曾说："他的工作证明了自由市场是经济发展的强大引擎。他的著作奠定的基础促成了全球多国中央银行的改变，并帮助各国实现了经济稳定和生活水平的提高。他的理论改变了美国，也改变了世界。"

加尔布雷斯是受到非议最多的经济学家，他在经济学界所赢得的声誉与遭受的毁谤同样令人印象深刻。他的思想的巨大影响和引起的广泛争议在美国经济学界是首屈一指的。然而他却担任过美国经济学会的主席，仅仅由此来看，也可以证明他在美国经济学界的地位。他从牛津大学、巴黎索邦大学这类名校至少接受了 52 个荣誉博士头衔。在长达几十年的时间中，加尔布雷斯一直被公认为是当今世界上最著名的经济学家。他在现代制度经济学领域中有着不可替代的地位，对现代制度经济学的分析范式有巨大的影响。他以其独特的理论魅力和论证方式，证明了经济学在影响公众和社会信仰方面所能达到的力量。正如一位学者所指出的，低估他对经济学做出的特殊贡献和对社会科学的一般贡献将是错误的。就连萨缪尔森也不得不承认："看来，社会普通百姓过分地重视了这个人，而主流经济学界又过分地轻视了这个人。"在他去世时，哈佛大学校长萨默斯致哀说："加尔布雷斯是完全意义上的巅峰式人物。他的思想在经济和政治上对 20 世纪下半叶构成了最重要的贡献。他是哈佛的标志，我们再也看不到这样的人物了。"有人认为，他是接近于凯恩斯的伟大人物，超越了弗里德曼或是哈耶克。

弗里德曼是主流经济学家，是当代西方经济学界中"货币学派"的代表人物，获得诺贝尔经济学奖。加尔布雷斯是西方经济学界中"制度学派"的代表人物，是非主流经济学家，一直受到主流经济学界的非议与排斥，没有获得诺贝尔经济学奖。但他们却同时成为美国经济学界的一代宗师，为西方经济学树立了两座丰碑。

四、弗里德曼和加尔布雷斯经济思想对中国的影响

无论是加尔布雷斯还是弗里德曼，跟中国都有一点渊源。由于中国的特殊性，他们的许多经济思想未必符合中国国情，但对中国或多或少都有一些影响。中国人对弗里德曼的了解，可能远远胜过对加尔布雷斯的了解。

弗里德曼关于中国的一句名言——"谁能正确解释中国改革和发展，谁就能获得诺贝尔经济学奖"，给中国人留下了深刻的美好印象，广为流传。弗里德曼的这句名言，不是随意说出的，而是在他对中国进行了比较深入的考察后得出的。他曾四次踏上中国的土地，从 1980 年第一次访问北

京到 1999 年最后一次访问香港，中国发生的变化给他留下了深刻印象。

1980 年，弗里德曼第一次访问中国。他在当时中国浓厚的计划经济氛围下宣传他的自由经济理论，并由此展开了与中国学者的交锋。在回国后提交的一份报告中，他说："中国试图引进的改革大部分内容还停留在纸上。就绝对水平来说，中国的经济还非常落后。改革在几年内会出现想象中的进步，然而能否长期持续我表示悲观。"

1988 年，他第二次访问中国时，真实感受到了中国经济发展的生机和活力，所到之处中国官员对于市场经济的热情更是让他兴奋。他看到了中国进一步改革面对的核心问题，即政府是否愿意为了经济发展而放弃某些特权。在与中国领导人的会见中，他建议中央政府下放更多的权力。在此次中国之行的最后一站深圳，他感受到了中国改革的决心。

1993 年，弗里德曼第三次访问中国。中国日趋活跃和生机勃勃的市场对于外资的渴望给他留下了深刻的印象。不过当时他仍对中国能否在香港回归后执行两套货币体系感到忧虑。

1999 年，他第四次访问中国是访问香港，这时他的忧虑已经烟消云散。面对媒体采访，他表示对中国的经济前景持乐观态度。他认为中国已经认识到市场机制的优越所在，只会勇往直前，而不会再后退。在面对《纽约太阳报》记者谈及最新的思考时，他不无感慨地说："这个世界目前发生最重大的改变，是中国的变化。"

弗里德曼是货币问题专家，在他访问中国期间被问及最多的就是通货膨胀问题。但他谈论更多的却是自由市场改革。他认为自由市场是经济发展的基础和动力，在这基础上才可能真正发挥货币政策的威力。

四次访问反映出弗里德曼对中国的感情。在《两个幸运的人》一书中，弗里德曼对中国的描述，浓墨重彩，关于中国的篇幅仅次于美国。与其他诺贝尔经济学奖得主相比，弗里德曼是相当关心中国实际改革状况的。他近距离地观察了一个从计划经济体制走向市场经济体制的社会的变迁过程，他尽力向中国人介绍了他关于自由市场制度的知识，表达了自己的思想观念。可以说，在这十几年中，弗里德曼把在世界范围内的影响力延伸到了中国。弗里德曼是新自由主义的代表人物。他在四次访问中曾向中国宣扬其新自由主义主张，再加上他的著作多半已被译成中文，弗里德曼的新自由主义对我国的经济改革是有一定影响的。有人称弗里德曼的理论使中国人坚定了对市场的信念。有位经济学教授评价说："他的思想对于转型中的中国来说尤其珍贵。"

加尔布雷斯不仅是经济学家，还是一个职业外交家。他与中国的关系是起于外交。在20世纪60年代初期，他是肯尼迪派驻印度的大使，在说服尼赫鲁接受中印停火协议中扮演了温和的积极角色。20世纪70年代，他访问中国时，我国外交部门对其行动表示了礼貌的肯定，这使加尔布雷斯很满意，在他的传记中说："在他们（指中国外交部门）对这次冲突的评估中，我的作用受到相当的重视。依靠好运气，一个人有可能在同一场战争中两边讨好，但谁也不能对此抱有奢望。"他同时还是一个多产的作家，出版的著作涉及的题材和体裁都非常繁多，其中外交和旅行回忆录就有《中国日记》。

2006年7月，上海财经大学出版社出版了他的第一部中文文集，让中文读者可以全景式地仰望这位身高两米多的经济学巨匠的思想巅峰。

作为经济学大师，加尔布雷斯丰富的经济思想给中国人带来了启迪。除了他的有效的政府管理理论外，还有例如"有效供给创造需求"理论，对当前的中国经济发展也具有重要的现实意义。我们知道，消费学说是加尔布雷斯的重要研究议题。他认为有效供给创造了消费需求，而不是相反。当前，经过温饱型消费和耐用品消费阶段之后，中国已进入服务型消费阶段，但相关的有效供给还远远不足，消费供给的错位日益加剧，刺激消费需求增长的政策干预空间已有限，新的出路必须转向供给方面的变革，即提供满足新的消费方式及市场需求变化的供给，创造出新的供给方式和供给制度来。

在环境问题上，加尔布雷斯的思想对我们也有启迪。加尔布雷斯比其他人至少领先了十年，指出过度生产、过度消费对环境所带来的伤害要远远超出那些消费品所带来的好处。他认为，假如经济增长使环境不断受到污染，使公众利益不断受到损害，使消费者权益受到侵犯，那么这种经济增长的效果是值得怀疑的。加尔布雷斯的这个思想，反映了他对新古典经济学经济增长理论的一种反思，经济增长本身不能成为目标，而应该把人的福利、人的尊严、人的完善作为最终的目标。我们现在提倡绿色GDP，实际上就是这种思想的深化。

中国在改革传统的计划经济体制中，强调充分发挥市场在资源配置中的基础性作用，不如此便没有社会主义市场经济。同时，也看到了市场存在自发性、盲目性、滞后性的消极一面，这种弱点和不足必须依靠国家对市场活动的宏观调控来加以弥补和克服。新自由主义的核心观点和理论是强调市场机制，反对国家干预；主张私有制，反对公有制。因而，新自由主义不是中国改革和发展所能够接受的，新自由主义不可能在中国有广泛的市场。同时，政府、自由市场与个人之间的矛盾和冲突，是现代社会发展中的一个恒久命题，某些时候它还会以剧烈冲突的形式表现出来，弗里德曼的个人选择理论，并未给社会公正以应有的地位，而正向市场经济转型的中国，则面临着引入自由市场和社会公正的双重任务。相反，在从计划经济向市场经济转轨中，中国可能更多地偏好接受加尔布雷斯的有效政府管理的理论。因为，国家宏观调控和市场机制作用，都是社会主义市场经济体制的本质要求，二者是统一的，是相辅相成、相互促进的。

参考文献：

[1]［美］米尔顿·弗里德曼：《弗里德曼文萃（上下册）》，胡雪峰，武玉宁译，胡雪峰校，首都经济贸易大学出版社，2001年。

[2]《米尔顿·弗里德曼的三次中国之行》，《金融界》，2006年11月18日。

[3] 刘涤源，陈端洁：《弗里德曼及现代货币主义》，经济科学出版社，1987年。

[4] 牛可：《权力和良知：加尔布雷斯的政治》，美国政治与法律网，2006年10月7日。

[5] 祁连活：《弗里德曼的四大贡献》，《东亚经济评论》，2006年11月30日。

[6] 傅勇：《加尔布雷斯：经济学骑士精神回归者》，新浪网，2006年5月10日。

[7] 王曙光：《理性与信仰——经济学反思札记》，新世界出版社，2001年。

[8]［英］马尔科姆·卢瑟福：《经济学中的制度：老制度主义与新制度主义》，陈建波，等译，中国社会科学出版社，1999年。

（本文原载于《经济学动态》2007年第3期）

中国经济学应坚持四大走向

随着我国改革的深入，对于经济学理论的要求愈来愈高，努力发展具有中国特色的经济学理论，是中国经济学建设与发展的根本任务，要完成这个任务，中国经济学必须坚持四大走向。

一、走向规范

经济学作为一门科学，有其客观性和历史继承性，经济学的发展也存在着一些共同的规律和经验。

为了更好地学习其他国家的经济发展的经验和经济学发展的优秀成果，也为了更好地形成和完善中国经济学，宣传中国经济学，让更多的人了解中国经济学，必须通过交流、争论、分工，来实现知识的积累、体系的形成、理论的创新、理念的演进。改革开放以来，由于中国经济学家的不懈努力，使中国经济学的研究视野不断开阔，方法不断创新，比较成功地实现了传统经济学研究范式向现代经济学研究范式的转型，越来越走向规范化。但是，中国经济学从总体上看还是不成熟的。基础理论还比较薄弱，研究方法还比较落后，学科规范还不够严格，中国经济学作为一种科学体系还在形成，中国经济学必须坚持走向规范。建立学术规范，发展学术评价，是中国经济学进一步发展和提高的重要条件和必由之路。

1. 全面理解规范的内涵。

中国经济学要走向规范，必须全面理解学科规范的内涵，并判断在哪些方面还不够规范。经济学规范包括三个层面：第一个层面是指学科发展的一系列的规则。一是学术自由的规则，保证任何一种新的观念和研究角度不受压抑。二是公平竞争的规则，保证在不同观念和理论的具体竞争（如争论、发表等）中，不受学术之外因素的影响。三是连续性的规则，保障学科在连续性基础上的有序发展。在这些规则下，更有优势的观念或理论就会被更多的人接受、继承和传播，而较有劣势的观念和理论就有可能被逐渐淘汰，或者居于非主流地位。第二个层面是指研究范式。一是研究的模式，包括学科的概念、语言与文字。在学科的研究、讨论中应使用本学科规范的概念、语言、文字。二是研究的方法，深入实际，并采取多元化的方法，从不同方面进行分析、比较，揭示经济发展的趋势和内在规律。三是学科的组织方式，包括：怎么样组织学术会议，论文的选用应依据一定的标准或程序，论文体裁应遵循一定的格式。研究范式是在平时的研究中逐渐形成的，众多经济学家研究现实问题，慢慢形成了一套相对固定的研究方法、研究模式、组织方式，大家都遵循它，范式便在此过程中慢慢形成，规范并指导以后的研究。研究范式的形成是学科发展的必然，也是学科真正成熟的标志。第三个层面是指严谨的逻辑体系并以实证资料对理论进行严密的经验检验。中国经济学在第一层面和第三层面的规范相对而言做得比较好些，重点是第二层面的规范，即研究范式的规范更需要进一步加强。

2. 走向规范不是要按照西方经济学的范式来构建自己的体系。

我们需要有一个研究范式来规范中国经济学，建立严谨的逻辑体系并以实证资料对理论进行严谨的实践检验，但走向规范不是要按照西方经济学的范式来构建自己的体系。现代市场经济理论是在西方发达国家产生并发展起来的，是西方经济学家经过长期观察、思考、体验和深入求证而形成的。这些理论命题的成立是有相当严格的适应条件的，但这些条件在中国经济改革的实践中可能并不完全具备。中国目前正处于由传统计划经济体制向市场经济体制转变的过渡时期，不论是在传统高度集权体制下，还是在体制转型阶段，中国经济所面临的问题，所需要解决问题的理论，显然和西方经济学具有不同的社会历史背景。西方经济学不可能承担起建设中国特色社会主义和实现中华民族的伟大复兴的使命。同时，经济学的研究范畴广泛，并且随时间而变化；经济学问题层次复杂多样；经济学并不存在一劳永逸、放之四海而皆准的研究范式。经济学的研究范畴和研究范式是阶段性的、相对的，是在不断研究问题中逐步形成和发展的。西方经济学原有的规范，必然随着世界经济实践的发展而发展。例如体育竞赛的规范就是各种竞赛规则。这些规则虽然都是人为制定的，但却是得到了体育界的一致认同的。世界范围内的经济学的规范，必须由世界经济学界的学者共同制定，一致认同，否则就不是共同的规范。如果仅仅把西方经济学的规范作为世界范围内的经济学的规范，是不公平的。中国经济学的规范是在研究中国问题中形成的，也是在不断地同西方经济学的交流、争论中形成的。

3. 规范的过程是中国经济学创新的过程。

经济学的发展是一个不断创新的过程，中国经济学是在中国经济实践的基础上通过创新形成的。自主创新是中国经济学的立学之本。当代中国经济学如果不进行理论创新，不建立社会主义市场经济理论，它就不可能解释社会主义市场经济条件下的经济问题。在目前条件下，中国经济学家应当加强经济发展问题的研究，将注意力集中在对中国市场经济运行的若干重大问题进行系统深入的研究上，注意新的理论生长点的发掘，不断研究新问题、解决新问题、总结新经验、提出新观点、形成新的理论思路。

只有在理论上经过相当的积累，才是获得突破性进展的有效途径，也才能使中国经济学不断发展，并且逐步规范。我们所讲的走向规范，是在创新中规范，规范的过程就是中国经济学创新的过程。

二、走向实际

中国经济学的生命力在于其对现实问题的解说力和影响力。在中国经济学的艰难曲折的发展历程中，中国经济学界并没有照搬西方模式，而是结合中国的政治特征、历史传统、文化背景、经济条件，合理吸收和消化，并在此基础上进行理论创新。20多年来的改革开放，中国经济发展取得了举世瞩目的成就，相应地带动了中国经济研究的空前繁荣，中国经济学家的努力在许多方面取得了长足的进展。经济学家对中国改革最主要的贡献，是逐步为中国找到了市场化、比较优势、对外开放等一系列重要的改革方略。但是，中国经济学理论落后于实践的问题并未从根本上得到解决。中国经济学理论的发展在相当程度上仍受着传统思维方式的束缚，理论研究相对于实践总是处于被动求解的局面，对中国改革和发展过程中的问题难以做出令人完全信服的、系统的经济学解释。为此，中国经济学必须坚持走向实际。

1. 面对中国经济的实践。

对于中国经济学来说，当务之急是要从实际出发，搞清楚中国所面临的究竟是什么样的经济问题，仔细分析问题背后的原因，找出解决问题的具体方法和途径，并且揭示出中国经济发展的基本规律。市场制度在西方经历了几百年的演变过程，许多制度安排经过长期的磨合，已经达到了相对稳定的状态。但在中国，我们的改革，是要实现从计划经济到市场经济的转轨。如果设计得不好，那后果就可能是灾难性的。从这个意义上讲，中国经济学家所面临的挑战，比西方经济学家所面临的挑战将更为严峻。因而中国经济学家更需要立足现实、脚踏实地，不仅要有大刀阔斧的勇气，也要有小心翼翼的谨慎。

中国在长期经济发展中遇到的许多问题，如政府在经济发展中的作用，制度因素对经济发展的影响，企业组织形式与经济发展的关系，农村家庭经营方式与农业资源、商品市场发展的关系，自力更生与对外开放的关系，等等。对这些问题在较高的理论层次上加以概括和抽象，可以加深我们对经济发展规律的认识，因而具有十分重要的实践价值和理论价值。

2. 面对中国传统文化。

中国经济学是要解决中国经济问题的，因而中国经济学要扎根于中国现实经济的土壤，吸收、继承和发展中国古今一切优秀的经济思想和经济理论，运用中国文化对中国现实经济问题进行分析和研究。如果脱离了中国独特的经济环境、人文背景、理念习俗、历史路径等，中国经济学也就失去了生命力。因而，中国经济学必须联系中国的传统文化特征、中国经济发展的制度特征，全方位、多视角进行系统研究，创新企业文化和建立有中国特色的管理秩序；提供深化改革和观念更新及市场经济体制培育与发展的指导。中国经济学的学科建设，一方面要坚持继承中国传统优良思想，在解决实际问题时充分考虑中国的传统文化背景；另一方面我们要发展符合现实的经济理论，建立起一套反映中国实际和与时俱进精神的学科体系。中国经济学既要面向我国国情，又要跟踪世界学科发展前沿。

三、走向开放

经济学的开放是不可避免的。首先，我们需要一个开放的思维框架——马克思主义的形成就是最好的例证。其次，我们需要一个批判的思维框架：既勇于肯定，又勇于否定，一切取决于是否经得住实践的检验，而不论源于何时，出于何人，来自何方。经济学走向开放包括两个方面：

1. 坚持引进来。

搞市场经济并要在国际经济舞台上取得生存空间，不能不学习一直以市场经济为研究对象并在指导市场经济实践中积累了丰富经验的西方经济理论。关键的问题是如何学。1978 年以来，中国经济理论界以非常开放的态度引进了东西方各国的不同流派的经济理论。这种引进一方面是经济理论研究的基础工作，更为重要的还是中国市场化改革对理论的需求。因此，对国外经济理论引进的选择大多是受到了市场化改革进程的影响。在改革之初，对市场化改革目标的论证和对改革道路和方案的选择，主要依赖于当时现成的理论资源——马克思主义经济学和古典政治经济学。这包括对"生产目的"的讨论，对"商品生产"和"价值规律"的重新肯定，以及对"重建个人所有制"的倡导。更有意义的是，对现代经济学分析方法的初步运用。在这之后，对经济理论界产生影响的，是东欧的改革理论。例如，科内尔的《短缺经济学》曾在我国引起广泛关注。改革以后，中国所面临的宏观经济状态的变化，引起了人们对凯恩斯主义、货币主义、理性预期理论和供给学派理论的兴趣。接着，新制度经济学理论也进入了中国经济学家的视野。虽然在引进外来理论中，存在着对一些理论方法的简单生硬的应用，但随着中国经济学理论的发展，尤其是有关制度变迁过程的理论的发展，中国经济学家越来越把外来的理论作为自己的东西综合应用到中国经济学理论整体中去。毫无疑问，中国要搞市场经济，中国经济学要研究市场经济，还要进一步引进、学习、吸收有着悠久历史的专门研究市场经济的现代西方经济学理论，并融入中国实际问题中，形成中国自己的经济学理论。

2. 坚持走出去。

中国经济学在引进方面已取得很大的成就，现在应当关注"走出去"。那么，应当如何"走出去"？

一方面，要加强交流。经济学如果画地为牢，将无以在世界立足。所以，无论如何，中国经济学向世界的开放及向其他人文社会科学的开放是不可避免的。这就必须走出去。通过走出去，加强经济学者之间的交流和讨论，形成不同国别的学者之间、特别是不同经历和不同教育背景的学者相互切磋的良好风气，以便长短互补，共同提高。中国是发展中大国，中国近代化、现代化的过程为理论研究提供了丰富的实践经验与教训。21 世纪的中国应该成为世界经济学研究的中心，这对中国经济学家而言是一个千载难逢的机遇；对于西方经济学而言，也是难得的深入发展的机会。西方经济学是在研究西方国家自由市场经济到国家调控市场经济中产生和发展的；对于中国如何从计划经济到国家调控市场经济并不理解，更没有深入研究，何况西方国家的国家调控市场与中国的国家调控市场，做法也不相同，吸收中国经济学的理论成果，将使西方经济学理论更加丰富。

另一方面，要加强不同学科间的联系。当代科学发展的一个重要特点，是不同学科间的联系越来越密切。与这个特点相联系，在研究方法上，也出现了应用一门或几门学科的研究方法去研究原属另一门学科的对象，使得不同学科的研究方法和研究对象有机地结合起来。科学方法的这种应用是通过研究方法的移植、渗透和融合实现的。跨学科研究的具体方法不少，但面对日益复杂的跨学科研究课题，并不是靠某一种现存的研究方法的简单的单独运用就能解决的。为此，必须通过走出去，加强不同学科间的联系，进行多学科理论、多元研究方法与手段的综合运用。

四、走向世界

我们所处的时代，是一个日新月异的时代，是一个与世界广泛对话的时代，是一个走向全球化的时代。经过 20 多年的改革开放，中国经济已经基本融入全球化和经济一体化之中。相应的，中国经济学也正在逐步走向世界。但是，中国经济学走向世界与国际接轨并不完全相同。当前，与国际"接轨"的提法相当时髦。的确，市场要"接轨"，市场经济体制要开放，但是，关于如何建立、发展、完善市场经济体制的理论却各有各的主张，各有各的做法，是很难"接轨"的。中国的经济结构和文化积淀，使西方经济学理论难以完全与中国经济运行的现实直接衔接，中国经济改革和发展不断深化的现实已经给现成的西方经济学理论提出了一系列难以回答的问题，因而试图简单地直接利用西方经济学推导出中国经济问题的政策性结论，肯定是行不通的。中国经济学走向世界，并不意味着要完全与国际接轨，而有其具体路径。

1. 立足本土，走向世界。

中国经济学走向世界，首先必须立足本土。经济文化的全球化进程与民族性发展既有冲突又有一致性，两者的因果关系比较复杂，"越是民族的，才越是世界的"是较好的表述。在经济全球化浪潮中，文化的全球化同样明显加快，证实了经济文化具有内在关联性，全球化为民族性提供了丰富自身的机遇和吸收外来养分的新契机。经济学是社会科学的重要领域之一，作为科学，它存在着某种普遍的和一般的规律或原理；而作为社会科学，它又具有社会、制度、文化等特殊性，同本土化紧紧相连。中国面临许多挑战性的问题，如果我们能够回答这些问题，对于世界其他国家也具有借鉴意义。越是中国的，就越有可能是国际的。本土化不是对国际化的否认，恰恰是更高层次的国际化。当然，我们必须有全球意识和时代观念，对问题的回答，争取在国际通行的学术规范条件下进行，把两者结合起来。从中国经济、文化背景出发提出问题、解决问题，拿出创新性成果，形成新的定义、新的定理。同时，中国经济学界应该关注"经济学改革国际运动"中所提出的诸多质疑，采取本土化渐进的改革办法，把本土化、传统化的东西放在全人类、国际化的文明系列中加以定位，走出一条具有中国特色的经济学发展之路。

2. 立足经济，关注技术。

中国经济学必须立足经济，但是，经济与技术是密切联系的。日新月异的高新技术正在改善人们的生活，改变人们的习惯，改变一个国家的社会文化。对于研究经济学发展的人来讲，当然要懂得技术。如果不懂技术，将很难有突破，不利于未来经济学的发展。在过去的经济学中，对技术没有做更深入地分析，虽然也强调技术很重要，但是没有分析过它，没有分析经济生活的实现条件。未来的经济学家应是经济和技术的复合型人才，应当立足经济，关注技术。

3. 立足当代，面向未来。

深化和拓展中国经济学的研究，必须以放眼全球的宽广视野，以贯通古今的历史深度，准确把握当今世界的发展趋势，深刻认识当代中国的发展规律，从人类历史的走向中去拓宽研究空间。要瞄准经济理论前沿，跟踪世界经济学的研究动态，既立足当代又继承民族优秀传统文化，既立足本国又充分吸收世界优秀文化成果，使中国经济学的研究始终面向现代化、面向世界、面向未来，具有鲜明的中国特色。要在思想理论体系上具有鲜明的时代特征，还要创造能够充分表达这个思想理论体系的概念、范畴、逻辑结构，以及比较规范的话语体系，不断增强中国经济学的吸引力和影响力。

参考文献：

［1］赵晓雷：《中国现代经济理论史纲》《当代中国史研究》，2002 年第 2 期。

［2］罗卫东，许彬：《近 20 年来中国经济学思潮的变迁及其反思》《财经论丛》，2002 年第 4 期。

［3］张宇：《关于中国经济学建设与发展的思考》，《人民日报》，2006 年 4 月 14 日。

［4］中一：《中国经济学家如何冲击诺贝尔奖》，《中国质量万里行》，2000 年第 11 期。

［5］盛洪：《经济学在中国发展的一条路径》，2004 年 7 月 16 日，http：//fnance. sina. com. c～n. fnancecomment/20040716/358875719. shtml.

（本文原载于《经济学家》2007 年第 4 期）

中国经济学的魅力何在

中国经济学的魅力是指中国经济学吸引人、打动人，给人以深刻启示的力量。这种力量就是影响力。中国经济学作为一种科学体系还在形成，从总体上看还不是很成熟，基础理论还比较薄弱，研究方法还比较落后，学科规范还不够，正在崛起之中。但是，正如中国经济已经逐步表现其旺盛的生命力和影响力一样，中国经济学也逐步透视出其吸引人、打动人，给人以深刻的启示的力量，即已逐步显现它的魅力。客观而理性地评价中国经济学，可以使我们多一些自信和自豪，少一些妄自菲薄，有助于审慎而乐观地展望和推动它的发展。那么，中国经济学的魅力何在？中国经济学的魅力主要表现在它的五个特性上：创新性、思想性、本土性、人文性和兼容性。

一、创新性

科学的魅力在于创新。中国经济学作为一个科学体系，创新是其魅力所在。中国经济学是以马克思主义为指导，以中国经济发展的实践为源泉，科学地反映和深入揭示当代社会主义市场经济建设和发展的规律，吸取西方经济学的积极要素和继承中国历史上的经济学优秀遗产，具有中国的理论特色、风格和气概的经济学。中国经济学开辟了市场经济的一个崭新的研究领域——社会主义市场经济研究领域。

那么，中国经济学的创新性何以产生魅力？

1. 中国经济学的创新使现代经济学的研究从不完整走向完整。市场经济原来只有一种即资本主义市场经济。自20世纪90年代社会主义市场经济在中国出现以后，世界上就开始有了两种市场经济：资本主义市场经济和社会主义市场经济。它们共同构成了现代市场经济。市场经济作为一种以市场为活动舞台、以市场为联系网络、以市场为资源配置基础的经济运行模式，是中性的。但当它与特定的社会基本制度相结合的时候，就有了性质上的不同。

　　社会主义市场经济是以公有制为主体、多种所有制并存和共同发展的社会经济体系。它的最大特征，就是公有制与市场经济相结合。西方经济学以资本主义市场经济为研究对象，一向奉行一个基本信条，那就是市场经济是私有制经济固有的产物，只能在私有制基础上建立起来，与公有制绝不相容。西方经济学代表人物密塞斯和哈耶克曾经断言，在社会主义公有制基础上只能建立中央集权的计划经济，认为社会主义公有制不仅扼杀了市场机制，而且是一条通向奴役制的通道。二战后，一些西方国家在凯恩斯主义影响下，采取国家干预手段拯救资本主义市场经济，对少数大企业实施国有化措施；但20世纪70年代末以来，随着凯恩斯主义的失败，仅有的一些国有企业也被私有化浪潮荡涤殆尽。于是，所谓公有制与市场经济不相容之说，几乎成了绝对真理。

　　传统的马克思主义经济学不仅在理论上把市场经济和市场机制说成是社会主义公有制的死对头，而且在经济建设实践中都对它们极力封杀。可见，传统的马克思主义者和西方经济学家，二者立场对立，理论各异，但在所谓公有制与市场经济不相容上却是一致的。苏联及东欧国家正是由于完全扼杀市场机制而使经济崩溃。随着苏联解体和东欧剧变，它们的经济都通过私有化转入市场经济，社会主义公有制自然也就化为乌有。这实际上从另一个方面为所谓公有制与市场经济不相容的论调提供了佐证。

　　中国选择了具有自己特色的道路：即把市场经济跟社会主义公有制结合起来。中国经济的伟大实践不断为理论研究提供全新的课题。尽管中国经济整体水平乃至结构层次同发达国家相比仍有相当的差距，但这并不妨碍中国经济学在这个基础上的创新。中国经济学把研究对象定位在科学地反映和深入揭示当代社会主义市场经济建设和发展的规律，是世界经济学说史上划时代的创新。它使现代经济学的研究从不完整走向完整，使经济学从单一的对资本主义市场经济的研究走向不仅研究资本主义市场经济，同时还研究社会主义市场经济。这必然会吸引人、打动人，给人以深刻的启示，透视出自己的魅力。

　　2. 中国经济学的创新不仅为中国经济发展提供了有益的指导性意见，对世界其他一些国家经济发展无疑也提供了富有魅力的参考。经济学的创新要有理论源头，适应时代要求。社会主义市场经济作为一个完整的体系，还有待继续努力来建立。但是，中国渐进式的经济和政治改革模式无疑是当今世界社会主义国家实现从计划经济到现代市场经济模式的成功转换的典范，没有哪一个国家发生过像中国30年来所发生的大规模的体制变革、结构转换和政策调整。这个过程不仅为中国也为全世界提供了极为丰富的研究资源。在这个资源的基础上形成的中国经济学，不仅为中国经济发展提供有益的指导性意见，对世界其他一些转型国家缓解或消除转型过程中出现的社会经济矛盾，解决社会经济问题也提供了富有魅力的参考方法与途径。

二、思想性

经济学首先是思想的科学。中国经济学首先是中国经济思想的科学。突出思想性是中国经济学的一大魅力。

"经济事实"与"自然现象"存在本质区别。对于一个"经济事实"，几乎每个人都有自己的看法，首先突出的是思想与观点。因为，"经济事实"涉及人与人的互动性、情感性，是非常特殊的，是动态的、整体的、有机的。孤立地、分析性地研究个别的事实，其实没有太多的实际意义。经济学是以现实中的经济行为和现象为研究对象的科学，一方面，所有的经济学理论最终都要接受实践的检验；另一方面，新的理论的创立和旧的理论的发展也要受实践的启发。因而，经济学理论是靠经济学思想而不是靠包括数学方法在内的自然科学的研究方法取胜，最终决定经济学贡献的是经济思想，而不是包括数学方法在内的自然科学的研究方法。经济学的研究可以适当应用包括数学方法在内的自然科学的研究方法，但不能完全套用包括数学方法在内的自然科学的研究方法。美国经济学家米尔顿·弗里德曼就曾经说过，谁能够解释中国经济之谜，谁就能够获得诺贝尔经济学奖。这首先需要思想的洞察力。与西方经济学的实用性相比，中国经济学更具有思想性功能。

那么，中国经济学突出思想性何以产生魅力？

1. 中国经济学突出思想性给人们提供了观察社会经济生活、把握未来的科学的世界观和方法论。中国经济学的思想性功能主要体现在中国经济学对经济现象背后本质和规律性的认识和把握。在市场经济的条件下，商品、货币及各种资本的运动不过都是人的物化，是物化了的人的活动。使用价值是物的性质，而价值则是人的性质。中国经济学保持了对"人"的关注，分析具体社会关系下人与人之间的互动行为。中国经济学不仅有着政治、经济、文化及社会全方位的认识视角，有着洞察社会经济结构和经济关系的认识能力，而且还有着透视过去和洞悉未来的历史唯物主义的观察方法。作为经济学理论，中国经济学不仅研究了社会的经济关系，同时也研究了资源的配置问题，而对资源配置问题的分析也反映出经济学的思想性。当今世界，不管是可持续发展，还是科学发展，其中心都是"以人为本"。中国经济学能够透过"物"的现象看到"人"的活动，并强调应重视"人"的价值，突出了"以人为中心"的经济思想。

2. 中国经济学突出思想性，实际上就是突出了经济理论进步的源和根。中国经济学突出了思想性，是否会失去科学性？这里所讲的科学性主要是指方法。其实，突出了思想性就会失去了科学性的说法是没有根据的。这可以从两个方面来看：一是符合客观实际的思想本身就具有科学性。因为这种思想是来自经济实践，同时又是感性认识的升华。不仅闪烁着人类智慧的光华，而且能够指导和推动实践的发展。二是思想性有助于推动科学方法的应用和发展。在自然科学和社会科学的每一个学科中，都有思想、方法在该学科的研究与应用中有机结合的问题。思想的表达方式是提出问题、假说和猜想，在学科研究中是第一层面的；方法是对思想上提出的某些假说进行证明和验证，从而判断其有效性和可靠性，是第二层面的。当一个新的问题、假说和猜想提出后，为了证明和验证它是否正确，是否有社会价值，以及社会价值大小，就必须借助科学方法，从而推动科学方法的发展。因而，经济学中经济思想是第一位的；与经济学的思想性相比，包括数学方法在内的自然科学的研究方法是第二位的，它是用来证明思想性的。经济理论的进步首先应当是经济思想的创新，是经济思想的发展，其次是经济分析方法（工具）的进步。当我们评价社会进步时，我们首先看到的是社会思想的进步，而不是社会方法的进步。经济学的发展源于理论上的创新，理论创新源于实践问题的解决，实践问题的解决源于发现问题和解决问题设想的提出，即源于经济思想。因而，经济思想的进步是经济理论进步的源和根。中国经济学突出经济思想，实际上就是突出了经济理论进步的源和根。这难道不是中国经济学的魅力所在吗？

三、本土性

中国经济学的生命力在于其对现实问题的解说力和影响力。中国有自己特殊的历史、特殊的文化、特殊的国情、特殊的经济制度，正在进行的以建立和完善社会主义市场经济体制为目标的改革开放和以全面建设小康社会为目标的现代化建设事业，是伟大的实践。中国经济学就是从中国的实际出发，在本土资源中吸取营养，提炼出来并用以指导中国经济实践的经济理论。其实质就是用经济学的理论和方法去研究中国现代化进程中的经济现实与问题，科学地描述和解释中国的经济现实，解决中国现代化发展进程中的经济问题，预测中国社会发展的前景，不仅源于实践而且指导实践，表现出对现实问题的解说力和影响力，形成了具有自身特色的"本土性"，显现出了使人感到亲切的、生动活泼的科学体系，展示出特有的魅力。

那么，中国经济学的"本土性"何以产生魅力？

1. 中国经济学的"本土性"强化了经济学走向生活走向实践的取向。中国经济学"本土性"实质上是一种"民族意识""问题意识"和"社会责任意识"。中国经济学始终不渝地将自己研究的问题同国家和民族的前途命运紧密地联系在一起，始终不渝地把现实的中国经济与中国现代化作为自己的立足点，开辟了从社会现实和经济事实中求取真知、获取学问的道路。中国许多经济学家重点关注中国经济发展中的焦点热点问题，并为解决这些问题出谋划策，从而为指导和促进我国经济发展做出重大贡献。这一道路的开辟，强化了经济学走向生活走向实践的取向，形成了中国经济学求真、求实、致用的优良品德。

2. 中国经济学的"本土性"强化了经济学把全球性和本土性互相贯穿在一起的研究途径。经济学的"本土性"是学术发展的客观要求，是科学社会化的必经之路。但是，任何一个经济学又都不能独立于世界之外。我们处于一个开放的时代，经济全球化和区域化是世界发展的潮流，在这样的时代，不了解世界，也就不能很好地研究本国经济。中国经济学注重对本土资源的利用，但没有放弃对世界资源的开发，没有放弃经济学的规范化和分析手段科学化的工作。在国际经济一体化的大背景下，有一些经济问题既是"本土"的，也是全球的。中国经济学不仅从中国的实际出发，也从世界的实际出发，是在国际大背景下研究中国的实际问题的经济学。

中国经济学不是把全球性和本土性作为两极对立起来，截然分开，而是把它们互相贯穿在一起。为此，就像中国经济融入全球经济一样，中国经济学也融入现代经济学之中，并发出自己的声音。中国经济学的"本土性"强化了经济学把全球性和本土性互相贯穿在一起的研究途径。这条途径是世界上不管哪一个国家的经济学都必然要走的道路。

四、人文性

经济学既有科学特征，又有人文特征，是科学与人文的统一。由于经济现象是人的行为造成的，而在不同社会文化下人的行为机理是不同的。中国是一个儒家文化的社会，历来注重"人"、注重社会和谐的建设：首先，强调人的个体生命的全面发展，重视精神生活，而不仅限于物质需求；其次，强调人际社会关系的和谐，维护社会的稳定和有序；再次，强调人类与自然的和谐共处，"天人合一"。这种儒家传统思想至今仍然深深地根植于中国土壤中，深刻地影响着中国人的思维方式和政府决策，中国人的行为机理在根本上不同于西方。中国经济学把经济理论与人的行为、社会文化结合起来，实现了科学与人文的统一，形成了自己特有的"人文性"。

那么，中国经济学的人文性何以产生魅力？

1. 中国经济学的人文性有助于更深入地认识经济现象，揭示经济发展的本质，具有更强的穿透力。经济学从其产生之日起就与人文交织在一起，排斥人文因素不仅将使经济学流于肤浅和表面化，而且容易使经济学迷失"自我"。从经济学的属性来看，"人文"意味着一种特殊的认识方法，它不同于经济学本身的实证方法，是一种以主体的体验、理解为基础的认识方法。经济学作为一门以人为主体的社会实践活动，它不仅要求运用自然科学的实证方法来准确地、客观地反映经济现实，而且要从人的社会因素这一本质出发来考察经济活动本身。中国经济学把经济理论与中国文化传统契合起来，从中国传统文化中寻找哲学基础，有助于更深入地认识经济现象，揭示经济发展的本质。如果不搞清制约经济发展的经济结构、文化结构、制度结构，就解决不了经济问题，也形成不了科学的经济学。中国经济学是科学与人文的统一，中国经济学的人文性有助于更深入地认识经济现象，揭示经济发展的本质，具有更强的穿透力。

2. 中国经济学的人文性使经济学具有更多的亲和力。中国经济学从人文出发，强调现实社会生活世界的和谐，要求建立公平正义、诚信友爱、充满活力、安定有序、人与自然和谐相处的和谐社会；同时，关注整个人类的持久和谐，要求考虑整个人类世世代代的利益，保持社会的可持续发展。这种人文理想与西方经济学有着根本的不同。西方经济学从孤立的个人出发，把自利性和理性作为解释一切经济现象的基本原则，不关心人的本质问题，不是从人的目的来分析社会的发展；它们往往把一些源于自然界的原理视为经济学领域的公理，并由此而演绎得出一系列的结论。中国经济学突出人文性，把关心人、尊重人、解放人、发展人作为经济社会发展的目的，与西方经济学相比具有更多的亲和力。

五、兼容性

无论是自然科学还是社会科学都已经走过了学科分化的时代，进入了学科综合的时代。经济学是综合并专注于经济问题研究的学科。它的学科性质和方法之间存在着与生俱来的张力。经济学在方法上具有很强的兼容性，兼收并蓄、博采众长是它的题中之意。这有两层意思：一是完全根据研究对象的特点和研究问题的需要，该采用什么方法就采用什么方法，使之各展其长，而又相互补充；二是努力寻找不同方法之间的结合点，使之相互契合、相互吸纳。兼容是知识统一和理论发展的关键，通过兼容将不同学科在事实基础上的不同理论或相同学科不同视角在事实基础上的不同理论联系起来，可以实现知识的"统合"，从而创造出一种共同的解释基础。

中国经济学能够快速地不断走向繁荣和发展，在较短的时间内取得如此成就，与自始至终坚持方法上的兼容性关系极大：一是努力探索科学地继承和发展马克思主义的基本科学原理和方法，不断扬弃教条主义的研究方法。二是努力地汲取和正确对待人类一切文明成果包括西方经济学的科学成分，不断用以解决和解释当今世界包括我国的社会生产和生活的经济问题，为我国的改革开放和现代化建设提供真正科学的理论服务和支持。这就是说中国经济学始终坚持以马克思主义为指导，充分吸收人类文明的一切优秀成果，包括西方经济学理论的优秀成果，海纳百川，兼收并蓄。中国经济学对兼容取向做出了突出尝试，兼容性是中国经济学的一大特色和魅力。

那么，中国经济学的兼容性何以产生魅力？

1. 中国经济学的兼容性使中国经济学灵活地运用哲学方法、实证研究方法甚至数学方法并努力使之结合起来。经济系统的复杂性和可持续发展使我们不得不采用系统的或有机的方法，而无法恪守单一的方法论。西方经济学强调形式化、实证化，注重采用包括数学方法在内的实证研究方法，马克思经济学则要求整体性、规范性，注重采用哲学方法。前者注重经济学自身科学性的彻底，后者注重对实际情况的调查和分析。的确，形式化、实证化具有便于明确学术问题、利于学术积累、易于比较和交流等优点，常常被看作一个学科成熟和完善的标志，但如果过分强调形式化、实证化，很有可能阻碍学科的发展。中国经济学在不断的探索和反思中，开始注意灵活地运用哲学方法、实证研究方法甚至数学方法，并努力使之结合起来，在注重定性的研究的同时，注重与数量分析相结合，而不是脱离现实突出数学形式主义。这是一种伟大的兼容。

2. 中国经济学的兼容性使中国经济学更具有创新的爆发力。我们所面临的时代是创新的时代，创新需要新的方法，只有新的方法才能使创新更具有爆发力。经济学的兼容使经济学更具有创新的爆发力。中国经济学是在探索经济发展新的道路，是一种创新活动。它是在坚持马克思主义的原则的前提下，参照中西文化的异同，超越中西对立的思维模式，有选择地吸取和消化西方经济学中所进行的创造性构建。马克思主义原理必须坚持，西方经济学对市场经济运行机理的分析，有许多可以借鉴。中国经济学正努力寻找马克思经济学、西方经济学、中国经济传统的文化和具体经济实践的结合点，既吸取本国的优秀文化遗产，同时也吸收国外先进的文化成果，特别是吸收当代各门科学的最新成果，这种兼容使中国经济学在探索经济发展新的道路上更具有创新的爆发力。

（本文原载于《东南学术》2008 年第 4 期）